わたしは真昼に月をみる

今村えり

女神

どうぞわたしの背中を押してください
わたしの意志がくじかれる前に、
わたしの足が、崖から飛び降りるのを躊躇する前に、
わたしが疑いや恐れに飲み込まれ、あなたを諦めてしまう前に、
どうぞ放りこんでください

恐れの向こう側にある、
得も言われぬ悦びと、わたしのことなど忘れ去るその境地へと

あなた方に、わたしの血と肉を捧げます

ああ、女神
あなたはいろいろな顔をもち、
たったひとつの姿など、わたしたちにはないことを示します

あなたは、宇宙の最奥の神秘

脈拍そのもの

あなたが目の前に現れ、
わたしがあなたの中へと溶け去っていくとき、
そこにどんな質問が残されるというのでしょう

疑念も、不信も、すべては一瞬にして消え失せるのです

思考は完全に止まり、
からだは至福でその重さを感じさせず、
ハートは震えながら爆発をして、
わたしすらいなくなる、その無の境地
その得も言われぬ恍惚

それをどう説明できるというのでしょう
それは、「それ」としか形容され得ないのでしょう

ああ、それでもなお

わたしは求めてしまうのです

あなたの愛と権威を後ろ盾に、
人々をその至福の渦へと連れ去りたいのです
人々と、その、名すら持たない「それ」の中で出会いたいのです

ああ、女神
どうぞわたしのもとへやってきてください
あなたの炎でわたしを深く貫いてください

ああ、女神
わたしが生きている限り

はじめに

文章を書くことは、昔から、わたしの憧れでした。

文字を繋ぎ、文章を紡《つむ》ぎだし、それを解き放つこと。

それはわたしの最大の夢であり、同時に、とても恐ろしく感じられることでもありました。誤ったことを書き表してしまうことや、人から下されるジャッジに自分が打ちのめされることを、わたしはひどく恐れていて、何年もの間、ペンを手に取っては下ろすことを繰り返してはくすぶっていました。

それでも、文章を通して自分を表すことへの渇望が薄れることは一日もありませんでした。飢えに疼くわたしの心が、とうとうこの本を書くことを全うさせてくれました。

わたしは、現在、ヒーラーとして仕事をしています。

あるときは対話を通して、またあるときにはからだに触れてその人の潜在意識のメッセージを聴き取ること、あるいはそのメッセージを聴きながら、同時にマッサージを通してエネルギーのバランスを調整することを行なっています。

この本を通して、わたしがどのようにして、自分の役割だと確信しているこの仕事へたどり着くことができたのか、そして、ヒーラーとなるまでの道のりにおいて何を体験してきたのか、そのすべてを隠さずにあなたに伝えたいと思っています。

癒されること。それはとても大切です。それによって私たちは自らを過去から現在へと連れ戻して生きて行くことができるからです。それがクライアントの方々とのセッションの中で起こるひとつの大切なポイントです。けれども、同時にわたしは、癒しはゴールではないと感じています。
　この見解は、矛盾しているように聞こえるかもしれませんが、癒しに携わって十数年が経った今のわたしが見ているビジョンは、それが肉体レベルであれ、精神レベルのことであれ、癒された状態に留まるのではなく、訪れゆく癒しと共にありながら、その向こう側に待っている、本来の人生、わたしたち個人個人に宿る、聖なる契りのようなものへと進み、地に足をつけて、それを実際に生きて行くことの意味深さです。

「自分の人生の目的とはなんだろう?」
「今わたしは人生の中でどこにいるのだろう?」

　これはきっと、世界中で多くの人がこれまでに自分に問いかけたはずの質問です。わたし自身は、それらの問いと共にこれまで生きてきました。

「わたしの魂が、この人生で本当にやりたいと切望しているものは何なのだろう?」

　これらの質問の訪れを許せたとき、あなたの前には大きな扉が開き始めています。

　この本に書かれているのはわたし個人の物語ですが、ある人はその中にその人自身の姿を見つけるかもしれません。あなたの元型、あなたが生まれてくる前に自分自身と契りをかわしたことは、往々にして、あなたにとって困難に感じられることの中に隠されている素晴らしい宝物です。あなたを制限させたり、もどかしいように感じさせるものたちは、わたしたちが、契りを交わしてきた自分の才能、ギフトに気づき、それらを開花させるためのノックなのです。それがどんな苦しみを孕《はら》んでいたとしても、それらの体験の一つ一つが、今の居場所にわたしを運んできてくれたことは間違いのないことです。闇の中から自分自身を連れて帰るために、長い年月、様々な困難さを通過してきましたが、それらはすべて、わたしの中に潜在的に埋もれている才能を磨くために起こったことだと、今はただ感謝をしています。

この本が、あなたの歩む癒しのプロセスを支え、あなたがご自分の聖なる契りを思い出し、それを生き始めていかれることのきっかけとなりますように。

わたしの言葉が、あなたの心へ届きますように。

わたしの物語が、あなたの心の琴線に触れ、あなたが、あなたの存在の中へと深く溶け込んでいく鍵となることができますように。

この一冊の本が、あなたの魂を鼓舞し、あなたの中にあるはずの、謂《いわ》れようのない渇望や、今日の日を生きていることへの気づきを呼び覚まし、あなたの命を激しく燃やすことができますように。

夜が明ける前に

1

二〇〇七年の冬、わたしはベッドの上で重たいからだを持て余しながら、目もうつろに、空《くう》を見つめていました。
借りてきたDVDを次から次へと流しているパソコンの画面を一日中眺めていることは、自分自身の惨めさから意識をそらすことを助けて、ほんの少しの慰めにはなっていましたが、心の中はまったく落ち着かないままでした。テーブルや床には、さっきコンビニで買いこんできたばかりの脂でギトギトとしたお惣菜、スナック菓子の袋、チョコレート、食べこぼしたコーンフレークが一面に散乱していました。そしてわたしは、これ以上隙間のない胃の中に、もう飲むのはやめようと思っていたはずの、下剤効果のあるお茶をどうにか流しこみ、自分の馬鹿げた暴食を帳消しにできないかと願っていました。

――なんて生きにくい人生なんだろう

暖房を三〇度にまであげて、毛布にしがみついているにも関わらず、骨の中の冷え冷えとした感覚は消えません。昨日からまた始まった偏頭痛で頭は重たくしびれています。夜になれば、呼吸をすることすらままならなくなって、凍えた窓から首を突き出して空気を求めるのです。

わたしが間借りをしていたその古い部屋の空気は澱んでいて、本来そこにあるべき健全な何かがかき消されているような印象がしていました。わたしの心は、東京のいたるところで感じる、がさつなエネルギーに砕かれていましたし、その痛々しさになんとか馴染んでいこうと、自分を無神経にすることにも心底うんざりしていました。ここで生きていくことは、わたしには単純に、これ以上できないことなのだという結論は、もうすぐそこまで出ていました。

日本との行き来を繰り返しながら、世界を巡り歩いたこの七年間、日本に戻ってきている間のわたしの生活といえば、次の旅への資金を作るために、ひたすらアルバイトに明け暮れるものでしたが、その合間や、海外にいる間には、カウンセリングやマッサージなど、癒しに携わる仕事も続けていました。人生の中で何が起こっていようとも、わたしたちの生命は喜びに満ち、日常のどの瞬間においても、生きること自体が神聖なものになりうるのだという一瞥を分かち合い、それを伝えていくことが、この人生におけるわたしの使命なのだと感じていました。

けれどわたしは今、そのことを学ぶべきなのは、わたし自身であるということを、こうして何度も何度も思い知らされることにうんざりしながら、重たいからだを窮屈にベッドへ沈めて、お風呂に入るためにベッドから降りるだけの気力もなく、ぼそぼそと、とりとめのない、うわ言をつぶやいていました。

わたしはぼんやりと、懐かしいときを思い起していました。

至高の何かがわたしを訪れていた瞬間の数々。

神聖なるものが人々を貫くのを眺めては両手を合わせていた至福のとき。

次から次へと、胸に打ちつけられ、全身を震わせ続けるような、タブラの音と男たちの掛け声。

足首にたくさんの鈴をつけて旋回する女の人の恍惚の表情や汗。

オーガズミックな喜びに人々は叫び、そしてやがて訪れる深い静けさ。

それらが、万華鏡のようにキラキラと光を放って脳裏を駆け巡っていました。その断片が思い出されるだけでも、束の間、この部屋から遠くどこか彼方へと連れさられ、身も心も溶けるような心地がしました。わたしの心は、異国の地を求めてやみません。


インドの熱気、埃やスパイスの匂い、牛の横断に止まらざるを得ない、猛スピードのリクシャー。

薄汚れたバックパックを背に、歩き続ける日々。

ああ、懐かしいとき。


旅には、確かに特別な何かがありました。

それらを体験し続けたくて、その中に飲み込まれて生きていたくて、その憧れと切望が、旅をしながら生きていく人生を一生続けられますようにと願わせていました。わたしの精神と肉体が病みを露呈するのは、わたしが日本に戻ってきている期間だけだったのです。喉が詰まったかのように口がきけなくなることも、自分がどこにいるのか、突然分からなくなることも、過食に走ることも、感覚器が極度に敏感になり、外出が困難になることも、すべては日本にいる間に、繰り返し起こっていました。旅はそれら全てからの自由を約束してくれましたが、異国と日本との往復を重ねるごとに、わたしはさらに分裂していくかのようでもありました。二〇〇七年のその冬も、わたしは、寒さに身を縮めながら、再び、暗く重たい闇の中へと放りこまれていました。

旅を始める以前のわたしの人生には、まるで深みというものがありませんでした。喜びや楽しさのような感覚は、ふと思い出されたかのように、時折訪れてはいましたが、恍惚や至福など、わたしはその影すら見たことがありませんでしたし、生きるでも死ぬでもない、ぼんやりとした生ぬるさの中で、時間軸の上を、ただ横に滑っていくかのように生きていました。わたしの人生が、予想もしていなかった方向へと導かれ始めたのは、初めて自分の足で日本を出てからのことです。光と彩りが、人生を強烈に照らしだしていました。

わたしは自分が盲目であったことを知り、目の前に次から次へと開かれていく扉をくぐりぬける中で目覚めを体験していきましたが、光と同じく、闇も大きく口を開き、わたしはその狭間で引き裂かれてもいました。恍惚に身を開き、光を味わうほど、まるで同じ幅で振れる振り子のように、再びわたしは、暗く重たい塊の中へも放りこまれるのでした。その闇の中に倒れているときには、あまりの苦しさに、いっそ、恍惚など知らずにいられたらどんなに楽だったろうと思うことさえありましたが、その恍惚体験は、一度手に触れてしまったら、もう二度と消えることがない刻印のようなものでした。

そして、どんなに苦しい時間をまた通らなくてはならないとしても、わたしはその恍惚を愛し、崇拝し、渇望していました。そして、その恍惚のひとときには、「それ」としか形容しがたいような、何か至高のものに、わたしは貫かれるのでした。わたしはただひとつ、全身全霊が爆発をするような体験、トータルなオーガズムともいえるほどの体験を求めました。心もからだも魂も巻き込まれて爆発するような絶頂、一瞬にしてわたしのすべてが燃えつくされるような深い恍惚、無の境地、その中でずっと生きていることだけを望むようになりました。

どうぞ、またそこへ戻れますように。

その振り子のようなドラマから死なずに降りるには、恍惚と苦しみという、その二元性を超えて、ただ超然として中心に留まるようなあり方を見つけることが問われていたのかもしれません。そうあることができたなら、何が起こっていようと、わたしは自由でいられたのかもしれません。でも、そのときのわたしには、そんなことは分かりませんでした。

とにかく、このまま暗闇に飲み込まれて、身動きが取れなくなってしまう前に、どうにかまずは、身の凍るようなこの寒い東京から抜け出そう、わたしはそう決意しました。重たいからだをどうにか動かし、必要最小限のものだけをバックパックに詰めこみ、部屋に残された、その他の荷物の処分にとりかかると、心の内側でかすかに、旅に出るときにいつも覚える、あの興奮にも似たエネルギーがふつふつと沸き立ち始めるのを感じることができました。結局はまたいつもと同じサイクルに入っていくだけで、根本的には何ひとつ解決されていないのでしょうが、ああ、わたしはどうにか、しばらくの間、また生きていけるのです。わたしはバリ島への片道のチケットを手配しました。そこは、わたしが七年前に旅を始めた、最初の土地です。

七年前、バリ島へ向かい、わたしが初めて日本を一人で後にしたのは、十九歳で上京し、二年間通った美容関係の専門学校を卒業してから半年後のことでした。バリ島で当面、暮していくための資金は、都内のナイトクラブでホステスとして働きながら貯めていました。わたしがバリ島へと呼ばれたきっかけは、旅行会社に置いてあった、一枚のパンフレットの中の写真でした。

専門学校に入学して数カ月目、東京の忙《せわ》しなさや、人の多さにも少し慣れてきていたある日、学校から家に戻る電車の駅のプラットホームで暇つぶしに手に取った旅行会社のパンフレットに、わたしは一瞬にして、すっかり心を奪われていました。それは、インドネシアにあるバリ島のパンフレットで、その中には、ウブドという村の名前と共に、鮮やかな緑の段々畑の写真が載せられていました。

――ここに住もう

それまで、海外といえば、小学生の頃に家族でグアムに行ったのと、団体旅行で、アメリカに行ったことがあるくらいでした。上京の際には、実家の仙台から一人で新幹線に乗ることにさえ怖気づいていたくらいでしたから、海外に一人で行き、ましてや、そこに住むことなど考えたこともありませんでしたが、その写真を見た瞬間に、わたしの心は決まっていました。何か、強い直観のようなものの働きに導かれている、そんな気持ちがしていました。

思い返してみれば、わたしには小さい頃から、目に見えないものや、この地上にないようなものへの関心があり、その中で生きているようなところがありました。人にはうまく言葉で伝えきれないものの方があまりに多いように感じていて、胸に抱えたもどかしさは、自分のためだけに詩や日記に書くなどしていました。ウブドという場所には、きっと、花々が咲き乱れ、鮮やかな緑の畑や木々がどこまでも広がって、そこに流れる温かい空気は、わたしがこれまで抑えてきた何かを解放して、わたしの胸を満たしてくれることでしょう。もしかすると、わたしはバリ島で、運命の人と出逢うのかもしれません。パンフレットを手にしたその日からバリ島へ発つまでの二年間、わたしの夢想は続きました。

2

当時、日本に導入されてまだ間もなかった、オーラソーマカラーケアシステムにわたしが出会ったのは、ちょうどその頃でした。

オーラソーマは、イギリス人の盲目の女性が、彼女の瞑想の中で啓示を受けて作り出したことで生まれた色彩療法です。百本以上もの小さなガラスのボトルには、それぞれ異なる組み合わせの、美しい色の液体が二層に分かれて入っています。すべての色が普遍的な意味を持っているように、それぞれのボトルには、様々なメッセージが反映されていて、ボトルを選んだ人の霊的、身体的、感情的、精神的な側面を、鏡のように映し出します。

出会いは、ある日、わたしが本屋で偶然手に取った一冊の本でした。ページをめくると、たくさんの色の見本の脇に添えられて、「好きな色を選んでください」というようなことが書かれていました。わたしは、それらの色の見本をじっくりと眺めるまでもなく、自分が選ぶのは、黒か白だと分かっていました。ところが、いざ、それらに目を向けてみると、そこには黒も白もありませんでした。それはわたしに、ちょっとしたショックを与えました。

その本によれば、黒も白も灰色も、光を通さない、無彩色と呼ばれるもので、実際には、この三つは、エネルギーを持っていない唯一の三色とのことでした。当時のわたしの服や持ち物ほとんどの色はそれらで埋まっていました。無彩色ばかりを選んでいたことに示されているように、実際にわたしは、人生の喜びとはほど遠い、深い闇の時期を通過していました。この本での衝撃をきっかけに、わたしはオーラソーマへと誘《いざな》われました。

オーラソーマは、学んでいくほどに、これまでわたしが出会った何よりも、興味深いものに感じられました。ボトルの揺らめきは、まさに、わたしが小さい頃から言葉を超えた次元で感じ取っていたものを表現してくれているように思え、それはわたしに、やっと心のよりどころを見つけられたかのように感じさせてくれました。特に、自分の選ぶボトルの意味を知っていくと、それはわたしの中にある切望や憧れ、未だに解決していないことや、心の痛みの源を明確に語っており、わたしを立ち止まらせてくれる機会を与えてくれました。

オーラソーマに親しみ始めたある日のこと、わたしは、衝撃的な体験をしました。

その日わたしは、一人で街をぶらつきながら、ウィンドーショッピングをしていました。一本に細長く続く通りの両脇に立ち並んでいるお店の外に、ところ狭しとアクセサリーや服が並んでいるのを何気なしに眺めていたのですが、ふとした瞬間に、わたしは初めて、それらに様々な色が付いていることに気づいたのです。もちろん、わたしの目は、これまでも色を認識することができましたし、学校では、メイクアップの練習を通して、毎日のように様々な色を使っていたはずなのですが、不思議なことに、わたしは本当の意味で、それらの色を感じたり、体験するということをしていなかったようなのです。あるいは、わたしは無意識的にも、白や灰色や黒のものばかりを、自分の目の中に映すことを選んできたのかもしれません。

とにかく、店先に並んでいる小物や洋服や帽子などが、次々にそれぞれの色を放ってわたしの目に飛び込んできたのです。それは、まさに色の洪水でした。まるで、これまでずっと白黒テレビの世界にいたところから、突然、色付きの世界に飛びだしたかのような気持ちでした。それは、わたし自身が癒されていくために歩んでいく、これからの長い過程の始まりを告げる、大きな一日だったのかもしれません。

その後も、専門学校へは卒業するまで通いましたが、わたしの興味はオーラソーマや、人の存在そのものに関することへと、日増しに移っていきました。学校の長期休暇を利用して、わたしはオーラソーマカラーケアコンサルタントの資格を取り始めました。それぞれの色の持つ言語を把握すること自体はそれほど難しくはありませんでしたが、それらの背後にある意味深さをかみしめるように、本当の意味で理解をしていくには長い時間がかかりました。現在ですら、それは同じように感じています。

特に、資格を取り始めたばかりの頃には、エネルギーや、癒しが起こるプロセスのことなど、それらを理解できたとはまるで言えませんでしたが、友達に相手になってもらい、カウンセリングの練習を始めてみたときには、選んでもらったボトルを見つめることを通して、その人の携える美しさに触れられることや、人の話にじっくりと耳を傾けるということが、わたしの性に非常に合っているということを知ることができました。

そして、学校の帰り道に、あのパンフレットを手に取って、バリ島に住むことを決めたその瞬間から夢を抱いたことは、ウブドという場所にヒーリングのお店を開いて、そこでオーラソーマの仕事をしていくということでした。やがて、専門学校を卒業するときがくると、在学中から、わたしの癒しに関する興味や、オーラソーマを学ぶことを応援し、温かく見守ってくれていた校長先生と、その分野に造詣の深かった、校長先生の娘でもある一人の先生が、青山にあるサロンで、オーラソーマを使ったカウンセリングを行なうことをサポートしてくれました。メイクやマッサージを受けることのできる、隠れ家のようなその小さなサロンはとても居心地の良い素敵な空間で、二〇歳のわたしには、本当に素晴らしい経験となりました。日中、お客様からの予約が入ったときに、サロンへお邪魔させてもらいオーラソーマを行ない、夜はナイトクラブでの仕事の日数も増やし、毎晩、朝まで働きながら、バリ島への移住の準備に本格的に取りかかりだしました。

　そして半年が経った頃、わたしは借りていたマンションを解約し、荷物のすべてを都内のレンタル倉庫へ預けると、オーラソーマのボトルをひとつずつ丁寧に包んでスーツケースに入れ、バリ島へと旅立ったのです。

3

　インドネシア語どころか英語もろくに分からない上に、バリ島に誰か頼れる知人がいるわけでもありませんでしたが、不安はありませんでした。ガイドブックや長期滞在予定者のための本を読みながら、わたしは頭の中で、花や草木が咲き乱れる、のんびりとした楽園を描いていました。

　ところがバリ島の空港に降り立つやいなや、わたしは洗礼を受けることになりました。荷物検査のために開けられたわたしのスーツケースの中に、百本もの美しいカラーボトルが見つけられると、係の男性たちがぞわぞわと群がってきました。その値段を聞かれたとき、無知なわたしは、その後に何かに巻き込まれることなど考えもせず、ボトルの美しさが大勢を惹きつけたことを誇りにすら思いながら、馬鹿正直にも本当の値段を口にしてしまいました。

　すると彼らの目の色がぎらりと変わり、わたしはスーツケースと一緒にすぐさま奥の部屋へと連れていかれました。そしてわたしはようやく、何かがまずいことに気づきましたが、そのときにはすでに、小さな部屋の中で何人もの男の係員たちに取り囲まれていました。同じ部屋の向こう側には、わたしの他にもう一人、西洋人の女の旅行者が座っていて、何を持ち込んだことを指摘されたのか、どうやらわたしと同じ状況にはまっている様子でしたが、彼女はわたしとはまるで正反対に堂々としていて、むしろ掴みかからんばかりの表情で、彼らと対峙していて、わたしは彼女をちらちらと眺めながら縮こまっていました。やがて、その女性に対しては埒《らち》が明かないと諦めたのか、その部屋にいた制服の男性たち全員がわたしの周りに迫ってきて、お金を置いていくようにと命じました。それは決して支払う義務のあるもののはずではありませんでした。言われるがままにお金を払っていく人たちから彼らのポケットへと入るお金であることくらいは分かりました。わたしは、自ら彼らのカモになるようなことをわざわざ話すべきではなく、もっと賢くあるべきでした。この状況の不条理さと、自分自身の馬鹿さへの落胆、それから自分のつたない英語ではろくに反論すらできないことが悔しくて、涙が流れ落ちました。とは言え、当時のわたしには、仮に英語を話す能力があったとしても、彼らに立ち向かうことなどできなかったことでしょう。

しばらくすると、

「いくらなら払える？　この金額でいいから置いていけ」

と一人が言うのを皮切りに、彼ら独特の一方的な交渉が始まりました。わたしはお金をテーブルに置いて、泣きながら空港を後にしました。それはこれから何年も続いていく、バリ島との不思議な関係においてわたしが受けた、最初の平手打ちでした。タクシーを捕まえて乗りこむと、運転手さんが振り向いて、わたしの泣き顔を見て、

「どうしたんだ」

と聞いてきました。わたしは今起こったことを説明しました。

運転手さんは、まるでそんなことは何でもないと言うかのように微笑むと、

「今日が嫌な日でも、明日はいい日になるよ」

と言って運転を続けました。

始まりのとき

1

ウブドは空港から車で約一時間の距離にある村で、地元の人たちの中には、絵や彫刻などの芸術に優れている人が多く、同時に、海外からの移住者や長期滞在者には、瞑想やヨガなどの精神世界に興味を持っている人たちが多いようなエリアでもありました。観光客でにぎわう中心地には、スパやマッサージセンター、レストランやお土産屋が軒を連ねていましたが、わたしにバリ島へやってくることを決めさせた、あのパンフレットに載っていた段々畑はやはり美しく、わたしの胸は、深い呼吸で広がるかのようでした。

バリ島には、ロスメンと呼ばれる、一泊千円くらいで朝食まで付いてくる安宿がいくつもあり、最初はそれらに泊まって過ごしました。

ウブドは、一日かけて、ゆっくり歩きながら一周するのにちょうどいい大きさだったので、散歩をしながら、ワルンと呼ばれる簡易食堂や、オープンテラスの小さなカフェなどで時間を過ごしました。

そして、バリ島に来てからひと月が経った頃に、わたしは月極めで借りることのできる、素敵なバンガローを見つけました。

それは、ウブドの中心地から少し離れたところにある静かな場所で、木製の戸を開けると、そこには長く続く庭園があり、花々や石像で美しく満たされていました。その先にある広々とした部屋はその一面がガラス張りになっていて、夕暮れ時には夕陽がオレンジ色に差し込んで、その下を流れる川や、川の向こうには畑とバナナの木々を見ることができました。わたしは、小さな幸せを感じながらそこに落ち着くと、さて、これからどうやって、オーラソーマの仕事をするという夢を叶えていこうかと、ようやく現実的に考え始めました。

毎日のように起こる停電などの日常生活の中での不便さや、道端に座ってたむろしている、バリの若い男の人たちが、わたしが通り過ぎるときに、日本語でからかってくることへのいらつきなど、日本にいたら、煩わされずにすんでいたようなこともありましたが、ここでのんびりと暮しながら、オーラソーマの小さなサロンを開けたらいいなという気持ちは変わっていませんでした。

ウブドに住む日本人の中には、レストランや雑貨屋さんを経営している人たちも多くいるようだったので、わたしはまず、バリ島ならではの経験を重ねているはずのその人たちに相談をしてみることから始めました。そして、その人たちと話をしているうちに、徐々に、あまり建設的とは思えない、わたしの漠然とした夢は時間と共に収まり始め、その代わり、まずは様子を見てみるためにも、オーラソーマのセッションを行なわせてもらえそうなスパやマッサージのお店で働かせてもらうということへと計画は移し出され、それは遥かに妥当なことに思われました。

2

ウブドに住むバリ人の男性、ヒーラーのクトゥ・アルサナさんの名前は、東京に住んでいたときに、雑誌で目にしていました。

ウブドの中心地にマッサージセンターを持つアルサナさんは、瞑想をしながら人のからだに触れ、その人のエネルギーを読むことができるヒーラーで、彼の施術は予約が後を絶たないとのことでした。雑誌の写真の中で微笑むアルサナさんの表情に、わたしは、この人に会わなくてはと思って、バリに来るまでの間、その雑誌の切り抜きをファイルに綴じていました。今、オーラソーマのセッションをどこで行おうかと考えたとき、思い浮かぶのは、アルサナさんその人でした。彼の元で働けたらどんなにいいでしょう。わたしは、アルサナさん本人に会えるように、そのセンターへ早速赴き、受付の女性と話をしました。何度か話を重ねた後、ようやくアルサナさんが時間をとってくれるという約束をとることができました。

ところが、いざアルサナさんに会えることになったその前日、わたしは、急に緊張し始めました。どんなふうに自己紹介をしたらいいのだろうと考えるとどきどきして、オーラソーマについてアルサナさんに説明するのに必要だと思われる英単語を、慌てて辞書でひきながらも、突然押し掛けて、働かせてくださいだなんて言ってしまったら、アルサナさんに怒られたり、冷たくあしらわれたりしないだろうかと、不安になり始めました。

そんな気持ちをかかえたままで、翌日そのセンターの中庭にあるあずまやで、スタッフの人にお茶を出してもらいながら緊張してわたしが待っていると、アルサナさんらしき小柄な中年の男性が現われました。とてもくつろいだ様子で、優しく微笑みながら歩み寄って来るその人の表情を見て、わたしの緊張は解けていきました。アルサナさんは、わたしの隣に腰を下ろし、わたしが片言の英語で一生懸命説明するのを、終始笑顔で聞いてくれました。そして口を開くと、

「ひとつ空いている部屋がちょうどある。やってみたらいい」

と、あっさり答えてくれました。

次の日、さっそくオーラソーマのボトルを全部センターに運び込み、受付の脇にある、マッサージオイルやジャムー（バリの伝統的な自然療法の薬）が陳列されていた商品棚のスペースを分けてもらうと、そこに丁寧に並べました。

英語でしか用意されていなかったセンターのメニューには日本語版を作り、そこにオーラソーマのセッションをつけ加えました。その日以降、わたしは毎日、お昼頃にバンガローを出ると、バリの人たちの交通手段のひとつであるベモと呼ばれる乗合タクシーを道で拾ってセンターへ向かい、日が暮れる頃に家路に着くまでの間、セッションを受けに来てくれる人を待ちながら、そこでのんびりと時間を過ごすようになりました。

男性と女性が入り混じった十名ほどのスタッフは、わたしが突然やって来たにも関わらず、温かく迎え入れてくれているように感じられました。南国特有の性格なのか、全員がとてものんびりとしていて、休憩部屋には、いつも笑い声が絶えませんでした。髪を結いあっていたり、スタッフの誰かが連れてきたのか、赤ちゃんを囲んでふざけ合っていたりして、その様子を見ていると、日本とは職場における人間関係や時間の流れ方が大きくかけはなれているように思えました。

最初の日に話をして以来、忙しいアルサナさんに会える機会はなかなかありませんでしたが、たま

に顔を合わせることができると、アルサナさんは必ず優しい微笑みを送ってくれて、わたしはこれまで誰に対しても抱いたことがないような尊敬の念と温かい気持ちを覚えていました。

3

今となっては、何がわたしにそんな大胆なことを口にさせたのかと、呆れるばかりなのですが、あるときわたしはアルサナさんに、彼の行なっている、マッサージをしながらエネルギーを読み取るというものを教えてほしいと頼みました。アルサナさんは、いつものように微笑みを浮かべて聞いていました。わたしのお願いしたことに対しては何も答えてくれませんでしたが、わたしが、このセンターのスタッフから、基本的なマッサージのテクニックを教わることができるようにと、スタッフに指示を出してくれました。スタッフたちは彼らの休憩時間を使って、代わる代わる、彼らの行なっている、アロマオイルを使ってのバリニーズマッサージをわたしに教えてくれました。専門学校にいる間にも、全身のマッサージを習ったことはありましたが、わたしは、一から真剣に学びました。

マッサージの流れをひと通り教わってからしばらく経ったある日、休憩部屋でいつものようにおしゃべりをしていると、スタッフのひとりがわたしのもとにやって来て、アルサナさんがわたしのマッサージを受けてくれるから、アルサナさん専用の部屋へ行くようにと伝えました。わたしは胸が高鳴りました。これはきっと、アルサナさんがわたしの腕をテストしてくれるというようなものなのだと思いました。わたしが、教わった通りにきちんとマッサージができるようになっていることを知ってもらって、アルサナさんに喜んでもらいたいと思いました。これに合格することができたら、アルサナさんは、彼の行なっている、エネルギーを読む方法のようなものをわたしに教えてくれることを決めるのかもしれません。わたしはマッサージの流れを書き留めておいたノートを手に握りしめ、センターの最上階にある、アルサナさんの部屋へと上がって行きました。

　ところが、アルサナさんが一人で待っているはずだと思っていた部屋に入ってみると、そこにはすでに三名のスタッフがいて、マッサージベッドに横になっているアルサナさんの周りに立ち、わたしがやってくるのを待っていた様子でした。どうやらわたし一人でアルサナさんにマッサージをするわけではなく、四人で分担をして、アルサナさんの全身を同時にマッサージするということのようでした。わたしは残念な気持ちを顔に出さないようにしながら、手近にあった小さな椅子に、急いでノートを開いて乗せ、それを見ながらマッサージを始めました。わたしがアルサナさんにマッサージをすることのできる部位だけでも、教えてもらった通りに忠実にマッサージをしようと思っていました。しかし、それはどうやら見当違いのことのようでした。

　アルサナさんは、うつぶせになってくつろぎながらも、わたしにむかって何度か、

「エネルギーを入れなさい……。もっと、エネルギーを使いなさい」

と、言いました。

　わたしにはその意味がよく分からず、もっと力をこめて押しなさいということかなと考え、全身の体重を掌にかけて、自信のないままにマッサージをし続けました。マッサージが終わっても、結局、自分がやったことが良かったのか悪かったのかも分からず、わたしは意気消沈して、アルサナさんの部屋を後にしました。

　実はこの日が、わたしが受けることのできた、アルサナさんからの唯一の授業となりました。今になって分かることですが、この一時間にも満たなかった時間の中で、アルサナさんには、わたしがエ

ネルギーを読んだり、ヒーラーのまねごとをするような準備はとてもできていないことが充分に見て取れたのだと思います。そしてわたしには、「エネルギーを使いなさい」という鍵となる言葉だけが渡されたのです。

それから十数年が経ち、人のからだにアクセスをして、記憶をたどって読み取ることや、潜在意識がからだを通して本人に語りかけていることを聴き取ることを行なっている今現在、昔からこのようなサイキックな能力があったのかと聞かれることがありますが、わたしにはそれはよく分かりません。これが、世界中にいるサイキックな能力者のように、わたしにもギフトとして純粋に最初から与えられていたものなのか、アルサナさんとの出会いを始め、あるいは旅の中での体験が、その扉を少しずつ開いていったのか、そしてましてや、そもそも、これがサイキック能力と関係があることなのかすら分かりません。

今のわたしにとっては、からだが語りかけることを聴き取ることは、サイキック能力によるものではなく、クライアントの存在の深みに、ただ静かに耳を傾けることのシンプルさの中にあるように感じられるからです。けれど、いずれにしろ、自分の人生がスピリチュアルな方向に向かうということは、小さい頃から感じていたようにも思います。

アルサナさんとの出会いは、確実に、わたしに、自分の人生の方向性につながっていく何かを見させてくれました。けれど、当時のわたしが、そのときにおいて自分にその能力へと開いてゆく準備が到底できていないことすら分かっていなかったことを思うと、エネルギーを読み取る方法や、癒しに関することをわたしに一切教えなかったアルサナさんに、とてつもなく感謝しています。

当時のわたしの、癒しを通して人の役に立ちたいという欲求や、サイキックな能力へと惹きつけられていたことの背後には、自分が癒されるべきことに気づく必要性と、現実的なことから意識を背けていたいという思いが隠されていました。人を癒す以前に、わたしは、自分自身が抱えている精神的な傷や、もつれてしまったようなわたし自身の人生と向き合い、それらをまず癒していく必要があったのです。そして、わたしの前に待っている癒しの道は、肉体そのものや、自分の中にある女性としての存在との和解の旅となっていくのでした。

4

アルサナさんへのマッサージの一件からしばらくのときが経ちました。

予約でびっしり埋まっていたために、なかなか受けることができずに待っていたアルサナさんの施術を、実際に受けることのできる日がとうとうやってきました。わたしのエゴを砕いたあのアルサナさんの部屋に、今日はマッサージを受ける側として、もう一度上がって行きます。わたしの興味は、アルサナさんから受けることのできるマッサージそのもの以上に、日本で目にした雑誌に書いてあったように、施術が終わったときにアルサナさんが教えてくれるという、あのメッセージにありました。アルサナさんから何を伝えてもらえるのか、わたしはとてもわくわくしていました。健康状態のこと、もしかしたら、何か霊的なメッセージ、そしてわたしの将来に約束されている何かの情報を渡してもらえるのかもしれません。

これまでに何万の人たちのからだに触れてきたであろうアルサナさんの手は、本当に信頼のできるもののように感じられました。セッションの間中、アルサナさんは、きちんとわたしと共にその場所にいる、ということが感じられ、それが何よりもわたしを深いくつろぎへと誘いました。施術が終盤に向かった頃には、いつも騒がしいわたしのマインドも少しおとなしくなり、意識は、いつもと違うどこかに漂っているような不思議な状態でした。

そして、アルサナさんが仰向けに横たわるわたしの上に回り、頭のあたりを触り始めたときにそれは起こりました。わたしは突然、地球が無数の面から成り立っている球体で、その一つ一つの面が、地球上のひとたち全てから成り立っているということを、認識しました。地球が、ちょうどミラーボールのように、無数の面を持って球体になっていて、地球上の全員でその面を織りなしているというイメージでした。それは、考えて思いついたというようなものではなく、わたしという存在そのものがずっと知っていたであろうことが、ふと思い出されたというような、「気づき」の感覚でした。そのような体験をするのは、わたしにはまったく初めてのことでした。

しかし、そのような深遠な体験をしたばかりであるにも関わらず、やがて施術が終わったときには、わたしはもう、いつも通りの思考の騒がしさの中へと戻って来ていました。そして早速アルサナさんに、彼が感じたことや見たことを教えてくれるように催促していました。

アルサナさんは、にやっと笑いながら、

「大丈夫だ、どこも問題ない」

としか答えてくれませんでした。引き下がらない様子のわたしを見て、

「それを知ることはそんなに大事かね？」

と微笑み、施術が終わったことをわたしに優しく告げました。

その日以来、わたしはそのことを思い出しては、自分に問いかけました。それを聞くことは、自分のこととして当然大切なことで、教えられるべきことだったように思えるときもありましたが、アルサナさんが敢えて何も言わなかったことにも意味があるような気もしていました。自分の見たことの

中で、クライアントに伝えていいことと、伝えるべきでないこと、そして伝える場合には、そのタイミングというものがあるということを、わたしはずっと後になってから理解しました。そしてそれを正しく計れるのは、自分個人の判断を超えた場所、中心の、空《くう》のスペースに入っている人だけなのです。

あのとき、アルサナさんがわたしに何を伝えたとしても、わたしはその言葉に執着したことでしょう。そのくらい、当時のわたしには、確固たる自分というものがなく、誰に何を言われても鵜呑みにしてしまうような状態だったのです。もしもアルサナさんが、ある臓器が弱まっていると言えば、わたしは、その臓器の弱まりが示している象徴的な意味を内面に問いかけることもせずに、ただ、「ああ、わたしのこの臓器は弱いのだ」と、そのことだけに捉われ、そのイメージを自分に永続的に植え付けることで、さらにそれを助長することになったでしょうし、あるいは、特定のチャクラがとても開いていると言われれば、わたしはいつまでも、そのチャクラが開いているイメージの自分を引きずり歩いて、いい気になったことでしょう。

メッセージは、それと向き合い、それを謙虚に受け取ることの準備ができている人へ、正しい形で渡されるべきなのです。

5

数カ月後、わたしは、感謝と共にアルサナさんのもとを去り、ウブドのバンガローを後にして、そこから二時間ほど離れたパダンバイという小さな港町に移動しました。

オーラソーマには、わたしが期待をしていたほどには、なかなかお客さんが来ず、バリ島にずっと住もうという夢や決意は、わたしの中で、早くも薄れてしまっていました。学生時代の友達が、わたしを訪ねて二カ月も一緒に過ごしていてくれたこともあり、彼女たちが去った後には、一人でバリ島にいること自体が、少し物寂しく感じられていたことも事実でした。

運命の人も未だに現われていませんでした。外国の人たちとデートのようなものをすることはありましたが、どれも運命と呼ぶにはほど遠く、ただお互いが、自分がよく知らない、遠い異国から来たという珍しさだけに惹かれているような感じでした。

パダンバイからは、バリ島から他の島々へと渡ることのできるフェリーが出ていて、ある日、わたしは、それが自分の運命を大きく変えるということも知らず、四時間ほどで着くという、別の島へ気分転換に渡ってみることにしました。

乗り込んだその大きな船がパダンバイを離れて間もなく、デッキの上で想い想いに過ごす多くの旅行者の背後に、わたしの目は一人の男性を捕えました。

彼は、船の向こう側からゆっくりとこちら側へ向かって歩いていました。その人は、二メートルは優にあるかと思われる長身で、ランニングシャツを着た逞しい肩の片方に小さなバッグをひとつ担いだ、どことなく不思議な風貌の人でした。この男性は、この船に乗っている旅行者の誰とも似ていないように見えました。坊主頭に、大きく光る目。彼の姿は、なぜかわたしに、砂漠からやって来た、神の使者を思わせました。その目は、この世界のからくりなどとっくに見抜いているとでもいうような鋭さと憂いを秘めていて、彼の年齢を読み取ることは不可能でした。もし、彼が年齢など存在しない場所からやって来たとか、不死身の肉体を持っているとか聞いたとしても、誰もが自然に納得してしまいそうな、本当に変わった雰囲気をにじませている人でした。

数時間後に船が最初の島に着き、それからミニバスや小舟に乗り換えていくうちに、旅行者はそれぞれの目的地で降りていきました。わたしが向かう小さな島へと連れて行ってくれる最後の小舟に乗ったとき、彼はそこにいました。わたしたちは同じ島へと向かっていたのです。わたしは気づかれないようにしながら、彼を時々見やりましたが、彼の物腰は驚くほど柔らかくて、それは小舟に乗っている他の旅行者や船頭、誰に向けても同じように開かれていました。

同時に、わたしは彼の中に大きく、揺るぎようのない強さや権威のようなものを見ていました。あまりに強い彼の存在感のせいか、彼の近くにいるだけで、なんだか自分が薄っぺらで、頭の悪い人間のように感じてしまうような、奇妙な居心地の悪さも感じていました。少なくとも、この男性が、わたしが今まで見たことのない何かを携えていることは確かでした。

島に到着してそれぞれが宿を見つけた後でビーチへ出て来てからは、彼も含めて、同じ小舟に乗って来たわたしたち数人は、自然と一緒に時間を過ごすようになっていました。透きとおった優しい水色の海辺へ出かけ、おいしいご飯を食べ、わたしたちはすぐにとても気の合うグループになりました。

彼は、ヤフィーという名前で呼ばれていました。

二十年近くもの間、旅を続けているとのことでした。彼が背負っていたバッグが、異様なくらい小さくまとまっていることの意味も、それで分かりました。一度、彼にバッグの中を見せてもらったとき、その中には本当に必要最低限のもの、そして緊急時に必要となるであろう道具がいくつか入っているだけで、それは彼の旅の巧さを物語っており、大きなスーツケース二個を引きずりながらこの島まで渡って来てしまったわたしは、また恥ずかしい思いをしていました。わたしは、こういう人が、本当の旅人なのだと思いました。この人は、やっと取った休暇の旅で浮かれたり、日常のストレスを忘れるために、羽目を外して騒ぐような類の旅行者ではないようでした。彼が歩くときには、その一歩一歩が、土の中に強く踏みしめられていくような、強いグラウンディングの力を放っていました。わたしは、なんとも不思議なこの男性と、未だにどう話していいのか分からない状態でしたが、自然と、彼を尊敬の目で見つめるようになっていました。

彼はとても楽しく、わたしたちの笑いを誘い、またあるときはとても静かにくつろいで、そうするとわたしたちにまでその静けさが広がってくるかのようでした。わたしに彼を敬わせたことのひとつは、随所に見られる彼の適応能力の高さでした。長い旅の中で身につけてきたのでしょうか、彼は様々な状況に瞬時に対処することができました。それは男性として、わたしにはとても魅力的に映るものでした。そして、彼は、誰に対しても真正でした。決して自分本来の質を失うことなく、まるで、自分の内側の王座でくつろぐ者であるかのように、彼の言葉も、動きも、表情もすべてが、周りの人や状況に左右されない、彼自身の内側から自発的にやってくるもののように感じられました。

ある夜、ビーチ沿いでわたしたちが休んでいると、ひどく酔っ払った地元の男性が、わたしたちに絡んできました。どうなってしまうのかと、わたしはひどくびくついていました。ヤフィーは、ただその強い目で彼を見据えていました。そのまなざしに気づいた彼が、ヤフィーに攻撃の矛先を向け、

「何を見ているんだ」

とつかみかかっていきましたが、ヤフィーは物怖《ものお》じひとつせず、彼を見据えたまま、穏やかな口調で、

「あなたが見ているからわたしも見ているだけだ」

とだけ答え、まったく相手にしませんでした。

わたしはヤフィーの持つ強さに惹かれ始めていました。その強さを確固としたものにしているのは、彼がとても現実に根づいていて、毎瞬、「今」というときにすべてを集約して生きていることのよう

に思いました。

わたしは、彼がこの島からいつ出る予定で、そしてどこへ行くのだろうかということばかりを考えるようになっていました。けれど、彼のような人には、明日のプランさえ聞かれることは重荷なのではないかとも思ったりもすると何も言えず、わたしは一人で自分のマインドと戦っていました。わたしには、彼のように、ただ、「今」にくつろぐということができた試しがありませんでした。それだけヤフィーはわたしにとって遙かに遠い存在でした。

もしもこの人と二人で旅をすることにでもなったら、わたしは彼の足を引っ張るばかりで、一日が終わらないうちに、自分の情けなさに逃げ出したくなってしまうことだろうと思いました。


あるとき、白い砂浜の上でちょうど二人きりになったとき、思い切ってわたしは彼に話しかけました。

彼は、わたしが英語をよく分からないせいで、みんなの会話を何度も聞き返してしまうときも、足の爪を剥がしてしまって応急処置が必要なときにも、落ち着いたままで誰よりも親切に接してくれていましたが、彼がわたしに好意を持ってくれているのか、あるいは何もできない子供だと思って扱っているのかすら、わたしには分かりませんでした。わたしはなんとか彼に、大人らしい部分を見せて、自分を良く印象づけようとしていました。

わたしは切りだしました。

「わたしにとって一番大切なのは、自分を表現するということなの」

本当は、自分を表現することなど、わたしはろくにできていませんでした。

彼は黙ってそれを聞いていました。

「ヤフィーにとっては何？」

彼はしばらく考えこんだあと、

「食べることだ」

と答えました。

会話は途切れ、わたしはまた、恥ずかしい思いを味わっていました。


ビーチを去りホテルに向かう途中、ビーチ沿いのレストランのウェイターが、わたしたちに、

「映画を流すよ」

と声をかけました。ヤフィーが、

「どんな映画を?」

と聞くと、

「ラブストーリーだ」

とウェイターは答えました。ヤフィーは、

「そのテーマについては充分に失望してきたからやめておくよ」

と笑って歩き続けました。

わたしはふと、この人は今までどんな恋愛をしてきたのだろうと思いました。この人と釣り合う女性とはどんな人なのでしょう。わたしはこれまで、ヤフィーの人間離れしたような面ばかりを見てきたようだけれど、もしかしたらこの人だって普通に恋愛をして、誰かを愛したり傷ついたりしてきたのかもしれないと思いました。


あるとき、オーラソーマの話から、わたしはみんなの印象的な美しさをそれぞれ色に置き換えて説

明していました。わたしが感じるヤフィーは、赤、そのものでした。

ヤフィーは笑って、

「確かに赤は自分の色だ」

と言いました。

今ここに確かにいる、と感じさせる彼の強い存在感、大きな包容力、そして肉体の強靭さ。彼の何を取っても、鮮烈に燃える赤い炎のようなものをわたしは彼に見ていました。そして、それらのエネルギーは、わたしが、自分の中にはまったく見つけることのできないものでした。


ある夜、ヤフィーはホテルのバルコニーにいたわたしに声をかけ、わたしたちはなんとなく砂浜へと一緒に歩いていきました。嬉しかったものの、暗い道を海沿いにゆっくり歩きながら、わたしは何を話していいのかよく分かりませんでした。何を言っても、彼にはわたしが馬鹿なように思われるような気さえしていて、わたしのぎこちなく固まった顔を見られることさえ避けたい気分でした。海辺の桟橋に辿り着くと、すっかり暗くなった海の中で、きらきらと光って動く小さな生き物がいました。

「きれい。ホタルみたい」

わたしが思わず口にすると、ヤフィーは、

「そうだね、ホタルだ」

と言った後で、

「いや、ホタルではないけれど」

とあわてて続けました。

その夜は、ヤフィーの中にも何かぎこちないものをわたしは感じました。

ゆっくりとホテルの中庭に戻ったとき、わたしたちはおやすみのハグを小さくしました。わたしは顔をあげると、暗闇に勇気をもらって、かすかに見えるヤフィーの目をまっすぐに見つめました。彼もわたしの目を見つめかえしていました。そして優しい声で、

「部屋に戻りなさい」

と言いました。

その声は、わたしの胸を震わすような優しさと憂いに満ちていました。わたしはこの男性を敬愛していました。この人こそがわたしが小さいころから探していた運命の人に違いありません。そう確信するようになっていました。

次の日、わたしたちはいつものようにビーチで日中を過ごしました。わたしと、もう一人の女性、フィルだけが砂浜で休んでいて、遠くの方でヤフィーたちが海と楽しげに戯れるのを眺めていました。わたしのヤフィーへの気持ちに気づいているフィルは、

「ああいう人といたら、人生に飽きることはないでしょうね」

と言いました。

わたしはフィルに、もしも旅先で誰かに恋をしたらどうするかと聞きました。わたしには、一生とは言わなくても、ある程度の期間だけでも、一緒に過ごせる見込みがないのなら、最初から、その中に飛び込むことなどとても考えられないことだったからです。

フィルは、

「わたしなら、ためらわずにその人と一緒に過ごすわ」

と言うと、続けて、

「もしもそうなるはずだったら、離れ離れになったとしても、また会えるはずだから」

それは、わたしが今までに抱いたこともない考えでした。彼女の持っている信頼は、とても強いものに聞こえました。

その夜、わたしたちは砂浜に木の枝やココナツの殻を運び、キャンプファイヤーをする準備をしていました。ヤフィーはどこから見つけてきたのか、大きな流木を引きずっていました。わたしは彼のたくましさをぼんやりと眺めていました。炎が昇り始め、通りがかった人たちも一緒にまざって、わたしたちは大きな輪になって座っていました。ヤフィーはわたしの隣に座っていたので、時折、火の加減をするために腰を浮かすたび、わたしは、どうぞ彼がこのまま別の場所へ行ってしまいませんように、と、心の中で祈っていました。

炎が音をたてて燃え、その熱と輝きに、わたしはなんだか我を失いつつあるような気分になっていました。いつもわたしの頭の中で飛び交っている不安や、自分へのジャッジ、気持ちにブレーキをかけてしまう臆病さがこのときはどこかへ遠のいていました。

ふと、ヤフィーが、

「寒くないかい」

とわたしに声をかけ、彼の裸の肩にかけていた大きなサロンをわたしに半分回してくれました。

次の瞬間、わたしがヤフィーの瞳を見つめたとき、わたしの口は自然に開いていました。

「あなたの目はとても深い穏やかな海のよう。静かに燃える炎のよう」

ヤフィーはゆっくりと深く息を吐きだして、わたしをその目で見つめながら優しくつぶやきました。

「僕の小さな女の子」

炎が私たちの目の前でバチバチと激しく音を立てているのが耳に聞こえていました。

その夜以来、その情景はわたしの脳裏に焼きついてしまっていました。

夜になり、みんなと別れて、ベッドで独り横になるときにはなおさらのことでした。

ヤフィーの声、その瞳。

わたしが誰かに憧れ、畏敬の念と共に愛情を抱いたことなど、これまでにあったでしょうか。窓からは、島のいたるところで咲き誇っている、フランジパニの花の甘い香りが漂ってきていました。

わたしはその夜、ドレスに着替えると、ヤフィーの部屋へと向かいました。ノックの音にドアを開けたヤフィーは驚いている様子でしたが、わたしを中へ入れてくれました。


今になっては、すべてを思い出すことはできません。

わたしは彼に、あのときの幼かったわたしができる限りの方法で必死に自分の胸の内を伝えたように思います。

ヤフィーは、いつものように、最後まで見守るように聞いてくれていました。

そしてわたしを見つめ、

「きみにキスをしないでいることは難しい」

と言い、そして、

「でも、ずっと旅をしてきた中で、自分のせいで何度も別れを繰り返してきてしまい、もう恋人は作らないと決めたばかりなんだ」

と言いました。

胸が締め付けられる思いがしました。頭では、自分がこの男性に寄り添って冒険をできるような恋人にはふさわしくないと分かっていながらも、わたしはこの男性こそ、わたしの探していた運命の人に違いないと信じていました。わたしは悲しくなりました。この人は、わたしにとって彼がどれだけ特別な存在であるのか分かっていないのだと思いました。

「せっかくあなたを見つけたのに。わたしはこれからどうしたらいいの？」

「僕のことは忘れて、これまでどおり生きていくんだよ」

わたしは泣きそうでした。

ヤフィーは、

「君は僕の歳を分かっているのか」

と優しく聞きました。

わたしたちの間には二十歳近くの違いがありましたが、わたしにとってそれはまったく気になるようなことではなかったのです。ただ口惜しく思えたのは、わたしにはあまりにも人生の経験がなく、彼という成熟した男性と一緒にいるには、明らかに子供じみているということでした。

「夢をみることは素晴らしい。でも現実はもっと大切なんだよ」

とヤフィーは言いました。

わたしには、明日の朝になって、何もなかったような顔で、彼と会うことはできないような気がしました。わたしはこの島を去り、そしてもう二度と彼には会えないことになるのでしょう。

やがて彼はまた言いました。

「部屋に戻りなさい」

わたしはその言葉に促され、彼のもとを去りました。

彼は砂漠からやってきた不死身の使者ではなく、繊細なハートをもつ一人の人間でした。赤い、鮮烈な強さを持つと共に、その中に、柔らかく、消え去ってしまいそうな儚い何かも持っている一人の男性でした。

次の日、わたしたちの仲間は、バリ島に戻ってトレッキングをしようということになり、結局、わたしたちは全員でこの島を去ることになりました。ヤフィーは、いつも通りにわたしに接してくれていました。ヤフィーが誘ってくれたように、わたしにもう少し強さがあれば、みんなとこのまま一緒にトレッキングにも行き、もう少しの間だけでも彼のそばにいることができたはずです。でも、わたしにはそれはできそうもありませんでした。

船がパダンバイに戻ると、その港でわたしはみんなに別れを告げました。

ヤフィーは大きな微笑みを湛えて両腕を広げるとひざまずき、わたしを抱きしめてくれました。

わたしは今でも、手を振るヤフィーたちの顔を覚えています。

終わりのときは必ずやってきます。

だからこそ、何か大切なものが自分の前にあるとき、わたしは、それと共に存分に生きようと思うようになりました。この男性は、わたしに、本当に特別なものを見せてくれました。彼の燃えるような存在、強さと繊細さ。わたしはいつの日か、自分の中にもそれと同じものを見つけることができるでしょうか。彼のことをわたしはこの先ずっと慕うことでしょう。人生は輝くほどの喪失の繰り返しで、それはどうしようもないことなのです。

6

まもなくしてわたしは日本へ戻りました。東京に到着すると、友達の小さなアパートに同居をさせてもらいながら、再びホステスとして毎日働き始めます。ヤフィーはわたしの胸の中に留まり続けました。彼を思いだすと、会いたくて泣きだしてしまうこともあるくらいで、わたしは旅での時間に思いを馳せて暮らしました。

バリ島に戻ってヤフィーたちとお別れをした日、パダンバイの宿に着くなり倒れこむように深い眠りに落ちたわたしは、ヤフィーがベッドの端に腰をおろして、わたしを眺めてくれている確かな感覚に包まれました。それはあまりにも現実的な印象だったので、目が覚めても、それが夢だったとはしばらく信じることができずに、わたしは彼を探しそうになったほどでした。

ヤフィーは今、どこにいるのでしょう。

わたしが旅を続けていけば、きっとヤフィーとは、どこかでふとまた出会えるような気がしました。フィルが言ったように、もしもそうなるべきだとしたら、きっとそうなるのだと感じました。そして、次に旅に出るときは、わたしもヤフィーのように、小さなバッグでいようと思いました。それ以来というもの、ヤフィーにいつかもう一度巡り合えることを願い、わたしはバックパックを背に、本当に旅を続けることとなりました。そうすることだけが、彼ともう一度巡り合える可能性を与えてくれることのように思えたからです。

日本にはお金がなくなったときにだけ戻り、夕方から次の日の朝まで、毎日のようにホステスとして働きました。今になれば、よくわたしのからだがそのような生活に耐えてくれたと感謝せずにはいられないほど、日本にいるときの生活は、本当にめまぐるしいものでした。それでも、旅の中で得られる、何にも代えがたい経験、そして実は、何よりもヤフィーへのゆるぎない憧憬が、わたしを動かし続けていました。

バリ島にはそれから何度か戻りましたが、そのたびに、わたしはパダンバイの港を訪れ、その海に掌を浸しながら、ヤフィーを想いました。世界のどこかの海で彼が身を浸しているのならば、その水をここまで運んできてほしいと願いました。彼がどこで生きていようと、あるいは死んでしまっていようと、空気や、土や、太陽の中に、彼を感じたいと願いながら、わたしは旅を続けました。

そして、わたしはこの物語を書き始めました。これもまた、とうてい地に足がついていないと思えるような発想でしたが、わたしは、いつか必ず本を出版をして、その中にはヤフィーの名前と、わたしが彼を探しているのだということを書き添えて、きっと彼を見つけるのだと祈りました。本を出版するということは、旅を続けること以外で、彼にもう一度出会うことのできる機会をわたしに与えてくれると信じたのです。とは言え、ここまでのすさまじいヤフィーへの強い憧憬に引きかえ、彼がそう言ったように、わたし自身も、わたしたちが恋人として一緒になる運命だとはもう感じていませんでした。わたしが感じていたのは、彼にとってはわたしが大した意味を持たないとしても、わたしにとっては、この人こそが、わたしが自分の人生に目覚めていく上での鍵となる存在であるというような感覚でした。

彼の中にわたしが見た、強さや愛は、わたし自身がそうなりたい存在なのです。わたしはヤフィーを敬愛し、わたしが彼の持っている美しさになれるまで、もう一度だけでもいいから、その目にまっすぐ見据えられたいと、息がとまるほどに願う存在なのです。その想いは、後《のち》に、旅の中でどんなに素晴らしい人たちと出会おうと、決して薄れることはありませんでした。

魔法の瞬間

それから数カ月が経ち、わたしは友達の家を後に、再び日本を旅立ちました。

行先はエジプト、カイロです。

エジプトへ向かったのは、エジプトを発祥とする太古からの踊り、ベリーダンスを習うためでした。

これまでのわたしは、踊るどころか、からだを動かすこと自体に恥ずかしさを感じていて、周りに誰もいないときでさえも、からだを動かすことを楽しむことはできませんでしたが、わたしには十代のあるときにふと覚えた直感がありました。それは、当時はまだ見たこともなかったはずの、ベリーダンスという踊りが、わたしを統合してくれるはずだというものでした。そのときの確固とした感覚を、わたしはずっと胸に残していました。

バリ島から日本へ戻ってきた間、東京でベリーダンスの教室を見つけることは簡単なはずでしたが、人前で踊ることへの恥ずかしさもありましたし、みんなで足並みをそろえて踊ることが自分のしたいことだとは思えず、なかなか足が向かいませんでした。わたしがエジプトへ向かったのは、本場の地で先生を見つけて、個人的にダンスを習いながら数カ月を過ごすためでした。

カイロに到着して間もないある夜、同じ安宿に泊まっていたバックパッカーたちが、彼らがこれから見に行くという催し物へと、わたしも誘ってくれました。彼らの説明では、それが何なのかはよく分かりませんでしたが、とにかく彼らに同行しました。たどり着いたのは、廃墟と化した大きなお城のような場所で、警備員の厳重な荷物検査を通過して、入り口をくぐり、中へと入っていきました。

そこには大きなステージがあり、腰を降ろしたわたしたちの前でやがて始まったのは、イスラム教のスーフィーと呼ばれる人たちの旋舞のショーでした。スーフィーとは、旋舞を通して、神や全体との合一的な体験を追求する神秘主義者のことのようです。何も知らずにその場を訪れたわたしですが、実は、その夜こそが、わたしが「それ」を初めて目の当たりにする日となったのでした。

広いステージの上では、スカートのようにも見える、大きな円形をした白い布を腰から付けた三人の男が、音楽隊を後ろに、三十分、一時間と、ぐるぐるぐるぐる、その場で廻り続けていました。スカートは大きく広がり、魅惑的な線を描いて廻ります。彼らは、勢いよく廻り続けるコマのようにも見えました。汗が顔に流れおち、その目は、ステージの天井を遙かに突き破って、天まで見あげているかのように輝きを放って、彼らは至高の体験の中にいるかのようでした。わたしはすっかり圧倒されていました。

廻り続ける三人の男の後ろにいるのは、二十人ほどの男たち。それぞれ楽器を手にしてステージの壁を背に一列に並び、演奏をしています。見たこともない楽器の数々。聞いたこともないリズム、その音色。男たちは、しばらくして一人ずつステージの前まで出てくると、廻り続ける男を背後に、独奏を披露し始め、その独特な音色をわたしたちへと届けるのです。誰もが非の打ちどころのない素晴らしい音楽家でした。演奏者一人一人に大きな拍手が送られていました。

そして、ついにその瞬間はやってきました。

それは、演奏者の一人、カスタネットを手にした一人の男でした。その男がステージの前方に移動して来たその瞬間から、広いホールは魔法を掛けられてしまいました。丸く突き出したお腹と、口髭に、大きな笑顔。アニメの世界から出てきたような陽気な風貌のその男は、さっきまでの素晴らしい演奏者たちの影すら一掃してしまうような、何か特別な輝きを放っていました。その簡素な楽器を打ち鳴らしながら、男は、満面の笑みで、わたしたちを見つめてステージ上を動きます。

なんともいえない子供のような純粋な笑顔は、わたしたちの方が気恥ずかしくなってしまうほどで、多くの人で埋め尽くされた会場からは、かすかな笑いが起こっていました。一打ち、そしてまた一打ち。カスタネットを打ち鳴らすごとに、男は、意外な程《ほど》そのからだを軽やかに翻《ひるがえ》して、満面の笑みとともに恍惚の表情を浮かべます。彼の鳴らすカスタネットの簡単な音の中には、目には見えない広大な世界が内包されているかのようでした。彼の喜びや至福感が、わたしたちに伝わってきます。打ち鳴らされるその音や、かすかな余韻、音の合間のまったくの静寂さえをも彼が全身で味わっているのが分かりました。彼の独奏が終わったとき、会場からは特別に大きな拍手が鳴り響きました。

なんて特別な夜だったでしょう。

ぐるぐると旋回する人たちも、そしてどの演奏者も素晴らしいものを見せてくれましたが、その中でも特に、カスタネットを持った一人の男が、それらさえをも超越した何かをわたしに見せてくれました。

それは、「それ」としか形容できない何かでした。「それ」は、言葉で説明しようのない何か、存在を貫くような恍惚なのです。肉体も、思考も、感情も全部がどこかに飲み込まれてしまって、それでも十全に目覚めている状態で体験するトータルなオーガズムのようなもの、まるで神との出会いのようなものです。それは魔法のような瞬間です。それは、美味しい料理が口の中に優しく広がる瞬間や、愛する友達との深い絆に触れたときや、夕陽の美しさに言葉を失うようなときに訪れるような、何かです。

わたし自身が今までに「それ」を体験したことがあるのかどうかは分かりませんでしたが、その存在を、なぜかわたしはずっと知っていました。音楽も踊りも、これまでのわたしの人生には無縁のものでしたが、この夜、スーフィーの男たちが見せてくれた恍惚は、音楽と踊りの中に、「それ」と呼ばれる体験に至れる鍵があるに違いと、わたしに思わせました。自分という感覚すらなくなってしまうほど、あんなふうに踊りの中へ飲みこまれて、音楽と溶けあえたら、なんて素晴らしいことだろうと、そう思ったのです。

この夜を機に、ベリーダンスへの熱はさらに増していきましたが、ベリーダンスの先生探しはなかなかうまくいきませんでした。長期で滞在するつもりでいたので、わたしは少しのんびりと構えていて、まだ、ピラミッドも見に行っていませんでしたし、砂漠にもオアシスにも行っていませんでした。

そんなある日、タクシーに乗っていると、カイロの渋滞の中、後ろからバスに突っ込まれ、わたしは首を打ってしまいました。大したことはなかったものの、病院での診察を終える頃には、なんだかちょっと気落ちしてしまっていました。病院から宿に戻る途中、タクシーの運転手さんが、何かを言って、遠くを指さす方を窓からのぞいてみると、そこには、遥か遠くにピラミッドのてっぺんが小さく見えました。わたしはそのとき、エジプトを後にし、日本に帰ることを決意しました。

それからの数年間は、ベリーダンスやアラブ世界への憧れに引き換え、なぜかわたしが実際にベリーダンスと出会うことはなく、後に、トルコへと先生を探しに行ったときも、それは同じことでした。しかし、それはまるで、意図的にわたしに用意された「待ち」の状態のようにも感じられていたため、不思議と焦ることはありませんでした。

今、振り返って分かるのは、わたしには、この神秘的で女性的な踊りを習う前に、まず通っていくべき道があったということです。わたしは、まず、自分の肉体にしっかりと根差し、自分の中にある女性的な質とつながる必要がありました。

太陽の下で

1

――女であることのすべてを使って生きていますか？

「カーマスートラ　愛の教科書」という映画があります。わたしがそれを観たのはまだ十代の頃でした。レンタルビデオ店で、パッケージの美しさに手に取ってみたそのビデオには、「女であることのすべてを使って生きていますか？」と書かれていました。当時のわたしは、女性であることの可能性や、この先のわたしの人生が、女性性と大きく関わっていくことにもまったく気づいてもいませんでしたが、それでも、この問いかけは、わたしの心やからだに、何かを鋭く訴えかけてきました。

十六世紀インド、従女として育った女性マヤが、カーマスートラと呼ばれる性の秘儀を用いながら、真実の愛と共に力強く生きていく、鮮烈な話でした。女性監督によるその映画は、詩的に綴られ、映像もまた官能的で美しく、運命をたくましく切り開いていくマヤは、わたしの憧れの女性像となりました。そして、この映画の中に見たインドの印象と、カーマスートラという、何か妖しげでありながらも神聖に感じられたその奥義にわたしは魅せられていました。

エジプトから東京に戻ったわたしは、数カ月間のアルバイトで再び貯めたお金を手に、今度はインドへと向かいました。しかし覚悟はして行ったものの、初めてのインドの旅は、まさに完敗としか呼べないものでした。

人ごみや、通りをふさぐ牛たち、埃にまみれた通り、ホテルのレセプションや現地のツアー会社にも、当たり前のようにお金を騙さし取られ、いくつものプラットホームが並ぶ、巨大な電車発着所では、どれがどこ行きか明確に表示されていない上に、電車は決まって時間通りにはやってきません。混乱に続く混乱。こんなにも、何ひとつ、わたしの手中にないように感じたことはありませんでした。宗教や文化的な背景からも、バリ島であれ、エジプトであれ、日本にいるときとは違う類の気を張り巡らせなくてはならないことは多々ありましたが、インドはそれ以上に感じられました。そして何よりわたしを戸惑わせたのは、どうやらインドの人の大半は、目が合ったときに無理に微笑んだり、話しかけられたときには愛想よく対応するものだというような習慣を持ち合わせていないということでした。そして同時に、彼らにとっては、遠慮のないまなざしで人をじっと見つづけるということが失礼にはあたらないようだということもありました。

蒸し返すような空気の熱にもやられて、わたしはすっかり疲れ果てていました。けれど、それにも関わらず、インドにはなんとも言えない愛しさがありました。そこは、驚きや学びの宝庫でした。最初の旅では完全に打ちのめされることばかりだったわたしの頭も、これまで持っていた、物事はたいてい自分の思い通りに進んで当然だという思い込みを捨て、何が起こるかなど分からないのが世の常で、それらを自分がコントロールできるというのは驕りだということに気づいてからは、インドの流れに自分が合わせて動いていくことは、もう難しいことではありませんでした。そうなると、インドという国は、まるで、限りない懐の深さでわたしたちを包みこんでくれる、偉大な師のようにも感じられました。

　インドの北西部、カジュラホという村には、カーマスートラの映画を彷彿とさせる寺院が立ち並んでいました。それぞれの寺院の外側には、男女の交わる様子が隙間なく、何百何千と彫り込まれていました。想像を超えるような、それらの数々の交わりの形の中には、一人が逆立ちをした状態で交わっているものから、複数で交わっているもの、動物が加わっているものまでありました。

　肉感的な肢体に、生き生きとした表情。強い日差しの下で熱を孕んだその石に触れると、彼らは、まるで本当に命が吹き込まれているかのようにさえ感じられました。そして、これらの大胆な性の描写に、わたしはなぜか、微塵のいやらしさも感じていませんでした。それらを通して表現されているものが、まるでわたしが今まで認識してきたセックスというものとはまったく違った行為のように見受けられたのです。

　当時のわたしの頭の中にあるセックスというものは、隠微で、薄暗い部屋で声を潜めるようにしながら行なわれて、だからこそ興奮できるような、そういう類のものでした。けれど、彼らの表情に表わされている陶酔は、きわめて純粋なものでした。女たちには、わたしがたまにしてきたような、男のために演じる恥じらいの様子はまったくなくて、男たちにも、相手の女性に対するプレッシャーや、自分をよく見せようというような繕《つくろ》いの様子は微塵もありませんでした。

何千もの石像、それらすべての性交の周りに、深いくつろぎが流れていて、互いの中へと、彼ら個人の存在が、消えていっているかのようでした。恍惚とした表情は、まるで子供のような純粋さで肉体を無垢に受け入れて、性という根源的なエネルギーを通して、何か霊的なもの、高次のものへと導かれているかのようでもありました。

性が導き手となる、神聖への可能性。これまでとは違った、性への新しい解釈。大げさかもしれませんが、カジュラホの寺院で見たものは、生きていくための希望だったのだと思います。わたしにとっての最大の痛みと苦しみは、性と自分自身の肉体だったからです。

2

わたしの育った家では、愛の言葉を見つけることが容易ではありませんでした。

「あんたのことなんかいつだって殺せるんだからね」

母からわたしが投げつけられていた言葉です。

平屋建ての狭い家の中で、怒鳴りながらこぶしを挙げた母に追いかけ回されるときには、本当に殺されてしまうと思いました。台所から包丁を取り、自分の部屋に隠したことや、窓から飛び出して、裸足のままで隣の町まで逃げたこともありました。縁側の縁《ふち》に首が当たるように仰向けに蹴り倒された日には、目をあけると世界が逆さまに見えていました。庭の芝生がすぐ頭上にあり、青々と晴れ渡った空は、眼下に広がっていました。

わたしは誰かに助けを求めることはしませんでした。どの家庭でも、これが「普通」で、世界も人生もこういうものなのだと思っていたのです。母は、家族の写真から自分の顔の部分だけを切り取っては捨てるようなことをするほどに自己愛に欠けていて、同時に、わたしのことも醜いとか太っていると言っては蔑みましたが、わたしは長いこと、これが虐待だということに気がつきませんでした。ですから、小学校のときには、家に何度か遊びに来て、母にも会ったことのある友達が、わたしのいないところで、「えりちゃんのお母さんって、精神病だよ」と、別の友達に話していることを知ったときにも、わたしには当然、彼女が何を言っているのかが、さっぱり分かりませんでした。


幼少期のわたしは、ぽっちゃりとした丸顔の、子供らしい体型をした背の小さな女の子でした。姉は、わたしとは異なり、習い事のバレエで着ていた白いレオタードがよく似合う、ほっそりとした女の子で、母や親戚は、大して考えもせずに、わたしを姉と比較しては、わたしの体型をからかいました。友達よりも一口でも何かを多く食べたとしても、徒競争がビリになってしまっても、毎日のように鼻血をだしてしまうことも、笑いや蔑みの的にされていました。小さなわたしの心は深く傷つき、容姿のみならず、自分の存在自体が醜く恥ずかしいものなのだとわたしが信じ込むまでに時間はかかりませんでした。

重い病気を患っていた父は、何年もの間、入退院を繰り返していて、家にいないことも多かったようですが、わたしはそのことをよく覚えていません。父には、母の言動から守ってもらった記憶もありませんが、わたしに何かを指図したり、わたしを否定するような言葉を口にすることも一度もありませんでした。唯一怒られたのは、わたしが家の貯金箱からお菓子を買いたくてお金を盗んだときの一回きりで、わたしは優しい父のことが大好きでした。

母は、父が死に、幼い子供たちを一人で育てていくことにおびえていたのでしょうが、父の食事療法にも過度に厳しく臨んでいて、父自身の取り組み方が、自分の思い通りにならないときには、「病人のくせに」だとか、「この子たちが大学に入るまで稼いでもらわないと困る」などと、父に言い放っていたことをわたしは覚えています。

そんな母の優しい顔に触れることができるのは、手づくりのお菓子や料理を、母が食卓に並べてくれるときだけでした。そのときには、ついさっき、「お母さんは侍の血を引いているんだから、あんたのことなんか簡単に殺せるんだからね」とすごんでいた鬼の形相は消えているのでした。

幼いわたしは、母に愛されていないのではないかという考えが浮かぶたびに、もしそうであったら、こんなに美味しいお菓子や料理を作ってくれるはずがないと思うようにして、その恐ろしい可能性をかき消してきました。


小学校の頃に、毎年行なわれていたハロウィーンパーティーでは、子供たちは、親に買ってもらったり、作ってもらった衣装を着て、ホールに並び、先生たちに一人一人紹介してもらうのが常でした。わたしがなりたかったのは、たくさんの女の子たちと同じように、きれいなドレスを着たお姫様でした。わたしはミシンに向かってくれた母に、お姫様になりたいとお願いしていたのですが、母が時間をかけて縫ってくれたのは、ピエロの衣装でした。母は、来年にはお姫様のドレスを作るからと約束してくれましたが、わたしは袖を通したこのピエロの衣装が、自分に似合ってしまっていることも悲しくて、涙が止まりませんでした。

小学校も終わりが近づいた頃には、わたしのからだは自然とすっかり華奢なものに変化していましたが、昔から重ね続けてきた、太っていて恥ずかしい存在だという否定的な自己イメージは、べっとりとわたしにくっついたままでした。母が性を汚いものとして見ていることも子供ながらに感じていたので、からだというものは、直視してはいけないものなのだという認識もありました。自分に顔やからだがあるということが、貴重な子供時代、人生を素直に楽しむことからわたしを遠く引き離していました。

中学校に上がって、わたしは周りの子たちよりもずっと遅れをとって初潮を迎えました。クラスメイトや、部活の先輩に恋をしたりもし始めましたが、友達が交際やセックスの話をしていても、わたしはそれらの意味がよく分からず、ついて行けていませんでした。

高校に上がり、初めてお付き合いをした男の子とのキスは、わたしが今味わうことができるような、熱を帯びていて、全身を震わすものとはほど遠く、少女マンガの紙面で見たことのあるような夢見がちなものでしかありませんでした。セックスに対してもそれは同じことで、好きな男の子がしたいと思っていることを一緒にするということの嬉しさだけのために、何も感じないままに、ただからだを開いているだけでした。とは言え、性に目覚め始めていったこの頃には、長年引きずってきた、自分の外見に対する蔑みや、自分という存在自体への恥のような感覚からわたしはようやく脱却し始めてもいたのですが、そんなわたしの人生を一変して狂わせてしまった出来事が起こったのは、ちょうどそのタイミングでのことでした。

3

部活動を終えて家に帰って来たわたしは、その頃、よくそうしてしまっていたように、その日も、まだ夕方だというのに、自分の部屋に入るなり、疲れたからだをベッドに投げだして眠ってしまいました。どのくらい眠ったときなのか、ふと誰かが、仰向けになったわたしの上に馬乗りになるようにかぶさるのを感じました。わたしの両手首を、ベッドに抑えつけるその力はあまりに強く、わたしは動くことができませんでした。意識は一気に覚醒して、わたしは恐怖と混乱に襲われましたが、まるで金縛りにあったかのように、目をあけることも身動きをすることもできませんでした。それが実際にはどのくらいの間起こっていたことなのか、今は思い出すこともできませんが、両腕のしびれた感覚が薄れてきた頃、わたしは誰もいない部屋の中でようやく目を開けることができました。

単なる金縛りだったのか、それとも、わたしが夢と混同してしまった何かなのか、あるいは霊のような存在の仕業だったのか、とにかく、それが実際になんであったにしろ、思春期の繊細な時期に起こったその体験に、わたしは恐怖に覆われ、それはわたしのからだに生々しく残るものとなってしまいました。大人の男の人のように感じた、強い手や腕の感覚。抵抗しようにもからだは凍りついたようでまったく動くことができませんでした。わたしの内側には、男性全体への恐怖感と不信感が巣食いました。そして終わらない思考の渦が巻き始めました。あれが本当に、実際に起こったことだったとしたら誰だったのだろうと、あの日、まだ会社にいて帰宅をしていなかった父にまで、疑いの気持ちが湧き出してしまいました。

そしてその疑念と、その考えに対する抵抗の渦の中で、さらに恐ろしかったことは、男性に襲われるということの体験が、幼少期にも体験しているものだということを思い出してしまったことでした。何度も打ち消そうとしましたが、おそらく、これは本当のことでした。親戚や、幼い頃に関わっていた男性たちの顔が、嫌でも次から次へと浮かんできます。吐き気のするような嫌悪感と、自分自身に対する恥の感覚でいっぱいでした。

高校時代のその日の体験については、ただの金縛りだったのだと思うことができるようになってから、幼少期の体験に関する記憶や感覚は強まる一方でした。今回の件がきっかけとなって、ずっと無意識下に隠し続けてきた事実が、わたしの意識上へと上ってしまったかのように思えてなりませんでした。

わたしは、誰にも一切を話しませんでした。友達とも家族とも、今まで通りに接していようと思っていました。けれど、息が止まるような恐怖感と、頭の片隅に隠し戻そうとしている可能性のことに、心も頭も占領されていて、それは簡単ではありませんでした。家の中では父を避けるようになり、高校では、自分の席に落ち着いて座っていることもできなくなり、授業中に教室を出ていくことが多くなりました。

両手首を押さえつけられるような感覚が蘇ると、気が狂ってしまいそうで、わたしは自分のからだからどうにかして逃げてしまいたい衝動に駆られました。こうして徐々にバランスを失っていくわたしの様子に心配した友達は、高校の近くにあった心療内科を見つけてくれました。日に日に表情が死んでいくようなわたしを見かねて、母も何も聞かずに、わたしをそこへ通わせてくれましたが、病院でも、わたしは何も話すことができませんでした。薬を処方してもらい、お医者さんには、入院がしたいのだということだけを告げていました。家で眠ることがもう安全なことに感じられなかったのです。

高校では、友達と楽しく話したり、部活に打ち込み続けることはできましたが、家に戻ると、わたしは自分の部屋に籠るようになっていました。自分が女性であることも、からだというものがあることも耐えがたく、ベッドの隅にぼんやりと座りこみながら、鏡に自分のからだを映してみると、どうしようもない嫌悪感が込み上げて、全身に包丁を当てて、皮膚を全部剥がし、肉をそぎおとしてしまいたいほどの衝動に駆られていました。

そんな気持ちが特に高ぶりを見せていたある晩、わたしは、お医者さんから処方されていた、精神安定剤を飲もうと、ベッドからからだを起こし、薬を投げ置いていた床へと手を伸ばし、からだを下に向けるようにしてかがめたのですが、その瞬間に突然、死神のような存在が後ろに現われ、大きな鎌を振り上げてわたしの首を切り落とすビジョンに襲われました。わたしはつんざくような叫び声をあげて部屋から飛び出しました。廊下を一気に走りぬけ、居間に続く戸の前まで来たものの、その戸をあけることにも恐怖を感じ、大声で泣きだして、その場に座り込んでしまいました。母も父も姉も慌ててわたしのもとへやって来ましたが、誰もがわたしにどう対処していいのか分からない様子で、立ったままでわたしを見降ろしていました。わたしが何を体験しているのか知ってか知らずか、「わたしが娘を壊してしまった」と、母がつぶやくのが聞こえました。やがて姉に促されると、その夜は姉と一緒に寝かせてもらいました。

それからも、わたしの日常は狂い続けていくかのようでした。その頃には母の暴力はなくなっていたはずですが、わたしは、ひとたび母親の逆鱗に触れるたび、本当に母に殺されると信じ込んでいました。夜には、わたしの部屋の方向へ家族が歩く足音が廊下を伝って聞こえてくるだけで、わたしは、母がわたしを殺しにやって来たのだと真剣に思い、気配を消すために慌てて息を止めていました。

数年にわたって家族の誰ともほとんど口を利かなくなっていた姉、こんな家族の状況にも何ひとつ対応しない父、自分を責めながらも未だに子供たちに対して権威を振りかざす母。わたしは、母がわたしを殺さずとも、家族の中の誰かが誰かを殺してしまう日が近いと真剣に思っていました。わたしの心は、片づけをするということが一切できない状態にまですさみ、全身を映す大きな鏡を倒し、その破片が床中に散乱してしまったというのに、わたしにはそれを片づけようとする気力もなく、母がひと月後にそれを見つけるまで、わたしは無数に散らばるガラスの破片の中で部屋に引きこもって過ごしていました。

得体の知れない恐怖が全身を満たし、わたしはからだが爆発してしまいそうなのを感じていました。そして、それをごまかすかのようにわたしが始めたのは、食べることでした。わたしは食べ続けました。食べ物を口に運んでいるときだけは、安心することができたのです。食べ物は、わたしが繋がることのできる優しい仲間のようなものでした。お腹が膨れあがり、苦しくなってもなお、手を休めることができませんでした。それはまさに、その先何年も続く、過食症という地獄の始まりでした。


行先を告げずに母が初めて家から姿を消していたほんの数日の間、家族の中で殺しが起こるよりも先に、ある朝、突然、父が亡くなりました。わたしが高校を卒業し、大学に通い始めていた年のことでした。子供の頃からいつ死ぬか分からないと聞かされ続けていた父が亡くなったことは、わたしにとっては、長年抱いていた恐れからようやく自由になった解放でもありました。けれど、父を恋しく思う気持ちはもちろん、そして父に対して、結局あの人は誰だったのだろうという、まだ父という人間を知っていないままのような虚しさも感じていました。

小さい頃には本当に可愛がってもらったというのに、男性への不信感や幼少期の記憶の破片から、父を避けるようにして意地悪な態度をとったままで父を亡くしてしまったことも、わたしの心を虚《うつろ》にしていました。

もともと何の興味も感じていなかった大学を辞め、メイクアップの専門学校へと東京に移ったのは、その次の春のことでした。その頃にも、過食と、心の中のどうしようもない忙《せわ》しなさは続いたままで、わたしは自己嫌悪にさいなまれながらも、どうにか表面上だけでも普通の日常を送る努力をしていました。夜の闇は怖く、一人ではとても暮らせそうになかったので、東京では、様々な学校の学生たちが共同で生活をする女子寮に入りました。それでも、一人の部屋では相変わらず電気を消して眠ることはできませんでしたし、目をつぶった瞬間に何者かに襲われるような恐怖感や、鏡の中に誰かが映ってしまうような妄想にからだが固まってしまうことが多く、夜になると、洗面所で顔を洗うことができない日もあるくらいでした。

わたしは、一緒にいてくれる誰かを求め始めました。日中、学校に行って友達と会っているときや、寮で知り合った人たちと共同のお風呂で一緒に入浴しているときなどは、何も問題などないかのように振る舞うことができましたが、一人になると、恐怖感から、食べものにばかり意識が駆り立てられてしまい、わたしはそんな自分が悲しくて仕方ありませんでした。それでも、底のないような寂しさと怖さに包まれたわたしは食べずにいられませんでした。お腹は破裂せんばかりに充満しているというのに、食べ物を口に放りこみ続けていき、すっかり太ったわたしは、自己嫌悪のループにはまりこんでいました。

母親はと言えば、わたしが過食で苦しんでいることを知っているはずだというのに、段ボールいっぱいに食べ物を詰めて送ってきていました。そんな母の無神経な行動には心底呆れ、怒りを感じているはずなのに、それでも、母がわたしに何かを送ってくれたという事実だけで嬉しくなってしまう自分もいました。母という人は、自分自身を愛するということを知らずにいるがために、娘を愛そうにも愛せないだけなのだと思うと、わたしはまたその悲しみを食べずにいられませんでした。

東京の混み合った道ではたくさんの人がすれ違います。男性たちがすぐ脇を通り過ぎたり、毎朝の満員電車では、わたしは男性たちの間に埋もれていました。恐怖と嫌悪感で目眩すら覚えていました。それだというのに、同時に、わたしの中ではどうしようもないほどの人恋しさが募り始め、からだは優しく労られることを求めていました。そしてわたしは、見ず知らずの男の人たちに簡単に身を任せるようになっていきました。虚しさは後でやってきましたが、少なくても、彼らとベッドにいる間、わたしは食べずにすみましたし、夜は独り、幻覚におびえることもなく、無事に流れていきました。わたしにはそれだけでも充分でした。

わたしのセックスは、どうしようもなくつまらないものでした。わたしはその間中、意識を飛ばすかのようにまったく上の空で、まるでそこにはいないかのようでした。貝のように固まって、からだは何も感じませんでした。わたしはどの男性に対しても、どうせ女性を侵略する程度のことしかできない存在なのだと見下していました。意識を飛ばすことに失敗したときに自分を切るつもりだったのか、何をしてくるか分からない相手から身を守るためだったのか、男性と会うときには、わたしの鞄の中には剃刀がしのばされていました。

わたしの切望は、心もからだも、男性に包まれて愛されること、話のできる成熟した男性がわたしを見つけ、その肌の中で安心して眠りに落ちることでした。しかし、わたしの男性に対する見方や関わり方が病んでいれば、当然のように、わたしの選ぶ相手もまた、女性に対して同じようなものでした。やっと心が開きかけた男性に自分の話を思い切ってしてみれば、「重いな」と笑われ、「そんなことよりも飯に行こう」と言われて、話は途切れさせられました。太ってしまったみじめさから、独りで過食をしてしまうことだけでも避けなければと思い、同居を始めた別の男性は、ドラック中毒も同然の生活を送っている人でした。

その頃の怯えたわたしは、男性に対してほのかな期待をかけて心を開いてみたところで、何も得ることはできませんでした。わたしは、彼らとのつまらないベッドを後にして、まったく満たされない気持ちのまま、一人で浴槽に浸りながら、また寂しさに襲われる前に、すぐに誰かを見つけておかなくては、と、ぼんやり考え、その意味のない繰り返しに、疲れ果てて放心していました。

そして間もなくしてわたしは、男性に対してすっかり諦めをつけ、何の精神的な見返りを求めない代わりに、セックスに対してお金を要求することに決めました。皮肉にも、売春は、わたしによっぽど、なんとか生きていこうとする力を与えてくれるものでした。お金という線引きがあるからこそ、わたしはベッドで何が起こっても、その相手がどんな人間であっても、もう傷つくことも落ち込むこともありませんでした。お金と言えば、ついにわたしが家族による性的虐待の可能性を母親にほのめかしたとき、母がわたしに返したのは、「わたしは何も知らないよ」という言葉と、わたしの通帳に突如振り込まれた、二十万円のお金でした。それはわたしが求めていたものではありませんでした。悲しみに心が壊れたわたしは、自分の意識をどこか他のところへ完全に飛ばして、何も感じないでいられるようになっていきました。からだの感覚は日々鈍くなっていき、わたしは毎日、ぼーっと夢を見ているような心地で生活をしていました。実際にその頃は、自分という本当の存在から、まるでからだが一歩分くらい外側に抜けでてしまっている状態にあるように常に感じていました。

まるで、終わりのない地獄を生きているかのようでした。そして、最終的にわたしをそのような生活から抜け出させてくれたのは、食べ物やセックスがこれほどにわたしの人生を苦しめることができるものなのであれば、それは、至福や歓びにもなり得るはずだという気づきでした。その気づきへの信頼を頼りに、わたしは自分のからだを蔑むことも、食べるときやセックスをするときに感覚を殺すように自分の意識を仕向けることも止めて、むしろしっかりと目を開けてその中に充分に入って行くことにしたのです。

何年もの間、わたしにとって食べ物は、わたしを醜く感じさせ、苦しめる元凶でありながらも、最大の慰めでもありました。過食は、意志の力で止められるようなものではなく、むしろ抵抗するほどに迫ってくる強迫観念のようなもので、ここにきてわたしは初めて、食べてしまう自分を責めることも、食べることを避けるために、誰かを求めることも止めることにしました。わたしは食べ続けずにいられない自分を、ただ直視して見守り始めました。今までは目を背けるようにしていた、手にした食べ物をきちんと見ることで、自分が何をしているのかをしっかりと把握するように意識しました。できるだけゆっくりと時間をかけてその食べ物を体験するように口を動かしながら、

「わたしは今、満腹で、それなのに食べることを止められなくて、こんなにも惨めだ。わたしはとても悲しい。けれども、わたしは今、食べずにはいられないんだ」

と自分に語りかけました。

その言葉をかみしめながら、口の中の食べ物の温かさを感じると、涙がぼろぼろとあふれてきました。

そして、そういった行為を地道に続けて数カ月が経った頃、過食は徐々に弱まっていきました。食べることが少しずつ、純粋な楽しみへと変わっていく兆しを見せ始めたのです。わたしは、セックスに対してもきちんと目を向け、自分がまだ傷ついたままで、そのために男性との関係を築くことができずにいることを認め始めました。すると、無感覚になっていたからだの感覚が少しずつ戻ってきた

のです。そうなると、行きずりの誰かに自分のからだを使わせることなど、到底できることではなくなりました。

金縛りにあった、あの恐ろしい夜の出来事はまだ戻ってきて、わたしのからだを硬直させたり、相手の触れ方に痛みを感じたときには、彼がわたしを粗雑に扱っているのではないかと、必要以上に過敏に反応してしまっていましたが、性そのものは、苦々しいものではなくなり、男性への不信感や卑下していた気持ちも徐々に薄れていきました。タントラに出会う以前だった当時、わたしが持つことのできた、セックスや性に関する情報と言えば、テレビや雑誌でいやらしさを含んで扱われているようなものに限っていましたし、実際にわたしはそれ以外のものを体験したことがありませんでしたが、わたしは、セックスはそのような次元に留まるだけのものであるはずがないと感じていました。

そこには、わたしたちを変容するような、とてつもない可能性が秘められていて、そこに触れることができた人たちは、神なる存在すらも見るに違いないと思いました。セックスの神聖な面と出会えること、それがわたしを霊的な成長へと躍進させるときがくることを、わたしは信じて待ち望み始めていました。


幼少期から大人になるまで、それはわたしにとっては、あまりに長く感じる年月でした。それは闇の中を、鞭打たれながら、重いからだを引きずって生きているような時間でした。けれど今になれば、わたしが通過してきた体験のどれひとつをなくしても、わたしには、至上の喜びをもたらしてくれている今の仕事にはたどり着けることはなかったように思えます。その意味において、わたしは自分の体験のすべてに対して、とてつもなく感謝しています。

悲しい事実は、今でもわたしには、少しでも太っている自分を感じるだけで、人生を閉じてしまいたいというような願望へと直結してしまうところや、殺されるくらいならその前に死んでしまいたいというような衝動を覚える日もあるということですが、食事を取ること自体が恥や罪悪を意味していたことからも、延々と続いた重い過食からも自由になり、食べることの中に官能性や素晴らしい喜びを見つけることができるようになったのも、この地獄のような経験から得たものです。

ヒーリングの仕事に携わっていることの反面、自分自身が完全に癒えたとはまだ言い切れないことへの矛盾を感じるときには、わたしは、自分を公に表現することも、ましてや、人の癒しをサポートするようなことなどできる立場ではないように感じることがあります。それでも、「完璧に癒えた存在」になることなど自分に課す必要はないのだと思えると、このありのままで、今自分ができることをしよう、同じ境遇で苦しんでいる人の支えとなって生きていこう、と、軌道に立ち戻って進むこともできます。

もしかすると、子供の頃の傷や過去の何かを完全に消そうとすることに懸命になること自体、何かが違うのかもしれません。「ああ、わたしはこんなにも辛かったんだ」と、ありのままの自分の体験に気づいて、「あのときはできなかったけれど、今だったら大丈夫、その痛みを充分に感じることができる」と、抱きしめてあげられることの中に癒しは充分にあるのかもしれません。

人生の中で起こる物事の意味を解していなかった頃には、そんなふうに考えることはありませんでしたが、わたしが今認識できるのは、自分にとって最も困難に感じられてきたことや、最も大きな傷ともなりえたような出来事こそが、自分を本当に輝かせることへと導いてくれる何よりの鍵であるということです。身も心もボロボロになったその後、過去に対して抗うことを止めて、それに対して何かをすることはできないのだという無力さを知り、そして、ただ、それはそうでしかあられなかったのだという全面的な許しと手放しへと至ったときに、わたしたちは、自分が何のために生まれてきたのかを知ることもあるのです。

4

カジュラホを訪れた翌年の冬、再びインドを訪ねたわたしは、オリッシーというインド舞踊が見てみたくて、カルカッタから入国し、その踊りの発祥の地である、オリッサ地方へと下っていました。インドの独特な時間の流れ方や空気感に慣れたせいなのでしょうか、二度目のインドはわたしに少し優しくなったように感じました。

オリッシーを鑑賞し終え、閑散とした海辺の町でのんびりとしていたある日、泊っていた安宿のロビーに、旅行者たちが置いていったものと思われるいくつかの本の中に、わたしは「和尚」という名前を見つけました。インドの神秘家、和尚（OSHO）の名前は、まだ旅に出る前に、セックスのグル（導師）だとか、その人の作ったアシュラム（道場）がインドのどこかにあるとか、そこにいる人たちは全員が同じ色の服を着ているだとかいうことを、噂話程度に耳にしたことはありました。わたしは何気なしに、彼の講話がまとめられているその本を手に取ると、ひと通り読んでみましたが、そこに書かれてあることは、何ひとつと言っていいほどに、まったくわたしの頭には入ってきませんでした。ただ、本の最後のページの説明から分かったのは、和尚という人はもう亡くなっているということと、その人の残したアシュラムがプーナという場所にあるということでした。わたしは、ふと、そこへ行ってみることにしました。二等寝台車に三日間揺られ、鉄格子のはめられた窓から通り過ぎてゆく広大な風景を眺めながらインドを横切りました。

アシュラムは、プーナの都市の、コレガオンパークと呼ばれるところに立っていました。それは、わたしが北インドにある、ヨガのメッカ、リシュケシュで通っていたような簡素なアシュラムとはまったく似ても似つかない、大きく立派なリゾートでした。そして、噂で聞いていたとおり、そこに出入りしている人たちは、全員がワインレッド色のローブを着ていました。

アシュラムには、ピラミッド型の天井を持つ、巨大な大理石のホールがあって、そこでは毎日、朝早くから夜中まで、いろいろな種類の瞑想が行なわれていました。瞑想といえば、わたしは今まで、目を閉じて沈黙の中で時間を過ごすようなものしか知りませんでしたが、ここで行なわれている瞑想は、「アクティブ瞑想」などと呼ばれているように、からだを動かしたり、音楽の流れる中で踊ったりするものから、笑いころげて過ごすものまで多岐にわたっていました。

わたしが一番衝撃を受けたのは、「ダイナミック瞑想」と呼ばれる瞑想でした。それは、いくつかのステージに分かれている一時間の瞑想なのですが、まずは最初のステージで、鼻孔から混沌とした息を強く吐き続けます。全身を使って、息が吐き出されるときに上体までもが動くくらいに繰り返していると、何かを考えていられるような余裕はあっという間になくなるくらいでした。

次のステージに移る合図の鐘がゴーンとホールに響き渡るのをサインに、わたしたちは一気にエネルギーを噴出させます。そこには何をしなくていけないというルールはなくて、それぞれが内側から自発的にでてきたものとそのまま過ごすのですが、大声で叫んだり、床に伏せて泣き続けたり、ホール中を駆け回ったり、いろんな人がいるのが目に入りました。

わたしはと言えば、最初にこの瞑想をしたときは、こんなに声を張り上げて泣いたのは何歳のとき以来だろうと思うくらいの泣き方で全身で泣き続け、そのステージが終わるまでの間、次から次へといろいろな感情がこみあげてきていました。父が死んでしまったことへの悲しさを充分に味わっていなかったこと、母との関係性への苦い思い、今までに味わってきた理不尽な出来事への辛さなどが噴出して、わたしは、からだが張り裂けんばかりに泣いていました。

次のステージの合図が聞こえると、わたしたちは両腕を持ち上げて、床を打つように、その場でジャンプを繰り返します。前のステージで、四方八方に自分のエネルギーを放出させたことから、今度は、すべてのエネルギーを自分のからだの中へと戻していくように、床を両足で打ちながら、子宮のあたりに響かせるように、「フッ」という声を出していきます。さっきまであんなに泣きわめいて、すっかりぐちゃぐちゃになっていたというのに、意外なほどに、このステージの中へすんなり入っていけました。

次のステージは、沈黙でした。「ストップ！」という鋭い声が突然ホールを走り抜け、それを合図にわたしたちは止まります。天井に伸びたままの両腕はそのままに、わたしたちは完全に静止するのです。汗がゆっくりと顔を流れました。心臓を打つ動悸が、からだ全体へ広がっていくのが感じられました。わたしの心は、静かな湖のようでした。

「祝祭」と呼ばれる最後のステージは、ゆったりとした柔らかな音色から始まる、踊りのステージでした。初めにこの瞑想の流れを聞いたとき、わたしが一番抵抗を感じたのは、実は、この踊りのステージでした。誰も他の人を見たりしないだろうと頭では分かっていても、わたしはまだ、自分がからだを動かしているのを見られてジャッジをされてしまうことや、自分がおかしな踊り方をしているのではないかと気になってしょうがなくなってしまうことを懸念していたからです。けれども、実際に、今までのステージを経た後で音楽が流れ始めると、わたしのからだは、その中を水がさらさらと流れるかのように、柔らかく動き始め、音楽の高まりと共に、まるで子供が純粋に遊ぶように、誰の目も気にせずに楽しく踊りだしていました。
　この瞑想を初めて体験した日、わたしの一日がどれだけ新鮮で澄んだものになったかは表しようがありません。心とからだの中に何年も蓄積されていたに違いないものの数々が、一気に吐き出されたのです。それは、それだけのものを、よく今まで溜めたままで生きてこれたものだとあきれずにいられないほどの量でした。軽くなったからだで、まだ朝も早いコレガオンパークを浮き浮きと歩きながら、わたしは自分自身に対して、初めて、何の欠如や問題も感じていませんでした。

　広いアシュラムの中にあるいくつもの部屋では、ホールで行われている日々の瞑想に加えて、様々な種類のグループが行われているようでした。それぞれのグループについて紹介されている掲示板を見てみると、オーラソーマや霊気などを習えるものから、絵を描くもの、踊りや歌が中心となっているもの、エジプトで見たスーフィーの旋舞、禅、タントラなど、その種類は多岐に渡っていました。和尚という人が一体何者なのかはまだよく分かりませんでしたが、このアシュラムにあふれている遊び心や創造性、それから、特定の宗教や教えに固執せずに、それぞれが持つ精髄が提供されていることは、とてもいいものだとわたしは感じました。実際に和尚は、世界中の異なる宗教について、「違う場所から山を登っても、目指している点はどれも同じだ」というようなことを言っていたようですが、わたしもそれには同じように感じました。

　わたしは、「恐れから愛へ」というタイトルで書かれていた、五日間のグループに参加することにしました。それは第一チャクラの学びに焦点を当てたグループでした。チャクラとは、わたしたちのからだの中にある、目に見えないエネルギーの渦の中心のようなもので、基底部から頭頂へと向かって、第一から第七まであると云われています。下半身全体に対応し、赤い色で表わされる第一チャクラは、サバイバルや、現実や人生の物質的な側面、そして、愛や情熱や怒りなども含めた、生きていく上で基本となるエネルギーを司っています。それはまさに、わたしがヤフィーの中に見ていた質そのもので、わたし自身には大きく欠けているように感じられていた部分でした。

そのグループの中では、それぞれが抱えている恐れや怒り、封じ込めているエネルギーと直面するようなワークが用意されていて、その中には、あまりに強烈に感じられるものもあり、わたしは何度もからだを揺さぶりながら泣きじゃくりました。けれど、それらのワークは、わたしが、怒りや恐れから目を背けるために作り上げて自分を包んできた殻のようなものを確実に破ってゆき、わたしに、自分の中にある現実を突きつけました。わたしを恐れさせた母の言葉や行動の数々に、わたしは莫大な怒りと悲しみを感じていました。それを認めることは簡単なことではありませんでしたが、抑圧されていたものをありのままに受容することこそが、癒しの始まりのように思えました。グループが終わったとき、わたしは初めて、自分自身にも人生に対しても、リアリティーが戻ってきていることに気づきました。

今までの人生が、ピンク色の風船や綿菓子のようなものの中に自分を包んで、どこか空中を浮かぶようにしながら生きてきたようなものだとすると、今わたしは、赤茶色をした大地の上に、自分の両足でしっかりと立っていることを感じていました。わたしは初めて、自分の中に、小さな炎が燃えているのを感じることができました。その炎は、自分が、今ここにいて、肉体を持って生きているという現実の認識を与えてくれるものでした。世界中の誰よりも醜く太っていて、惨めで恥ずかしい存在として鏡に映っていた自分は消えていき、わたしは、同じ鏡の中に、まだあまりに若く、可能性に満ちた、愛されるべき女性を見つけ始めていました。周りの人たちや状況を見るときにも、自分の抱えている恐れや、こうであるべきだと決めつけてしまっているような条件づけを通して見てしまうのではなく、本当にそこにあるものを純粋に見ることができるように少しずつなっていきました。このアシュラムで行なわれている数々の瞑想やグループを通して、わたしは自分が目覚めつつあることを感じていました。今までは、怒ることはいけないことなのだと思っていたせいで、わたしは怒りを感じても表現しようとも思ったことがありませんでしたが、自分の中に怒りや恐れ、悲しみなどを隠していては、愛や、人生への喜び、そして慈悲へも開くことはできないのだと知りました。

アシュラムの中心にある、ブッダグローブと呼ばれる野外の楕円形の大きなステージでは、毎朝、DJが音楽を流し、わたしたちは自由に踊ることができました。太陽の下で、ワインレッドのローブを着た、世界中の人たちが楽しげに踊る中、わたしにはまだ少し自分への恥ずかしさが残っていて、どんなふうにからだを動かしたらいいのか分からないままぎこちなく踊りながら微笑むことしかできませんでしたが、わたしのバラバラだったからだは、確実に、一つに戻り始めていました。

アシュラムに通っている人たちの中でも、和尚の弟子となった人たちは特にサニヤシンと呼ばれていて、和尚が生前、弟子となる人たちに新しい名前を与えていたように、和尚がこの世を去った今でも、望んだ人は、サンスクリット語の名前をこのアシュラムで取り、それを名乗ることができるようでした。

毎日夕方には、ピラミッドのホールで、和尚が生きていた当時の講和の映像を大きなスクリーンで見ることのできる時間があり、わたしたちはこの時間だけは白いローブに着替えてピラミッドへと入って行くのですが、わたしはまだこの頃、英語があまり分からなかったこともありましたし、聞いていてもあまりピンとくることがなくて、一、二度しか足を運びませんでした。和尚の言葉が、実際にわたし自身の体験を経て、わたしの中へと流れ込むのは、まだ先のことでした。

この場所で、瞑想やグループと並んで、わたしにとって衝撃的だったのは、ここにいる人たちそのものでした。なんとも生き生きとしたエネルギーを放つ人たちが集まっていて、それぞれが、その瞬間ごとの自分を存分に生きているという印象を受けました。大声で笑い、何かを叫ぶようにしながらアシュラムの中を走りまわっているような人たちがいれば、誰にも構われないように、サイレントと書かれたバッジをローブの胸につけて、静かに佇んでいる人たちもいました。

和尚が、人生は祝祭だと言っていたように、一日の瞑想プログラムが終わった夜には、ブッダグローブにスクリーンが貼られて映画が上映されたり、ダンスパーティーが開かれたり、タレントショーと呼ばれていた、誰でも自由に、踊りや歌、ジョークなどを、自由にステージの上で披露することができるイベントや演劇なども行われていました。ここにいる人たちの才能の豊かさには圧倒されるばかりでした。ステージの上に堂々と上がって、自分を表現できる人たちにはもちろん感銘を受けていましたが、その日のイベントのために、大がかりな飾り付けを作って設置したり、この巨大なアシュラムをスムーズに運営している人たちのエネルギーに対しても、わたしはすごいことだと感心していました。

そのときのわたしはまだ、他の人が、その人自身の人生の主役になって、自分を自由に表現しているのを隅っこから見させてもらうのが精いっぱいでしたが、それでも、この場所にいて、そんな人たちに囲まれているだけでも、明らかにわたしは変わっていっていました。男性に対する自分の恐れや、セックスへの痛々しい気持ちも消えていっているのを感じていました。

今までのわたしにとっては、人生は、当然のように苦しみが待ちうけている、死ぬまでの時間のことでした。けれど今、わたしの中で、もしかすると人生で味わうことは自分で選択することができ、純粋に楽しみに満たされたものにすることもできるのかもしれないという希望が生まれていました。アシュラムの中での体験はすべて、わたしが、ここに来るまでのこれまでの人生を、本当の意味で生きてきていなかったということに気づかせるものでした。わたしにとって、時間とは、ただ人生の表面を、それと平行に滑っていくように流れるものでしたが、和尚が言うように、わたしたちは毎瞬、今というときにおいて、時間を垂直に深く降りていくこともできるのだということ、人生が祝祭になりうるのだということを知り始めていました。

真正な顔

1

プーナでのひと冬が、わたしをどれだけ大きく変えていたかということは、春になって日本に戻ると、改めて感じることができました。これまでのように、自分の感情を抑え込みながら、世界を半目で眺め、誰にも害を与えないような小さな女の子を演じていたことから脱却し、生きた感情をもつ、現実の女性へと目覚め始めたことを感じていました。

その中でも特に痛感していたのは、わたしがこれまで、いかにして「優しいわたし」というラベルを自分に貼って生きてきていたかということでした。それが本当の自分なのだとあまりにすっかりと信じ込んでいたために、そのラベルから自由になることは、ある意味で、自分のアイデンティティーを失うことを指していました。どの瞬間においても、自分がどう振る舞うことを周りから求められているのか、他の人を喜ばせたり、怒らせたりしないためにはどんな顔をするべきなのかを反射的に考えることが当たり前だっただけに、わたしにとっては、ただありのままでいるということは、なかなか難しいことでした。

子供の頃、母には、わたしが楽しい気分になっているとしたら、それは周りにいる他の誰かが嫌な思いをしているということだから気をつけなさいと、教えられてきました。まったくのナンセンスだと思いますが、その教えはわたしに染みついていて、わたしは常に周りの顔色をうかがうような生き方をしていました。だからこそ、プーナのアシュラムの中で、話しかけても平気で無視をしたり、目があっても、にこりともせずに通り過ぎたり、自分が誰を好きで、誰を好きではないかなどを本人の目の前であっても、はっきり口にする人たちに出会ったことは驚愕でした。

自分の真正な顔を取り戻すというのが、わたしがプーナで最初に学んだことだったように思いますが、今になってみると、わたしたちには、実はどんな顔もないのだということが分かります。感情も思考も、瞬間ごとに現われては消えていき、わたしたちの顔は変化し続けるものなのです。瞬間ごとに現われる数々の顔の背後には、きっと、どんなラベルも貼ることはできない、無の状態のわたしたちの存在、顔のない顔があるのです。

わたしが後《のち》に気づいたことは、怒りや悲しみをありのままに感じることを許し、それを表現することを自由に広げていけるようになると、それは意外にも次の瞬間には去っていること、そして、愛情や許しは、「そうしなければならないから」というものではなく、よりハートの真実に根付いたものになっていけるということでした。

その春もわたしは、これまでと同様に、オーラソーマを行ないながら、クラブでの仕事を続けて、次の旅に向けてお金を作っていました。

五月に入り、わたしが向かった先は、フィンランドでした。

プーナを出た後、南インドを旅していたときに出会った恋人に会いに行くためでした。彼の待つへルシンキの空港に着くと、わたしたちは、彼の両親の家へと電車で向って挨拶をしてから、森を抜けるように車を走らせて、彼が借りてくれていた、静かな湖が目の前に広がる大きな丸太小屋でひと月を過ごしました。五月だというのに、小屋の中の暖炉に火をくべなくてはならないくらい寒かったこともあり、わたしにとっては、フィンランドはあまり魅力的な場所だとは言えませんでしたが、小屋と湖の間に立っている別の小さな小屋はサウナになっていて、わたしたちは薪を割って、湖から水を運びました。温かく晴れた日には木イチゴを摘んで食べたり、港に面した大きなマーケットへ出かけて新鮮なサーモンを口にしたり、初めて体験する楽しいことも多々ありました。

六月、わたしたちはフィンランドを発ち、トルコへと一緒に向かいました。その当時は、過去生という概念は、今ほどは日本に入ってきておらず、わたし自身もあまりそれについて考えるところはありませんでしたが、それでも、エジプトやトルコ、中東の国々と自分の過去がつながっているようにうっすらと感じていました。特に、香辛料や香水の香りが漂う、人でひしめく市場を歩いたり、イスラム建築や、神を模《も》る代わりにモスクの壁中に表された、独特な装飾模様を見るときには、わたしは、初めて来たはずの、その場所の記憶さえ取り戻してしまいそうな感覚に包まれるほどでした。イスラム教の寺院であるモスクには、その他のどんな宗教的な場所よりも、わたしの心を強く惹きつけるものがありました。トルコの首都、イスタンブールにあるブルーモスクの中へ足を踏み入れたときには、わたしは軽いトランス状態に入り、わたしの頭は自然と、長いこと床の上にひれ伏されていました。

わたしたちがトルコに来た理由は、わたしが、エジプトで見つけられなかったベリーダンスの先生を今度こそ見つけて、長期的に滞在しようと思っていたからだったのですが、ここでも再び、わたしは「待ち」の状態に置かれていたのか、それは起こりませんでした。けれど、初めて叶ったことは、これまで実は見たこともなかったベリーダンスを、ショーで見ることができたことでした。ステージの上の美しい女性のダンサーは、わたしはそうはなれるとは思えない遠い存在に見えましたが、なんともうっとりとさせてくれました。

イスタンブールで彼と別れてから数カ月後、秋になって、今度は彼が日本へやって来ました。その頃、わたしと母の関係は以前とは少し変わってきているように感じられていました。そこには、わたしがプーナをはじめ、世界のいろいろな場所で、自分を見つめながら、溜めこんでいたものを手放し始めていたことや、あれほど嫌っていたはずの母への愛を、自分の心の中に見つけはじめていたことが大きかったように思います。

母が、わたしや姉が思春期の頃から、男女関係についての話題を避けてきていたことや、わたしたちが女へと変わっていくこと自体を快く思っていないような雰囲気すら出していたことから、わたしはこれまで、当然のように、母には、自分の恋人について話すことはありませんでしたが、海外の恋人が日本にやって来るこのときには、初めて紹介する気持ちになっていました。わたしが彼との結婚を考えているとまで思わせてしまったからなのか分かりませんが、母は、予想外にも、この機会に喜びを表わし、彼を親切に迎え入れていました。わたしたちは、三人で、父のお墓参りに行ったり、ご飯を食べたりして数日を共に過ごし、それからわたしは、仙台の名所や松島、鎌倉や横浜にも彼を案内しました。彼に日本らしい何かを体験してもらいたいと考えながらいろいろな場所を巡っているうちに、わたしは改めて、新しい気持ちで、日本の美しさや魅力を味わっているように感じました。それはわたしが、自分が日本で生まれということ、自分の中に日本人の血が流れているということへの意識を持つきっかけともなりました。

2

そして、年の瀬がやってきた十二月、フィンランドに戻っていた彼から、ガンを患っていた彼の父の様子が良くないことを聞きました。彼からは、彼の家族の他のメンバーもそれぞれ問題を抱えているために、あまり楽しいクリスマスにはなりそうもないと聞いていましたが、元気のない彼の声を聞いて、わたしはすぐにフィンランドへ向かいました。気温は、優にマイナス十度を超える世界でした。ヘルシンキから、彼の両親の家へと走る電車の窓から外を眺めると、あたり一面が真っ白な雪に包まれていました。夕暮れ時には澄んだ空気が真っ青な空の色を作り、空気には意外なくらいの温かさが感じられ、このまま眠ってしまいたいような幻想的な気持ちになりました。

夏に訪ねたとき、大きな頼もしい姿で家の扉の前に立ち、迎え入れてくれた姿が目に焼き付いていただけに、わたしには、すっかりやせ細ったからだで横たわって休んでいる彼の父親を見るのはとても辛いことでした。わたし自身の父が死を迎えるときも、そうだったように、わたしには、誰か大切な人が去っていくときにその人のそばにいることは、自分もいつか死ぬということよりも、はるかに胸が痛むことでした。彼の父がまさにこの世を去ろうとしている姿を見つめながら、わたしは、きちんと見据えることのできなかった、自分の父親の死に対する深い悲しみや辛い気持ちまでをも、体験しようとしているかのように感じていました。

涙を隠せないわたしに、彼の父親は弱々しい声で、

「湿っぽくなるのはよそう」

と言うと、わたしのために作ったという、銀の細工のピアスを手渡してくれました。
数日後、容体が急変し、病院へと運び込まれた彼の父親は、わたしたちに、お互いの面倒をよく見て仲良くやっていくようにと言いました。そして、薬の副作用で徐々に錯乱状態へと陥ってしまう前に最後にわたしが聞いたのは、「人生はどこまで行っても同じだ」というつぶやきでした。この男性の人生が、もしかしたら、全うできなかったことや、癒されなかったような何かを残したままで、閉じられようとしている可能性を感じると、わたしはとても悲しい気持ちになりました。

病院を後にしたわたしと彼は、別のところに住んでいた、彼の妹と、まだ一歳にも満たない彼女の初めての赤ちゃんを訪ねに向かいました。夏にわたしが彼の家族を訪れていた間に、彼女の子供の父親である男性の浮気が発覚するという出来事があったのですが、今回は、その男性の止まない浮気癖が原因で、別れに至ったばかりというタイミングでの再会だったせいか、彼女は前回以上にギスギスしているように感じられました。
クリスマスの時期に、彼女が寂しい思いをしないようにと彼が考え、わたしたちは彼女を訪ねたのですが、それはあまり良い案ではないようでした。彼女にとっては、兄はまだしも、その恋人はあまり歓迎しない相手だったことが、彼女の態度から察することができました。けれど、妹を思い、みんなで楽しい時間を過ごそうとする彼の気持ちや、彼の妹には、できれば好かれている存在でありたいと思っていたわたしは、これまでの人生で、いつもわたしがそうしてきていたように、内心とは裏腹の笑顔を顔に浮かべて、居心地の悪さを隠していました。

クリスマスイブの晩、わたしが居間へ入って行くと、彼と妹がなにやら険悪な様子で話しているのを目にしました。今であれば、ただそこへ行って、何が起こっているのか純粋に聞いてみることができるのですが、その当時のわたしには、二人のことに口を出すことはもちろん、その場に自分がいることすらいけないような気持ちがあって、わたしは何も見なかったかのように、別の部屋へと戻っていきました。

しばらくすると、苦々しい顔をした彼が部屋へと入って来ました。彼が言うには、妹が、わたしと彼は、将来のことをはっきりさせたうえで付き合うべきで、さもなければ、いずれ彼が浮気を働き、わたしたちは別れることになるに違いないというような言葉を彼に投げつけたということでした。そのような、口にする必要もないことを彼女に言わせているのは、彼女自身が今まさに体験している、生々しい心の痛みのせいだと思いました。けれど、わたしの中には、その言葉が、彼女個人の体験の投影だと判断している冷静さと同時に、なんとも嫌な不安に襲われている心のざわめきの両方が起こっていました。

わたしは、彼との結婚や将来のことまでは考えてはいなかったとはいえ、少なくても一対一の誠実な関係を重んじているつもりでいました。そして、彼もそうであると信じていたので、そのときにわたしが望んだのは、彼の口から、妹が言ったことなど気にしなくていいという言葉を聞くことでした。わたしにとっては、彼からのそのひと言が、この心のざわめきを落ち着けてくれる解決方法に思えました。けれど、夏の間からずっと精神的に妹を支えてきて、クリスマスにまで訪ねてきた彼にとっては、自分が妹から受けた言葉の仕打ちは腹立たしくて仕方ないようで、妹が言ったことなどでたらめで自分たちには関係ないと言って安心させて欲しいと思っている女性が隣に座っていることは目に入っていないようでした。もちろん、わたし自身も、わたしたちの関係に水を差すような、彼の妹の勝手な発言は不快に感じていましたが、それ以前に、彼女が、別れによってどれだけ傷つき、子供を一人で育てていくことに不安も感じているであろうことを思うと、可哀そうな気持ちが先に出ていました。どんなふうに彼女に声をかけたらいいのか分かりませんでしたが、わたしは部屋を出て彼女の様子を見に行きました。イライラとした表情で、一人で台所に立っている彼女のもとに歩み寄ると、

「彼から話を聞いたわね」

と、そっと切り出してみました。すると彼女は突如、

「だから、なんだっていうのよ?!」

と、掴みかかるようにわたしに向き直りました。まるで鬼の形相で、次から次へときつい言葉をたたみ掛け、そうかと思うと、唖然としたままのわたしの目の前で、泣き崩れてしまう有り様でした。

　わたしは彼女の腕をそっと取ると、居間のソファに連れて行き、腰を降ろさせました。わたしは、本当は、彼女が兄であるわたしの恋人に言った、彼がわたしを裏切るに違いないというような言葉を訂正してほしいと思っていました。そんな言葉がそのままに残されることは、わたしがこれから彼と付き合っていくことを妨害しかねるものだからです。そして、わたしにたった今、彼女がとった、暴力的な態度や言葉に対しても、謝ってもらいたいとも思っていました。けれど、その思いとはまた別の部分で、わたしは、彼女が、子供の父親から受けた裏切りに対する痛みや、自分の淋しさを切々と語り始めた言葉に耳を傾け、本当に共感しながら彼女の手を取っていました。そうすると、わたしが彼女のしたことに何を感じて、何をして欲しいと思っているのかを言うことなどはできない気がしてきました。その上、将来、もしかすると、わたしの義理の姉になるかもしれないこの女性との間を拗《こじ》らせるようなことは、絶対にわたしからは出来ないことでした。わたしは自分の感情に蓋をして、彼女への共感だけに意識を向けました。泣き尽くした彼女は最後に、バツが悪そうな表情で、ようやくわたしの目をちらっと見ると微笑んで、

「普段は、わたし、こんな女ではないのよ」
と、言いました。わたしも微笑みを返すと、分かっているというように、うなずいてみせました。

複雑な思いのままで部屋に戻ると、彼はまだ不快な表情をしたままで座り込んでいました。わたしにとっては、彼の、妹に対する憤りをみてとれることが、ある意味救いでしたが、わたしは、彼の妹とのやりとりを一部始終伝えました。わたしには期待がありました。それは、彼が、彼の妹がわたしに対してとった態度や言葉に関して、妹に代わって謝るか、妹のところに行って、わたしへの謝罪を促すというものでした。わたしがなかなかそれを言える立場でない以上、彼女の兄であり、わたしの恋人である彼がそうするのは当然のことだというのがわたしの考え方でした。けれども、彼の考え方はわたしと同じではありませんでした。彼は、妹がしたことに対して問題があるのなら、それはわたしが直接彼女との間で解決すべきだということをはっきりと口にし、わたしの期待は砕かれてしまいました。

彼は、自分が、妹の間に起きた問題と向き合うように、わたしはわたしで、彼女との間のわだかまりに取り組むべきだというのです。あれから何年も経った今、今のわたしには、彼の言い分も理解することができるのですが、その当時のわたしにとっては、それは衝撃でした。自分の身内によって恋人が傷ついているときに、恋人である男性がわたしのために立ちあがってくれないなど、わたしには受け入れられるものではありませんでした。それに加え、彼女が彼に放った言葉によってわたしが覚えた、これから先に起こることの不安に対して、わたしが期待をした、「そんなことは妹が勝手に言ったことで、自分たちの間に、そんなことは起こらないよ」などというフォローすら入れることを拒否しました。彼は、わたしが彼を信じているのなら、不安になどならないはずだと言い、妹の発言が間違っていることを自分がわたしに証明する必要などないと言って一歩も譲りませんでした。一年近く付き合ってきた恋人が、こんなにも融通の利かない人だと知って、わたしは残念でなりませんでした。

翌朝、昨晩からの居心地の悪さを引きずったままでベッドから起きだし、廊下に出たわたしは、そこで彼と妹が抱きしめあって、和解を果たしているのを目にしました。それを見た瞬間、わたしは、抑えていた怒りが激しくこみあげてくるのを感じました。彼も、彼の妹も、相手の気持ちなど大して考えもせずに言いたいことを口にして、そして、もう仲直りをしているのです。わたしは置き去りにされたような気持ちがしました。彼女の傷ついている気持ちを汲もうと、自分の感情を後回しにしてまで、一生懸命に彼女の話に耳を傾けたわたしは、何だったというのでしょうか。

このとき初めてわたしは、自分に貼っていた「優しいわたし」という、お気に入りのはずのラベルについに嫌気がさしました。そんなものは、何の役にも立たないことに、やっと気づいたのです。彼女がその体験から傷ついた状態にあることへの配慮や、将来の義理の姉とはうまくやってゆかなければという計算など背後に残して、わたしは、そのときの、自分の怒りやショックを、素直に彼女に伝えるべきでした。

彼女は、自分は普段はこんな女ではないと、あたかもその晩の自分の振る舞いが本来の自分らしいものでないかのようにわたしに言って、わたしの共感を勝ち取りましたが、そんなことは、実際は関係ないような気がしてきました。自分らしかろうと、そうじゃなかろうと、彼女は自分がしたことに責任を取るべきだと思いました。彼女はきっと、普段は本当にそんなことをするような女性でないのかもしれませんが、その夜の彼女もまた、彼女の普段の顔と等しく、彼女がもつ多くの顔のひとつ、常に変わり続ける顔のひとつであることには変わりないのです。わたしは、彼と妹が和解をしていることに、妬ましさと、置いていきぼりをくった焦りや怒りでいっぱいでした。

わたしの世界の中では、男性は必ず、恋人を守り、最優先の立場に彼女を置くべきでした。わたしは、乱暴な態度で自分の荷物をまとめ始めました。昨晩は微笑んで励ましてくれたはずの小さな女性が、自分を視界に入れることすら拒否するような態度で、今朝になって突然憤っているのを見た彼の妹は理解に苦しんだのに違いありません。混乱した様子で家を飛び出していきました。わたしも、彼女の家を出ると、雪の中をズボズボと歩きながら、駅へと向かいました。彼も後を追ってきましたが、わたしと彼の、この出来事の対処に対する考え方は交わることができそうもありませんでした。駅へと歩きながら、わたしは早くも、彼との関係性を終わらせることに決めていました。

わたしたちの関係性は、彼の浮気によるものではなく、皮肉にも、彼女の発言を、彼がわたしのために撤回してくれなかったことによって終わりを迎えることになってしまいました。それはもしかしたら、彼が自分の期待通りにしてくれないことによって傷ついた、わたしのエゴによる終わりだったのかもしれませんが、いずれにしても、彼の、個人主義的な考えは、わたしを一人の女性として幸せにするものではなく、そんな人と一緒にいたいとはもう思えませんでした。

フィンランドを出るフライトまでは、あと何日かありました。わたしたちはどうしてもこの出来事について、話を蒸し返さずにいられませんでした。わたしは、そのたびに具合が悪くなり、呼吸が浅くなって眩暈がするのを感じていました。その日の夕方も、冷たくしらけたような空気がわたしたちの間を流れていく中、カフェでお茶を飲んでいるときに、彼はまたその話を持ち出して、わたしの理解を求めようとしました。わたしは息が苦しくなってきているのを感じて、どうにかそれを抑えようとするのに必死でしたが、カフェを後にして道を歩きだしたときに、激しい過呼吸状態に陥り、わたしは、氷と雪で厚く覆われた通りに倒れこんでしまいました。救急車で病院へ運ばれ、わたしは、簡易ベッドの上でぼんやりとしていました。

この恋人と、遠く離れながらも付き合ってこられたのは、彼が、わたしへの忠誠を約束してくれ、また、わたしが実際にそれを感じてこられたからでした。その忠誠とは、浮気だとか、他の女性のもとに簡単に乗り替えたりしないというようなことだけではなく、わたしにとっては、必要なときには必ず守ってくれることや、わたしを優先にしてくれることも含んでいました。彼は確かに、わたしの知る限りでは、女性関係についてわたしを不安にさせたことはありませんでしたが、同時に、わたしたちの間には、爆発的な愛情や、胸を焦がすような体験もなかったことにわたしは気づきました。

今回の出来事の後では、わたしは、彼のように個人主義的なマインドを持つ人よりも、仮に、たくさんの女性を同時に愛することができてしまうような人であっても、その人が、こそこそとそうするのでない限り、人生に対する愛や情熱や笑いに満ちたような人と一緒にいてみたいと思い始めていました。人は誰かと恋に落ちるときには、どうあがいたとしても落ちるものなので、忠誠心など、結局のところ、大した意味を持たないもののような気がしてきました。考えは止まず、次から次へと巡っていきました。すると、そのうちに、わたしは、彼から離れるだけではなく、女性であることからもいったん離れてしまいたいという、強い衝動に駆られました。なんだか全てに嫌気がさしたのです。いったん自分をまっさらにする必要を感じました。そうすることで、異性との関係性について、わたしは明晰に見ることができるようになるかもしれませんし、受け入れることも、明確に把握することもできなかったこの不愉快な出来事を、このままいつまでも引きずることは嫌でした。

わたしは、肩の下までまっすぐに柔らかく伸びでいた自分の髪の毛にはさみを入れると短く切り、それから、彼の持っていたバリカンを手に取ると、一気に頭を剃りあげました。しびれるようなバリカンの唸る音を聞きながら、坊主になっていく自分を鏡に見るのは、実は、限りなく爽快でした。頭がきれいに剃り終えられたときには、わたしは、からだの中の毒素が落とされて、心がすっかり軽くなったようにすら感じていました。

わたしは彼に、二人の間に起こった出来事をこれ以上話し合ったりするよりも、一人になって、自分は女性として、男性に何を望んでいるのかということや、どんな関係性を築きたいと思っているのかを、これを機会に、探求していきたいという思いを、そのまま話しました。彼は、わたしが話している間、少なくても耳を傾けてはくれたものの、最終的にはわたしを、「君は和尚ガールだ」と言い放ちました。わたしが、瞬間をトータルに生きるというような、和尚の語る自由さに洗脳されて、その言葉の陰に隠れてこそこそ逃げようとしているだけだと、彼は言うのでした。

確かに、わたしの考え方や人生に対する姿勢は、和尚のアシュラムに行ってから、大きく変わっていました。それでもわたしは、和尚その人を信奉しているわけでもなければ、その言葉を鵜呑みにしているわけでもなく、自分自身の体験や、人生の味わい方が、彼の言葉に少しずつ重なりだしているということの方が本当でした。胸の中には、まだくすぶりが残っていましたが、彼に何を言われようと、わたしは新たに、一人で自分にとっての真実を探求し続けていくことに喜びを感じていました。

3

数日後、空港まで送ってくれた彼と別れるときは、笑顔で手を振ることができました。

ヘルシンキを後にしたわたしは、そのままタイの首都、バンコクへと飛立ちました。バンコクに降りると、フィンランドとは四十度近くも温度差があり、わたしは強い日差しを浴びながら、丸坊主の頭をさすりあげ、これからどこへ行こうかと考えました。

バンコクからはどの国へもアクセスがしやすく、わたしは日本でお金を貯めたばかりだったので、どこへでも旅を始められる状況でした。しばらくは、フィンランドでの一件がどうしても心の中で尾を引き、わたしの気持ちを暗くしていましたが、わたしはやがて、プーナに戻ることに決め、インドへの片道チケットを買うと、そのフライトの日までの数日間、バックパッカーが集まる、カオサン通りでの買い物や、屋台の食事を存分に楽しみました。

これまで、長かったストレートの髪の毛に、女の子らしいきれいなファッションを楽しんでいたわたしは、坊主頭になった今、服装を一気に取り換えましたが、変わったのは服装だけではありませんでした。からだの動かし方や歩き方、人と話すときの表情、物腰や態度までもが自然と変わっていました。その変化の中で、まず気づかされたのは、これまで無意識的に、わたしがどれだけ男性に対して媚びるような表情をしてきたかということでした。男性と話をするとき、それが仮にまったく興味を感じないような男性であっても、わたしは、女としての自分を前面に出し、どうにか自分を魅力的に映そうと必死だったことに気づきました。

今までずっと、男性からのいやらしい視線を感じるだけで、気持ちの悪さに眩暈まで起こしてしまうほどだったというのに、信じがたいことに、実はわたし自身が彼らにそういう対象として見られることを望んできていたのです。それは、裏を返せば、わたしの、自分という存在への自信のなさの表われであり、また、女性らしく魅力的でない限り、一人の人間として自分が尊重されることはないだろうという、自分の中の概念を映していました。

わたしは、これまで自分が男性に対してとってきた不自然な態度、その背後にある自分の姿をまざまざと見せられていました。それは、わたしにとって、嘘の自分をはぎ取ることのできる、ひとつの大きなきっかけとなりました。そして実際、坊主頭になり、今までのような媚びた表情や態度ができるはずもなくなって、ただ人としてのシンプルな自分そのもので他の人と出会うようになってみると、それはとても自然で、楽で、そしてそこで得られた男性たちからの対応は、わたしが今まで持っていた、オンナオンナしていない限り、必要なサポートが得られないという誤解や、女を前面に出さない限り、自分には耳を傾けてもらえないという思い込みを打ち消すには充分なものでした。そして、この気づきの贈り物は、わたしと男性たちとの間だけではなく、わたしと女性たちとの間にももたらされるものでした。

わたしはこれまで、ほとんどの場合において、女性たちとはうまが合いませんでした。心を許せるような友達は何人かいましたが、大概、わたしは女性たちから敵意や嫉妬を持たれているように感じていましたし、わたしも女性というものを、なんだか嫌な、信頼することのできない生き物に感じていて、それは、わたしが、女である自分自身を嫌悪することにも繋がってきていました。

今になって、わたしは、自分の男性たちへの態度が、女性たちからの悪意を買ってきたことが分かりました。坊主になった、裸のようなわたしは、女性というものに対する自分の中にあったジャッジを降ろして、新しい方法で彼女たちと繋がるようになっていっていきました。わたしの身構えている姿勢や、そこに隠れている恐れや敵意は消えてゆき、女性たちは、わたしに対して、もっと愛情深く、くつろいでいるかのように感じられました。

4

プーナは、この冬も活気で満ちていました。

和尚の言葉は、わたしにも少しずつ理解できるようになってきていました。日々、瞑想を重ねたり、グループに参加していきながら、過去の傷を手放したり、新たな気づきを得ていく中で、わたしは、自分の内側にある子供のような純粋さに触れてゆき、本来の自分に息吹がかかるのを感じていました。自分自身の中心にいるような状態が続き、わたしがいつも持ち運んでいた「優しさ」や「助けを必要とする女の子」などの多くのラベルは、自然に剥がれ落ちていっていました。

わたしは、これまで体験したことのなかった、自分の中にある自発性と親しくなり始め、それぞれの瞬間にからだやハートから湧きあがってくる感覚に従い、それをただ楽しむことが多くなってきました。これまで、人工的な作りものだったわたしの顔は、徐々に柔らかくなり、様々な表情を見せるようになりました。そして、怒りや悲しみや不快さが、それを体験しているときに充分に表わすことのできるスペースが取り戻されていくにつれて、わたしの微笑みや優しさも本物になってきていました。わたしは、自分自身や、生きることを、楽しむことができるようになっていったのです。

セクシュアリティーに対しても、それが着飾った偽物のエロチシズムではなく、本来わたしたちが持っている、もっとワイルドで自然に根づいた、内側にある官能性のようなものであることを、わたしは体験し始めていました。

アシュラムの中で、たくさんの人たちと出会う中で、男性に、キスをしていいかと聞かれたり、セックスをしないかと尋ねられることもありましたが、それらは、わたしにとってはもう驚きではありませんでした。それは、わたしたちが誰かに惹かれたときの純粋な欲求で、また、そう言ってくる人たちのエネルギーには、これまで、旅の中や日本において、わたしが何度も何度も屈辱的な思いでやりすごしてきたような、いやらしさが微塵も感じられなかったのです。わたしがどんな対応でノーと答えたとしても左右されないくらい、彼らはすでに、人生に対する喜びや熱狂で満たされているかのようでした。彼らは自分自身の中にある愛と充分に繋がっていて、わたしから何かを奪ったり、わたしを使おうというような意図はまったく感じられませんでした。だからこそ、わたしも、動揺することなく、自分自身の純粋さからやってくるままの対応で、彼らに答えることができるのでした。

それまで、わたしにとってセックスとは、頭でするものでした。セックスをするにあたって、相手の外見に対する興奮は、欠かせない要素でした。興奮できなくて、セックスの最中に気分が悪くなってしまうことや、からだが、相手の男性が入ってくるときに痛みを覚えてしまうことや、やめてほしいなどとは途中で言えないことなどを、わたしはいつも不安に思っていました。けれど、あるとき、一人のメキシコ人の男性が、わたしのこの、ぐるぐると渦巻く思いをすっかり消し去りました。

その人の外見はわたしを惹きつけるものではなかったので、わたしの中には最初、彼とセックスをするという選択はなかったのですが、何度か会って一緒に時間を過ごしているうちに、わたしたちは親しくなり、わたしは、彼がいつも放っているキラキラした輝きやエネルギーに興味を覚え始めていました。その人がセックスの中で表現することは、わたしにとってはどれも初めてなことばかりでした。その瞬間ごとに感じていることを惜しげもなく愛しい言葉にして、しまいには、涙さえ流し始めて全身に優しく触れるその男性を、わたしは冗談なのではないかと思ってしまうほどでしたが、彼は紛れもなく真正でした。

それは、わたしの心や意識をセックスの間中、ずっとその場所に留めるには十二分でした。わたしがいつもやっていた、興奮するために一人で頭を使って何かを想像してこっそり楽しんだり、意識をどこかへ飛ばしてしまうような隙間はなく、わたしの心は彼の存在にくつろいで広がり、わたしは初めて、頭ではなく、からだでセックスを体験していました。

フィンランドを出るときに恋人に告げた通り、わたしは、誰とも関係性を結ばずに、一人に留まって自分の世界を探究し始めていました。それと同時に、わたしの人との関わりは、関係性を持たなくなって初めて、爆発的で、輝きに満ちた、生き生きしたものになっていたのです。

5

やがて、わたしの近くに、心を通わせ合い、アシュラムでほとんどの時間を一緒に過ごすようになるドイツ人の男性が現われました。

彼は、自分自身に対してとてもくつろいでいる感じの人で、わたしに対しても、縛りつけるような形ではなく、のびのびとした空間のある愛情を示してくれていました。わたしの手元にまだ残っていた、フィンランドの恋人と一緒に写した写真をたまたま彼が目にしたときにも、その写真の中のわたしが幸せそうな顔をしているのが好きだと言って、嬉しそうに、わたしたち二人のその写真を彼の部屋に飾り、わたしを驚かせました。この男性は嫉妬という感情に苦しむことから抜け出しているようでした。その次元は、いつかはそこへ行きつきたいとわたしに思わせるものでした。

この男性はまた、人のエネルギーを読みとるという才能に恵まれていました。それは、その人が目の前にいなくても、距離をおいてもできることのようで、遠方に住む知人からリーディングを頼まれると、彼が一人の空間をとって、静かに目を閉じて座りながらそれを行なっているのを時々わたしは目にしました。どうやったら一体そんなことができるのかと不思議に思いつつも、わたしは興味を掻きたてられていました。

彼は、わたしのからだにもアクセスして、その中にある、それぞれのエネルギーセンターから印象を受け取り、わたしの中で今、何が起こっているか、そしてわたしにはどんな困難があるのかなどを教えてくれました。そして、その情報の多くが、わたし自身、理解することができるものでした。彼は何度も、わたしには優れたサイキック能力があるのに、どうしてその能力を開こうとしないのかと、わたしに問いかけました。

わたしは、バリ島のアルサナさんの能力に対してなんの疑問も抱かなかったのと同じように、彼に対しても、同じ気持ちでいました。彼がわたしから読み取ってくれた情報に対しても、素直に共に受け止めていましたし、実際、彼がわたしの中のサイキック能力について触れたときには、まるで、ずっと知っていたのに遠ざけてきたことを言われたような気持ちになるほど、わたしは、自分にそういった道が待っていることを分かっていました。

けれどもわたしには、自分が彼らと同じようなことを始めたときに、そこで見るものや体験することが、自分の妄想や作り話ではなく、その相手にとっての真実であるかなど、どうやって判断できるのかということに対する疑念がありました。そのことを彼に話すと、彼は、自分の内側の声を信頼することだと言いましたが、わたしはまだ自分がその信頼の質を充分に持ち合わせていないことを感じていました。それに、信頼する対象を選ぶときには、本当に注意深くあるべきだと、いつも思っていました。

わたしの中には、自分が、間違ったことを妄信してしまう可能性があることへの不安と、さらには、それを人に伝えてしまう場合に犯す過ちに対する大きな怖れがあったのです。しかし、その思いとは裏腹に、この男性のそばにいることは、わたしの中にあった、サイキックな能力にわたしが開いていくことへの切望を、改めて呼び起こしもしていました。彼は、彼自身が学んだ、エネルギーリーディングの手法を教えてあげることができるとも言いましたが、わたしは断りました。今はまだ、わたしの準備ができていなくて、その才能に手を伸ばすタイミングではないように感じていたことと、そしてそれ以上に、それはわたしにとっては誰かから教わるようなものではなく、そのときがくれば、自ずと自分の内側から現われるものだというはっきりとした認識があったからです。

　プーナのアシュラムでは、サニヤスネームと呼ばれるサンスクリット語の名前を、多くの人たちが持っていました。最初にプーナを訪れたときには、わたしにはそれはおかしな気持ちのするものだったのですが、その年、わたしは思いたったようにサニヤスネームをとることにしました。

　和尚が亡くなった今では、アシュラムの中のひとつのオフィスにある、無数の名前の書かれた本から、個々人が自分で選べるようになっているようで、わたしはその分厚い本を手に取らせてもらうと、集中して、ひとつひとつの名前に目を走らせました。名前の横には、英語でその意味が書かれていて、わたしはそちらの方を見て行ったのですが、愛や美などを意味する名前にはまったく魅かれませんでした。

　特に、愛に関しては、自分がそれを名乗ることに違和感を覚えました。何枚かページをめくったときに、空《くう》という言葉が飛び込んできたときに、わたしは即決しました。わたしは「それ」のことを決して忘れていませんでした。「それ」に行き着くには、空っぽになることが問われることのように思えました。そして、空っぽでありながらも、その名前の中にはすべてがあると思えました。愛も美も、怒りも興奮も、そして生や死も、この名前の中に含まれているもののようにわたしは思いました。わたしは自分を空っぽにして、どの瞬間も生きていくことを望みました。

　空《くう》を意味する女性の名前は、リクタでした。わたしは、この名前が持つ音も気に入りました。今までの名前を脇に置いて、新しい名前を持ってみると、ちょうど髪の毛を剃りあげて坊主になったときのような、まっさらで爽快な感覚が再び湧き起こり、思い出したくないような過去とは決別できたような気すらしました。

名前には、それがただの名前だと、侮れない力があるように思います。この名前を名乗り始めたそのときから、空っぽになるということの意味を思い起こさせるような学びの数々が、不思議なほどに、わたしを訪れることになっていったのです。

6

インドに入ってから半年が経っていました。

わたしはいったん日本に戻り、また次の旅のためのお金を作ることにしました。

一緒に過ごしてきたドイツ人の男性とわたしは、自分たちがいったん離れれば、仮に連絡を取り続けあったとしても、今、自分たちが分かち合うことができているような、毎日の中で起こる、五感ですべてを体験するような生き生きとした瑞々しさまでは、分かち合いきれなくなるだろうということで意見が一致し、お互いの幸せを願いながら離れることに決めました。

これまでの時間、毎瞬を深く降りていくように過ごしていたからでしょうか、別れの瞬間こそは悲しかったものの、そこには清々しさがありました。けれど、一人の男性と共にありたいのか、あるいは関係性を結ばずに自由にいたいのか、自由な異性関係を相手にも許したとき、自分は本当に嫉妬から自由でいられるのか、わたしにはまだ分かりませんでした。

インドを出ると、日本へ戻る前に、その足である国に立ち寄りました。東京での忙しない生活に再び帰って行く前に、かつて一度訪れたことのあった、その国のある村で数日間を過ごしたいと思っていました。小さなバスに乗り込み、その村へ向かっていた道の途中では、ガソリンが切れてしまったのか、バイクが止まってしまっている人がいて、狭い道をふさいでいたので、わたしを乗せたミニバスは、スピードを緩めてその脇をそっと通って行くしかなかったのですが、通り過ぎるその瞬間に、その人のバイクに、自分のバイクからガソリンを分けてあげようと助けていたもう一人の男の人をふと見ると、二年ほど前に日本からタイに向かう時に一緒の飛行機になり、しばらく一緒に旅をしていたその彼でした。旅をしているとこんなふうに、誰かとまたばったり出会えることは意外にも多くあって、それも旅の楽しさのひとつでした。

その村の外れには岩々に囲まれた滝や、温泉が湧き出て川になっているような場所もあり、わたしは裸になってその熱い川にゆったりと身を浸しました。静かなその村での時間は、インドの喧騒の中で、そしてプーナの血が躍るような体験の数々の中で、めまぐるしく過ぎていった日々を振り返るには最適でした。

フィンランドの恋人と別れて髪を剃りあげてからというもの、わたしの中でいろいろなことが変わっていっていたことを感じていました。関係性やセクシュアリティーのことも、自分自身を表現する方法のことも、まだまだ、「これがわたしの行き着いたところだ」といえるような、答えは見つけていませんでしたが、少なくても、わたしが、今まで頭でっかちになって、「こうあるべきだ」と決めつけていたに違いない条件づけから離れて、自分にとっての人生や真実を探求し始めていっているということは感じられました。わたしはそのことにわくわくしていました。

今回のプーナでの日々は、仮面をつけたままで人と接することの無意味さを学び、ありのままの自分を表現していくことに取り組み始めた時間でもありました。誰かが何を感じようと、それはその人の責任と選択であるということも理解し始めていました。それはわたしにとっては、目からうろこが落ちるほどにまったく新しい認識でした。とはいえ、怒りや痛みや不快さなど、わたしが今まで、表現するどころか、感じてもいけないと思い込んで蓋をすることが当たり前だった感情を表わしていくことは、わたしにとっては、そう簡単にできることではありませんでした。

抑え込むのが当たり前だったものを突然表わしてみようとしても、わたしにはその術が分からないものですから、あるときは極端に高圧的になって怒鳴ってしまったり、暴力に訴えてみたり、相手が傷つくような言葉を投げつけたり、責めたりすることで自分の痛みを吐きだそうとしたりしてしまっていました。

プーナは、確かに、自分の道や答えを見つけるためにいろいろと試みて、たくさんの失敗をするには最適な場所に思えました。ここには自己探求をしている人たちがたくさんいるため、数々のぶつかりやドラマがいたるところで起こっていましたが、それぞれがその状況に応じたよりよい解決策をすぐに見つけたり、すべてを過去のこととして流すことも簡単に起こっていました。

この場所では、普通の生活をしていたら一年間の中でやっと起こるか起こらないかのようなことが、一日の間で、頻繁に繰り広げられているように感じられました。感情を表現しようとするときのわたしの試みは、どれも正しいやり方には思えませんでしたが、それでも実際、わたしはそれらの新しい体験を楽しんでいました。少なくても、自分の中に押し込めていてときよりも、怒鳴ったり、泣きわめいたりできている今のほうが、よほど健全にわたしのエネルギーは動いているように感じることができていました。

人との関わりの中で何か不快な感情が湧きあがったときに、それを押し込めもせず、それを感じさせた相手を責めるのでもなく、単純に、「わたしは、こう感じています」という表現の仕方もできるのだとわたしが学ぶのは、もっと後になってからでしたが、そこに行きつくために、わたしが、押し込めることと、放出することの、その両極の体験を通過することはとても意味のあることだったと感じています。

その村ではマジックマッシュルームを手に入れることができました。わたしは数年前にも、一度、マッシュルームを食べたことがありましたが、そのときは、なんとなく楽しい気分になって、笑い転げてしまう程度で終わっていました。ドラッグへの興味も、これまでの旅の中では特に抱いたこともなかったので、周りの人たちが何をやっていようと、わたしは無関心だったのですが、このときにはどういうわけか、誰かがマッシュルームを採ってきた際に、わたしは進んで手を伸ばしていました。それを口にしてから、まだ何の変化も感じないままに、わたしは広い草地をゆっくりと横切って、自分の泊っている木で作られた小屋へと戻りました。

部屋に入り、記憶が途切れたのはそこからでした。しばらくして気がつくと、わたしは床にあおむけに横たわっていました。部屋の中を飛び回る一匹のハエの羽音がやたらに大きく聞こえていました。すでにわたしは深いトリップの中でした。わたしはそのハエになり、からだを横たえていた木の床になり、空気になりました。いつも「わたし」だと認識している自分という存在の境界は消え去って、わたしは驚くほどに目覚めた意識そのものになっていました。わたしは、その部屋のベッドにかけられているシーツの繊維の中にまで入っていくことができ、テーブルに置いておいた果物やスナック菓子に含まれている栄養素や化学物質までも識別できてしまうほどでした。からだに取り入れるべきもの、そして逆に、自分を害するものが、今ははっきりとわかりました。その拡張した意識の中では、何が美しいとか醜いとか、何が善くて何が悪いとかいうことは、存在していませんでした。スナック菓子や蛍光灯の光などに対する否定的な思いも、頭で判断するようなものでなく、自分のからだにとっての真実としての純粋な体験でした。

わたしは生まれて初めて、まったくジャッジのない状態で、物事を見ることができていました。実際、このような世界は、生まれたばかりの赤ちゃんが見ている世界と同じなのかもしれません。

トリップは続き、わたしの中にあるエゴや、いつも抱いている、自分を正当化しなければという緊張感は跡形もなく溶け去っていっていました。すると、わたしがこれまでに人にしてきたひどいことや、誰かに放ってしまった痛々しい言葉が、次から次へと鮮明に蘇り、わたしは自分の無知と過ちに呆然としながら謝罪の涙を流し続けていました。それから、誰かに愛されたときのその素晴らしさ、誰かがわたしを傷つけたときのその人自身の痛みも、まざまざと体験しました。何もかもが光の中にさらされたかのようになって、何一つ隠しだてなく、わたしの前に開かれていました。

わたしたちが個々なる存在だというのは最終的には幻想で、本当はひとつであるということは、このトリップの中では、もう疑いようがありませんでした。その認識は、バリ島でアルサナさんのセッションの最中に得たものと同じでした。しばらくしてトリップがゆったりと終わりを迎えても、わたしの中にはしっかりと新しい認識が根づいていました。わたしたちが人を傷つけたり、何かに害を与えるようなことができるのは、無意識でいられるときだけのことだと分かりました。いったん自分の意識の中に、気づきの光が差し込めば、もう自分に対しても、人に対しても、無神経に生きることなど、できはしないはずでした。

木の抱擁

1

日本に戻って来てからも、マジックマッシュルームによるトリップでの体験で得た、わたしにとっての新しい真実は、からだの中で息づき続けていました。プーナのアシュラムで起こった数々の変容は、それまでわたしが、実際には生きていなかったようなものだったと気づかせてくれる、とてつもなく素晴らしい恩恵でした。それでもなお、その変容にかこつけて、身勝手になったり、傲慢になってはいけないのだということにも、わたしは気づき出していました。

自己探求の旅をしていようが、むやみに人を傷つけるような方法で自分を表現したり、スピリチュアルな文書によくあるような「すべては幻想なのだ」というひと言に集結させて、好き勝手にやっていいというわけではないことを痛感していました。わたしは今、謙虚さを学ぶことを望み、周りの人や地球や自然と調和を持って生きることを始めようとしていました。

生活は一変しました。洗剤は環境を汚さない天然のものに変え、ジャンクフードや添加物の入った食べ物は極力避けるようになり、ゴミもできるだけ出さないように工夫をするようになりました。これまでも、何度かこういったことに熱を傾けた時期はありましたが、それは本当にそれをすることの重要性を認識してやっているというよりも、ファッション的な気分でやっていたようなもので、長くは続きませんでした。けれど今では、どうしたらこういうことに対してこれまで無神経に生きてこられたのかが不思議なくらいでした。

坊主の頭のてっぺんに、小さく丸く生やし始めておいたのが少し伸びた短い髪の毛に、背中まである長いエクステンションをつけて三本のドレッドにしたおかしな頭に、自然な素材でできたアジア系の服を簡単に身につけたわたしは、頭のおかしいヒッピーか、怪しい宗教にのめり込んでいるかのように見えたかもしれません。道行く人に笑われたりすることは何度もありましたが、それらがわたしを傷つけることはありませんでした。わたしの中では、周りに左右されるようなものではない性質の、本当のくつろぎが広がっていました。

わたしの気づきは、地球や自然に対するものだけでなく、自分自身のからだへも向けられていました。わたしが何年間も続けてきたことは、自分のからだを疎ましく思い、批判ばかりを浴びせては、いろいろな方法で痛めつけるということでした。

特に日本にいてホステスとして働いている間のわたしは、ネイルから服、お化粧まで、とにかく外見を美しく飾ることに獲りつかれているようなものでした。それにも関わらず、何をしても、誰に何を褒められても、自分は充分でないという気持ちはぬぐいきれませんでした。自分の爪を傷めてまで人工の長い爪をその上に貼り付けて、その長い爪でコンタクトレンズのつけはずしをしたり、旅に出ている間は決して嗅いでみたいとも思わないはずの、どこかのブランドの香水をふりかけ、痛々しい豆ができていることなど構わずに高いヒールの先の細い靴につま先を突っ込んでいました。

クラブにはきれいな人はいくらでもいました。脚の細い人、顔の小さな人、まつ毛の長い人、素敵な色の口紅を塗っている人。わたしは他の人の持つ美しさと自分を比べては、自分を非難して、毎日のように心もからだも傷つけながら必死に着飾って、あたかも自分は自信で満ちているかのように振る舞ってきたのです。今は、こんな坊主の自分で充分でした。足の太いことも、嫌いな顔の大きさも、そのままでしたが、今は単純にそれを認識することにとどまって、その事実に傷ついたり振り回されることはありませんでした。

これまでのわたしは、日本にいるときの自分と、旅の中での自分が極端に分かれていて、旅の中では、バックパッカー特有の動きやすい服装をして、手でごはんを食べることも、土埃や喧騒にまみれることも、それこそ外でトイレをすることさえもいとわずに、むしろ、そんなあり方を楽しんでいたのですが、東京に戻るやいなや、わたしは都会でこそ手に入る高級な何かを買っては無駄と思えるほどの贅沢を楽しんだり、小ぎれいなおしゃれを楽しんでいました。頭では、それらは決して自分に本当の意味で滋養を与えてくれるものではないと分かっていて、むしろそれらにお金を費やさずにさえいれたら、もっと早く旅に戻れるということも分かっているのですが、クラブでの収入の良さにも甘えが出て、わたしは都会的な楽しみに耽《ふけ》っていました。

一方で、わたしが旅先で出会った仲間の多くは、日本に戻った途端に違う人間になるかのような生活はしていませんでした。彼らは日本に戻っても、山小屋や海沿いの宿泊施設で働いたり、農業を学んで田舎に移り住んだり、自宅を即席のサロンに変えて、旅先で習ってきたマッサージの施術を行なったりしながら質素に過ごしていました。わたしは、彼らが日本に戻っても、ナチュラルな生き方や態度を変えずにいられることに対して、本当にすごいと思いながらも、わたし自身は、日本での自分の楽しみ方を変えることは考えていませんでした。

その頃には、わたしはオーラソーマのコンサルテーションに加え、オーラソーマのセラピストを養成できる資格も持っていたので、クラブでの仕事の片手間に、コンサルテーションに加え、セラピストの養成講座も開いていましたが、それだけで生活がしていけるようには思えず、クラブを辞めることは考えられませんでした。

マッシュルームの体験の影響は、わたしに、いつまでクラブで働くつもりなのかという質問を投げかけていました。夜の仕事は辞めて、日の光を浴びながら、自然に囲まれた生活を日本で送ってみようかと、わたしは初めて考えていました。たばこの煙が充満する中で、夜を通してお酒を飲みながら接客をすることは、本来の人間の健康的な生活のリズムにはあまりに反していて、もう無神経にそれをやり過ごしてはいけないような気がしました。

意気込み始めたわたしは、早速アルバイト情報誌を買って、旅仲間が教えてくれた、季節限定で農作物の収穫などを手伝う、田舎のバイトをその中に探しました。住み込みで、食事まで付くそれらのバイトでは、日給はそれほど高くないにしても、お金を使う機会もないので、三カ月も働けば、アジアへの長期の旅の資金には充分になるのです。

わたしは、キャベツ畑の収穫を手伝うバイトを見つけると、さっそく電話をして申し込んでみたのですが、履歴書を送った後で、最終的に断られてしまいました。最初に電話で話したときには、雇ってもらえそうな雰囲気を感じていたのに、履歴書に貼った、わたしの坊主の写真がいけなかったのかしらとも思いましたが、もう済んでしまったことでした。なんだか気が抜けて、わたしは結局、またクラブへと戻ることにしてしまいました。自然の中で暮らしながら旅の資金を作ることができないとなれば、日中の仕事とはいえ、契約社員などになって都内のどこかのオフィスで働くよりも、始めてから五年も経って、相当脂の乗ってきたクラブでの仕事に、日本にいる間のわたしの時間のすべてを預けて、手っ取り早くお金を作り、さっさと旅に戻れる方がいいと思ったからです。

三本のドレッドをストレートのロングヘアーのウィッグになんとかしまい込んで、以前働かせてもらっていたクラブに出勤すると、わたしは再び、タバコやお酒の臭いにさらされながら働き始めました。電車の始発が出る五時を回ってやっと閉店を迎え、お店を後にする明け方は、わたしにとって、何よりの解放のひとときでした。まだその辺でうろうろしているお客さんにばったり会ってしまわないかという懸念はありましたが、わたしは、お店を出ると同時にウィッグを外し、夏の朝の気持ち良さを全身に感じながら、ハードな仕事を今日も一日終えたという充足感と共に電車に乗って、アパートから最寄りの駅前に止めて置いている自転車に乗り替えると家路につきました。

クラブでは仕事上、きれいなドレスにヒールを履いて、お化粧から香水と、また、今まで通りに着飾ってはいましたが、それらはわたしにとって、今では冗談のようなものになっていました。もう、ありのままの自分を卑下する気持ちはありませんでした。マッシュルームがもらした体験は、わたしの体中の細胞の中でしっかりと振動し続けていました。

クラブ内において如実に現れた変化は、わたしのスタッフに対する接し方でした。それはお店の誰の目にも明らかなほどで、以前のわたしを知っているスタッフを驚かせていました。今では恥ずかしく感じますが、この仕事は、わたしのエゴを増長させるには恰好の場になっていました。最初こそ、仕事の仕方が分からなくて小さくなっていたものですが、いったん仕事のコツをつかんでたくさんのお客さんを抱えられるようになってくると、わたしはそれぞれのお客さんの性格や、彼らひとりひとりが、クラブで女性たちと過ごす時間に何を求めてやってきているかを的確に把握し、頭を働かせていろいろな手を駆使し、収入を上げてきました。

お客さんの前でこそ性格の良い女性を演じるわたしでしたが、自分が誰よりもお店の売上げに貢献していることにかこつけて、男性スタッフには相当横柄な態度をとってきていました。クラブの中には、うまく付き合える女の子たちもいましたが、わたしを妬む女の子たちには、意地の悪い態度でやり返してきていました。ところが今、わたしはなんともいえない調和と気づきに包まれていて、それが周りの人への態度の変化を如実にもたらしていました。

わたしはもう、お客さんのいないところで、スタッフに仕事の段取りの悪さをなじっては怒鳴り散らすようなことはしなくなっていました。わたしはみんながお互いにサポートし合ってこそいい仕事ができるものだということに気づき、お客さんに対しても、純粋に楽しんでもらうことに意図を置き始めていました。お金に対する価値観も変わり、今までは、お客さんから搾取しているような気持ちだったものから、純粋に感謝の気持ちで受け取ることのできるものになりました。そのような新しい意図で仕事に臨み始めるようになると、それが同じ職場とはまるで信じられないほどの円滑さと、笑いに満ち、わたしはどのお客さんにも、スタッフにも女の子たちにも、穏やかな愛情を抱いて、平和な日々を重ねられるようになり、そこには一切の深刻さのようなものが消えていました。

何をするのかではなく、どのように行なうのかということが重要な鍵であり、その意図が現実を作っていくのだということを学ばせてもらった貴重な体験でした。

そんな幸せな時間が流れていく中、日本に戻ってから三カ月が経ち、次の旅の資金も充分に貯まってお店に再び別れを告げたのは、ちょうど夏が終わろうとしているころでした。最後の日の朝、お給料を受け取ってお店を後にすると、「さあ、これからまた旅に戻るのだ」という、心が膨らむような喜びと、今回初めて体験した、お店での、人との新しい関わり方に対する嬉しさでいっぱいになりました。

電車を降りて、いつもの道を進んで行く途中にある小さな神社の前まで来ると、わたしはそこで、初めて自転車をこぐ足を止めました。鳥居をゆっくりとくぐり、祠《ほこら》の前で両手を合わせると、無事に仕事を終え、また旅へとわたしが戻っていけることへの感謝に頭を下げました。バイトを去る日というのは、いつだってわたしにとっては特別なものでしたが、今回は何かが違って感じられました。何か大きなひとつのサイクルが終わりを迎えたような気がしていました。そしてそれは実際に、東京での夜の仕事と、世界でのバックパッカーとしての暮らしという、大きく異なるこの二つ生活のサイクルの終わりのときとなったのでした。

2

わたしが、一回の帰国で、日本に滞在する期間は、ほとんどのときにおいて三月カ前後という短さだったので、友達と同居をさせてもらえるとき以外は、わたしは、ゲストハウスと呼ばれるところの一室を借りるようになっていました。ゲストハウスというのは、主に、敷金や礼金なしで部屋を借りられる一軒家やアパートで、家具などもすでに備わっているので、わたしのような旅人や、仕事などの関係で短期滞在をする人たち、それから外国の人たちが多く集まって一緒に暮らすところで、もちろん共同生活ならではの不便なところもありましたが、契約や解約は簡単でしたし、興味深い人たちに出会えることも多く、わたしには適した場所でした。

わたしはいつも、旅の資金が貯まって、バイトを去る日の目処が立つと、旅の行き先を決めて、航空券を手配し、ゲストハウスのオーナーに退去日を知らせるという流れをとっていました。日本に残していく荷物は、最初の方こそ、家具や服、バリ島で買ってきたお気に入りの大きな絵などたくさんあって、レンタル倉庫を都内に借りるとそこに預けていましたが、旅を続けているうちに、身軽でいられることが優先になってきて、大した持ち物はなくなっていましたので、数箱の段ボールにつめて母親の家に送らせてもらうようになっていました。

これまでは、日本に到着するなりすぐにクラブに戻り、旅への出発の直前まで働くことをしてきていたので、東京で友達と遊んだり、家族や地元の友達とゆっくりするようなこともほとんどありませんでした。けれど今回は、そういう時間を持ってから日本を出発しようという気持ちになっていたので、お参りをした日の朝も、まだ旅の行き先は決めておらず、日本の夏が終わって行くときのなんとも言えない空気を一週間ほど味わってから、次の国へと動こうと考えていました。旅に出ている時間だけを貴重なものとして求めるのではなく、自分の育った国で、家族や友達と過ごすことが、自分にとってとても大切なことだと気づき始めていたからです。わたしにとっては、日本に居ながらにして、働かずに丸一日のんびりするようなことは学生のとき以来のことで、それはとても新鮮に感じられました。

わたしは仙台に戻り、母の住む家で数日間を過ごさせてもらいました。食べ物がわたしを苦しめるものではなくなった今、母がわたしのために用意してくれる手づくりのご飯を、わたしは心から味わうことができるようになっていました。未だに無神経な言動が目立つ母でしたが、わたしたちの間のわだかまりはだいぶ薄れていっているように感じていました。すべてがうまくいっているように感じられていました。わたしは、幸せなはずでした。けれど間もなくして、何かがわたしの中で調子を狂わせ始めました。吐き気を覚えることが多くなり、胃はきりきりと痛みました。気分も落ち込み始め、夜には呼吸も難しくなり、激しい偏頭痛にうめかずにはいられないほどでした。

実はこれまでも、日本にいる間は体調が優れないのが当たり前のようになっていたのですが、今回のは度合いが違いました。バックパッカーとホステスの二重生活を始めてから、五年以上の月日が経っていました。一年間の中で、働いている日数をトータルで出せば、半分にも満たない程度ではあるものの、その期間の集中は相当なものだったと思います。お酒を飲みながら、気のつかう接客を一日の休みも取らずに夕方から早朝までやり続けてきたのです。肩こりや便秘はすっかり慢性のものになっていましたし、眩暈や立ちくらみに襲われたり、日中に街を歩いていて、ふと自分がどこにいて、何をしようとしていたのかが分からなくなってしまうようなことさえも、ここ数年は増えてきていたのですが、いったん旅に戻ればそれらは消え去るので、わたしはどんな症状にも目をつぶって、短期間で旅の資金を作ることだけに集中してやり過ごしてきていました。

本能的な直観やハートの声は、立ち止まってみるべきだと何度も伝えてくれていたのに、わたしはむしろその声が聞こえることを疎《うと》んじて、ひたすら自分にエンジンをかけてきたのです。その声はわたしに、本当にやるべきことや、本来就くべき仕事に自らを捧げるようにと告げていました。

これまでの五年間、夜型のこんな生活からいつかは抜けださなくてはと考えるときはもちろん何度もありました。この仕事は、当然いつかは辞めなくてはならないということは分かっていたのですが、その時々において、旅ができるということが何よりの優先だったわたしは、とにかく続けられるうちはこの仕事でてっとり早く稼ぎ続けようという結論にいつも辿りついていました。

オーラソーマの仕事も合間を縫って続けていましたが、夜の仕事を辞めて、それだけに従事するなど、旅どころか、毎月自分が生活していけるかどうかさえ怪しいものだと思うと、不安になってしまい、それ以上考えてみようとは思えませんでした。けれどそれにも関らず、やはりわたしはどこかで、誰もが持っているように、わたしにも、世界に対して貢献できる何か、この地上にもたらすことを約束してきたはずの何かがあり、それを無視し続けているという認識がありました。

オーラソーマは、もしそれがわたしがやるべきことなのだとしたら、それはきっと充分にわたしを満たすようなものであることは確かでしたが、それ以上に、わたしには、わたしの魂が解き放たれるような更なる何かが用意されているような気がしていました。そして、それは片手間で達成できるようなものではなく、わたしが夜の仕事を辞めて、その何かにコミットする決意をするまでは開かれないものだと感じていました。

体調の悪化が始まった最初のうちは、これはきっと、いったん立ち止まって、これからの身の振り方や、わたしが本当に成就するべきことを熟考するために必要な時間なのだと思い、旅の資金が充分にあることも気持ちに余裕を持たせてくれていたので、わたしは単にからだを休めることができていましたが、日増しに食欲も落ち、からだが弱って、長時間の外出も難しくなり、一日のほとんどの時間をベッドの上で過ごすようになってくると、徐々に気持ちは塞がり、わたしは、これは鬱と呼ばれるものなのではないかと真剣に考えるようになりました。旅の仲間の多くも、日本に戻ってきた際に、無気力感や、自分が日本にはもう合わなくなっているような違和感を覚えたり、身体的にも、わたしに今起こっているのと同じような状況を体験していて、わたしたちはお互いが世界のどこにいても、メールでやり取りをしながら支え合ってきたのですが、ここまで落ち込んでしまうと、わたしはどんなふうに友達に助けを求めていいのか、そして果たして誰かがわたしを助けることができるのか、よく分かりませんでした。

数週間後、わたしはすっかり落ちこんでしまった心を抱え、弱々しいからだで、足取りも重いままに、そう遠くないところにあった大学病院の心療内科へ向かいました。そしてわたしは、すぐにそれを後悔することになりました。

診察室に通されると、まだ若そうなその女医さんは忙しそうに手を動かしたままで、丸椅子にかけるように手で促し、ろくにわたしの顔も見ないままで、決まり切ったような質問を事務的に投げかけてきました。わたしが、自分の言葉が果たしてちゃんと先生に聞いてもらえているのか自信が持てないままに、先生は処方する薬についての説明をし始めました。わたしは、小さく座りながら、ここまでの段階で充分に傷ついていて、泣きたいような、気が遠くなるような気持ちがしていました。もう口を開く気力もあまり残されていませんでしたが、

「その薬を飲んで症状がよくなったとして、もしも薬をやめたら、症状はまた元に戻ってしまうものなのでしょうか」

と質問すると、女医さんは馬鹿にしたような顔をして、初めてわたしを見据えると、

「そんなことはあなた次第です」

と言いました。

診察室を出たとき、わたしは半ば放心状態でした。自分が体験したことが、信じがたい気持ちでした。心療内科を訪れている人に対して、よくそんな態度がとれるものだと、この女医さんの無謀さに呆れてもいました。もしも、わたしがこのことを書き残して自殺でもしたらどうするのだろうなどと、ぼんやりした頭で考えながら、診察室の前の待合ソファーで身動きもとれずにしばらく休んでいると、心療内科の窓口の係りの女性がわたしに静かに歩み寄ってきて、

「大丈夫かしら？　帰れるかしら？」

と優しく声をかけてくれました。

わたしは小さくうなずくと病院を後にしました。もう外は暗くなりかけていました。秋が訪れ、日が短くなっていました。やがて本格的に寒さが増していく中、わたしは家から一歩外に出ることもままならない状態になっていました。

今回日本に戻ってから、ようやく素晴らしい先生を見つけてとうとう習い始めていたベリーダンスも、教室に向かうために外出の準備をなんとか整えて外に出ても、駅にたどり着くのがやっとで、電車に乗れずに終わってしまうこともあり、気持ちだけがどんどん焦っていきました。

わたしの感覚器官は極度に繊細になっていっていて、道路の車の音、スーパーマーケットの店内で流れている音楽や、人工的な光などは耐えられるものではなくなっていました。家で休んでいるだけだというのに、全身が常に疲労感に覆われていて、特に辛かったのは、眠りに落ちかけるたびに、呼吸ができなくなってしまうことでした。そのために、眠ることもできないままに一晩中、偏頭痛で割れそうな頭を抱えていました。そして、からだに表われている症状そのもの以上にわたしを落ち込ませた事実は、クラブを去ってから、二カ月もの間、収入を得ずに、ただ日本にいるだけで時間を過ごしてしまったという事実でした。

それだけの時間があったら、どれだけ多くの体験が旅の中で訪れたことだろうと、わたしは考えずにはいられませんでした。人生を選んで自分自身を楽しむ人たちとの出会い、南国の果物や美味しい食べ物、踊りと瞑想。それらと共に自分があることを思い描くだけで、身も心も軽くなり、わたしは、あるべき人生の軌道に乗っていることを感じることができました。

わたしにはその頃、今回、日本に戻ってきてから出会い、付き合いを重ねていた日本人の恋人がいました。彼と出会った当初、わたしは、自分の生活が旅を基盤としていることを伝え、そのために、あまり長くは一緒にいられないということを話してありましたが、わたしのこの急な体調の変化のために、わたしたちは考えていたよりも長く付き合いを重ねることとなりました。わたしの住んでいるゲストハウスに対して、初めから快く感じていなかった彼は、わたしの体調を知ると、ゲストハウスを引き払って、自分のアパートに引っ越してくるようにとすぐに言ってくれ、わたしは荷物をまとめ、彼のアパートへと移動しました。

ゲストハウスではもちろん、お風呂やトイレや台所などは共用でしたが、ある程度きれいにまとまっていましたし、わたしの借りていた個室自体には充分な広さがあって、わたしは特に問題を感じていなかったので、彼が初めてわたしを訪ねて来たときに、「ここは人が住むようなところじゃない」とまで言い切ったときには、どうしてそこまで言うのかといぶかっていたものでしたが、彼のアパートに落ち着いてみると、確かに、わたしにも彼の言っていたことが分かりました。

彼の部屋には、そこの住人が、その部屋をこれからも長い間、暮らしていくのだと意図して初めて生まれるような温かさがありました。それはきっと、毎日の生活の中で少ずつ作られていくもので、随所にさりげなく表われてくる心配りのようなものです。確かに、いつも三カ月でその場所を去っていくわたしは、今までどこに住んでも、その場所に愛情を注いだり、より居心地の良い空間を作ろうと努めてはきませんでした。彼の部屋は、ちゃんとその住人によって愛されて、温かい明かりが灯されているような何かを持っていました。この部屋の中で休んでいると、体調の悪さは同じであっても、わたしはずっと安心していられました。

その頃には、わたしがベッドからからだを起こしていられるのは一日の中でほんの二、三時間にまで落ちていましたが、わたしはその時間を使って、簡単にお部屋を掃除したり、近くのスーパーまでゆっくり歩いて行って食材を買ってくると、夜ごはんの支度をしたりしていました。わたし自身は体調のせいで、あまり食べることはできませんでしたが、もともと料理が好きだったわたしにとって、愛情を注ぐ相手にご飯を作れるというのは、一日を輝かせてくれるイベントでした。

仕事から戻ってくる彼を、作りたてのご飯と一緒に迎える生活は、これまで描いてもみなかったもので、ありふれた日常生活という形容がぴったりくるようなこの体験を、わたしはとても愛しく感じていました。彼は、週末には、わたしの元気が出るようにと、富士山の麓の温泉へとドライブに連れて行ってくれたり、わたしが動物を好きなことを知って、いろいろな犬たちと自由に遊べるような施設へ連れて行ってくれました。優しい彼に労られて、わたしは、もしかしたらもう旅をやめて、このままこうして日本で暮らしていくのも幸せなのかもしれないとさえ考え始めていました。体調はこのままであっては困りますが、こうして恋人に守られながらゆったりと生きていくのは何ひとつ不満のない生活であるように思えました。けれど、それにも関わらず、心の片隅には常に、立ちこめている暗い闇のようなものがあって、それは、あたかもわたしが、宇宙が送ってきてくれている、わたしへの大切なサインを無視していることを示しているかのようにも感じられていました。

これまでの旅の中での至福の体験の数々が一瞬でも胸をかすめるならば、この生活を送っていくことは、どれだけときが進んでも、決してわたしをあの至福感へは導くことはないだろうということを認めずにはいられませんでした。

わたしは、結局は、旅の中で、瞑想をしたり踊ったりしながら高みへと昇り、「それ」に触れたいと願っていました。そして、ヤフィーです。彼はどこにいるのでしょう。世界のどこかで、わたしはいつか彼をもう一度見つけたいのです。ヤフィーと出逢ってから、誰と恋愛をしていても、それとはまるでまったく別の次元で、わたしは彼をずっと愛していました。彼に再び会えることが、実際にはもうありえないことだと知っているからこそ、恋愛とは違う何かで、彼をずっと胸に抱き続けることができていたのかもしれません。けれど、ここまでわたしを強く惹きつけるこの男性は、一体、わたしに何を示しているのでしょうか。

彼がわたしの人生を導く鍵であることだけは、今でも確かなものでした。彼の存在が、ここまでわたしを旅へと突き動かし、そしてわたしがまだ体験したことのない世界で生きているような人がいるということを知らしめたのです。ヤフィーと一緒にいることのできた短く鮮烈なときを思い起こせば、人生が一期一会であることを考えずにいられませんでした。旅に限らず、同じような日々の繰り返しであったとしても、それはそうであるはずで、出逢いの大切さや、一瞬の貴重さは等しいはずでしたが、その認識は、どうしても、単調な日常生活を送ってしまったら、薄れてしまう気がしました。わたしはそれを恐れていました。

わたしが旅を続けることを望む理由のひとつは、実はそこにあったのかもしれません。ひとところに落ち着いて、安定した結婚生活を送っていようと、旅をしていようと、愛の体験は永続性を保障されたものでないことに変わりはなく、一日一日がかけがえのない唯一の一日に違いなくても、一人の誰かと長く一緒にいてしまうと、つい相手の美しい瞳をわくわくしながら見つめることや、溶けてしまうような深い抱擁をすることも忘れてしまうような気がしていました。そうなってしまったら、わたしの目や心は、再び、半開き状態になってしまい、ある日訪れる死のことも、もしかしたら、すぐそこの曲がり角までやってきているかもしれない、運命が変わるような特別な瞬間にも気づけないかもしれません。わたしはそれを恐れていました。穏やかな日々であったとしても、それがもしもただ何となく重なっていってしまうようなものであるのならば、どれだけ短い時間であっても構わないから、鮮烈さを持って、目も心も十全に開かれた状態で生きていたいというのがわたしの願いでした。

ヤフィーという男性が、船の上で、なんの予告もなくわたしの人生を訪れ、そして数日後には再び去って行ったことが、わたしに、人生はすべての瞬間が変化であるという教えを刻み込んだかのようでした。そして、わたしにとっては、亡くなった父を思うことが、なんとなく日常の表面を滑るように生きてしまって、後で後悔するような時間は、もう送りたくないと感じさせていました。

父という人間が一体誰だったのか、自分は実はまったく知らないということに気づいたのは、父が亡くなってからのことでした。十八年間も一緒に暮らして、特に小さな頃はくっつきっぱなしだったほど一緒にいて、遊んだり、出かけたりしたはずなのに、わたしは父親が内側で何を感じていて、どんなことを考えているのかということを、一度も認識したことはありませんでした。もっと話をしたり、向き合ったりして、本当の意味で、一緒に過ごしてこられたならどれだけよかっただろうと、後になって痛いほどに思いました。

放浪をし続けようと、いわゆる普通の生活と呼ばれるものを選択しようと、感覚や感受性が研ぎ澄まされた状態で、子供のような純粋さで毎日を送ることができれば、本当はいつだってわたしたちは人生の秘密に触れられるのだとは分かっていましたが、今のわたしには、毎日がまるで最後の日であるかのように、そして新しい最初の日であるかのように生きるには、旅に戻ることが答えに感じられました。

恋人との生活は温かく流れていっていましたが、毎日、会社との往復で、混み合った電車に長時間乗って、疲れ果てた表情で家に戻り、自分のための時間を持てるのは週末だけのような生活を何年間も続けてきている彼には、毎瞬を最大限に生きることだとか、瞬間ごとの爆発のことを話したときに、それは理想上だけの話だとしか思ってもらえなかったような印象がしました。彼は、自分が好きで会社に行っているわけではないということを、まるで、そんなことは誰にとっても同じことで、誰もがそんなふうに生きていくしかないものでしょうと当然のように言い、わたしにとっては、彼がそれを本当にそういうものだと信じていることが少しショックでした。

彼は、わたしが初めて一緒になった、旅とは縁のない、一流企業に真面目に勤める男性でした。生活の端々に現われている彼の堅実さや、今までのほとんどの恋人が持ち合わせていなかった、ある意味でのまともな感じ、それから日本人特有のさりげない優しさや心遣いが、特に今、からだが弱っているわたしには安心感を与えてくれていて、わたしはそれを自ら手放そうなどとは思わないはずでしたが、心の内側の深くは、明らかにそれとは違うことを言っていました。この愛しい男性は、一緒にいても、わたしが自分の運命を生きることを可能にしてくれる人ではないのです。今のわたしの体調があるからこそ、わたしたちはうまくいっていて、わたしがいったんまた飛び立てるまでに息を吹き返せば、わたしが求めるのは、彼では満たせないものであることは認めざるを得ませんでした。

わたしは何度か彼に、本当はどんなことをして生きていたいのかと、聞いてみたことがあります。すると彼は意外にも素直に、喫茶店を持って生活をすることを夢見ていたという気持ちを話してくれ、わたしはそれならば、それを一緒にやろうよと言いました。彼も単に、仕事の忙しさからこれまでは海外に出ていなかっただけで、もともと海外が嫌いなわけではなかったので、海外に移って、二人でそれができたら、それはとても素敵だとわたしは思いましたし、日本でその喫茶店を開いたとしても、海外に何かを買い付けに行ったりして、わたしたちは、毎日を創造的で、遊びに満ちたものにして行けると思いました。それを話している間、彼の目の中にかすかな興奮を見ることができましたが、彼の慎重さは、この話を現実的なものへと進めていくことは決して望んでいませんでした。

わたしは旅に戻ることに決めました。からだはふらつき続けていて、頭痛のために細々としか声は出せず、心も未だに暗く覆われたままでしたが、とにかく決断しました。彼は、複雑な思いを隠しきれないような表情で、自分はわたしの帰りを待っていたらいいのかと聞いてくれましたが、わたしは、いったん旅に出てしまえばいつ戻るか分からないし、その必要はないと答えました。

3

わたしは、中米にあるコスタリカという国に向かいました。

コスタリカには、和尚のもとで悟りを得たという男性を中心として作られたコミュニティーがあると聞いていたからです。プーナに戻ることも最初は考えましたが、この鬱のような状態を癒すには、自然の中に自分を解き放つしかないと思い、ジャングルのようなところに立つそのコミュニティーの中で、簡素な小屋やテントで生活ができるというその場所へと向かうことに決めました。この何カ月間も、短い時間の外出でさえほとんどしてこなかったわたしにとっては、東京からコスタリカまでの丸一日かかるフライトは、かなり無謀な大移動に思え、わたしは飛行機の中で倒れてしまうのではないかと不安で仕方ありませんでしたが、ようやくコスタリカに到着してその土を踏みしめたときには、なんと、鬱状態も頭痛も、まるで今までの体調の悪さはすべて嘘だったかのようにすっかり消えていました。

そこは、手つかずの自然であふれていました。首都サンホセから数時間北に上った山の中に位置するそのコミュニティーには、見たこともないような極彩色の蝶や鳥が飛び交い、木々や植物はあふれんばかりに生い茂っていました。地には、アルマジロや、巨大なトカゲのような動物が這い、夜には無数のホタルが星空の下で同じように輝いていました。

そのコミュニティーでは、子供や赤ちゃんも含めて、全員で百人ほどが暮らしているようで、その多くは、七年前のコミュニティーの建設当初から携ってきたというイスラエル人とドイツ人でした。

わたしは、そのコミュニティーは、短期間そこで暮らして、また去って行くような自由なヒッピーたちの集まる場所だと勝手に想像していたので、ほとんどの人たちが結婚をしていたり、パートナーがいたりして、コミュニティーの敷地内に家まで建てたりもして居を構えているのだということを知ると、ちょっと意外な感じがしました。突然やってきたわたしは、特に女性たちにはあまり歓迎されていないような感じがしましたが、広大な敷地の中では、食堂やキッチン、シャワーやロッカーのあるコミュニティーの中心地に行かない限り、ほとんど誰とも会わずに過ごすことができたので、あまり気にすることでもありませんでした。

これまでわたしが慣れ親しんだ、アジアや中東とはまったく異なる中米の空気と、夜には街灯ひとつない暗闇の中に立つ、わたしの小さな山小屋で過ごす時間にわたしは充分満たされていました。朝には、馬の鳴き声で目を覚ますと澄んだ空気がそこにあって、馬たちはわたしの小屋のすぐ前まで散歩にくることもありました。

わたしはグル（導師）に会える機会を心待ちにしていました。この場所にあふれる自然は、それだけでもすごいというのに、その上、悟りを得た人と一緒に暮らすことができるなんてどんなに特別なことだろうと思いました。その人の周りにはきっと特別なオーラが漂っていて、近くにいられるというだけで、わたしのすべての瞬間は、これまでずっと求めていたように、祝福や恍惚に満ちたものになりうるかもしれません。

到着してから数日が経ったある日、わたしがコミュニティーの中心地に降りて行くと、傍にいた誰かが、フレッシュジューススタンドを囲んでおしゃべりをしている男の人たちの中の一人を指して、

「あの人がそうだよ」

と、教えてくれました。

指で示された先にいるのは、Tシャツにハーフパンツをはいて、ジュースを飲んでいる男性でした。ウェブサイトの写真では彼を見ていましたが、こうして本人を目の前にしてみると、意外な感じがしました。

その人は、本当に若い、魅力的な外見の男性でしたが、旅の中でいたるところですれ違ったイスラエル人の旅行者たちと何ひとつ変わらないようにも見えました。とにかくわたしは、その人の方へ歩み寄っていきました。日本人がコミュニティーにやってきたことをすでに聞いていたのか、その男性は、わたしに気づくと、すぐに顔を向けて微笑んでくれました。そして、日本のどこからやってきたのかを聞いてくれたり、彼自身が日本に来たときのことを話してくれたような気がしますが、わたしは彼の目の前に立ちながら、涙を流していました。

周りにいた人たちには、わたしがグルに会えて感極っているのだと映ったことでしょうが、実はわたしの中で起こっていたのは、それとはまったく違うことでした。その人の目はとても温かく、美しく輝いてはいましたが、その目は、わたしが今までに数え切れないほどの人の目に見てきたものと何の違いもなかったのです。グルともなれば、必ずや、わたしたち一般人とは異なる何かが全身から溢れ出ていて、目などは、それは魂の窓といわれるくらいですから、絶対に特別なものに違いないとわたしは勝手に想像していました。

ところが今、わたしの目前にいる悟りを得たはずのこの男性の美しさは、わたしがこれまで出会った人たちの目やエネルギー、特に、旅で出逢った人たちのそれの輝きとなんの違いもなかったのでした。わたしは、自分は今まで、いったい何を見落としてきてしまっていたのだろうと思っていました。誰かが、悟っていようと悟ってなかろうと、そんなことはきっとどうでもよかったのです。わたしの中で、何かが剥がれ落ちたような瞬間でした。

スピリチュアルな知恵や教えを求めてグルを探したり、その人のそばにいて学ぼうとする必要はなかったのだと気づいたのです。わたしたちは、誰であろうと、毎日の様々な出会いの中で、その人たちから充分に学ぶことができるのです。わたしたちが見ることさえできれば、賢人やマスターたちが放つ美しさに等しいものを、どの人の中にも見つけることができるはずなのでした。わたしはその気づきに涙を流していたのです。

わたしは以前、運命の人ということに関しても、これと同じような勘違いをしていたことを思い出しました。

二十歳の頃、運命の人を見つけたくてバリ島に出てきたわたしは、その運命の人だけを重要視して探していました。この人がそうだと思える特定の男性、あるいは、心からつながれる友達や家族も含めたほんの数人が、運命の人たちと呼ばれる、わたしにとっての大切な人たちで、それ以外の人たちのことは度外視していました。旅の中で、わたしは少しずつ、実は、どんなに小さな一瞬の関わりや、または到底、運命づけられて出逢ったのだとは思いたくないような人たちであってさえも、自分の人生が創りあげられていく大切な存在なのだということに気づくようになっていきました。そういった意味においては、やはりすべての人がきっとわたしたちの運命の人なのです。

4

コミュニティーでは、日々の瞑想に加えて、時々、小さなグループやイベントのようなものが開かれているようでした。ある日、わたしはコミュニティーの中心部で女性たちが輪になって集まっているのを見かけたので、近づいて話を聞いてみると、どうやらこの日の夕方に、女性だけで遠出をして、女性であることを分かちあうようなグループが行なわれるようで、そのためのミーティングをしているとのことでした。そのグループがあること自体を知らされていなかったわたしは、すでに出遅れをとったような気持ちがしていました。

旅の中で、女性に対する苦手意識や、自分が女性であることを嫌う気持ちは徐々に薄れてきてはいたものの、女性だけで集まるグループなどは、考えただけで鳥肌が立ちそうなほど、未だにわたし向きではなかったのですが、このコミュニティーに来て以来、わたしが歓迎されていないような気持ちにさせられるのは、決まって何人かの女性たちのわたしに対する態度だったので、もしかしたらこの機会に打ち解けることができるかもしれないと思い、わたしは参加をさせてもらうことに決めました。

夕方、わたしたちはもう一度同じ場所で集まると、いくつかのジープに別れて乗り込み、コミュニティーのはずれへと車を走らせました。山道を通り抜けた先に到着したその場所は、広い平地になっていて、スウェットロッジや、大きなテントでキャンプを誰かがしたような形跡も見られる、なんだかエネルギーの強い場所のように感じられました。三十人ほどのわたしたち全員がジープを降りると、このグループをリードすると思われる女性はわたしたちに、おしゃべりをせずに、各自、この場所をゆっくり体験するようにと指示を出しました。

近くには川が流れていて、生理中の人は、そのまま血を流したままでその中に入るようにと勧められていました。女性たちは、川へと向かったり、木立の中を歩いたり、差し込む夕陽にからだを伸ばしたりし始めているようでした。わたしの目には、ここにいる女性たちが、自分が女性であるということに対して、相当の誇りと自信を持っているように映っていました。彼女たちは確かに、とても生命力が強く、逞しい存在に見えました。そして同時に、とても権威的で、弱い立場の人をジャッジしたり、他の女性を裏切ったりすることをなんとも思わないような乱雑な印象もありました。わたしはできるだけみんなから離れた場所で、川にそっと身を浸し、彼女たちのように、この充足的な儀式を味わっているようなくつろいだふりを演じていましたが、本当は、こんなことをするくらいなら、男性だけのグループに素っ裸で混ざった方がよっぽどいいと感じていました。

やがてわたしたちは、最初に到着した場所に戻り、一カ所で大きな円をつくるように全員が立つと、一方向に周りはじめました。セージを焚いたものを手に握りながら、その煙をわたしたちに浴びせかけるように、円の外側を踊り歩く人がいれば、円の中でアメリカンインディアンのような雄叫びをあげて足をふみならす女性もいました。わたしは、具合が悪くなってきました。なんとか他の人たちと歩調を合わせて足を運んではいましたが、こんなことはちっともやりたくありませんでした。しばらくして、ようやくわたしたちは、その場に腰を降ろすことができました。誰もが満足げな表情を浮かべて目を閉じているのをわたしは見ていました。わたしはここに来たことを悔やんでいました。

リーダー格の女性が口火を切りました。

「わたしは思うんです。女性であることはなんてラッキーなんだろうって」

みんなを諭すように見まわしながら大げさに首を縦に振り、彼女は、それを「くそラッキー」だとすら表現しました。目を開いた多くの女性たちが、彼女に呼応するように相槌を打ちました。彼女が進行役になりながら、女性たちは次々に女性であることについて語りだし、やがてそれは、生理が意味深く神聖なものだとして認められていないことへの不満から、環境を破壊しないナプキンの使用を呼びかけるにまで広がって、輪の中の空気は熱を帯びてきました。誰もが女性であることを誇りに思い、自分たちが自然を守っていく存在であることと、男性たちをリードしていくべきであることなどに賛同しているようでした。

わたしはといえば、彼女たちが話していることは理解こそできましたが、この熱気は度が過ぎているように思えて、なんともいえない胸苦しさを感じていました。やがて話がいったん終結すると、今度は、わたしたちはその場に寝そべるように促されました。円の中心へと足を向ける形で全員が仰向けに横たわると、それぞれの祖先の女性たちの霊をここへ呼び戻し、彼女たちと接触をするようにと、誰かが導き始めました。わたしにはもう耐えられそうもありませんでした。

その儀式がようやく終わって全員がからだを起こすと、優しかった祖母と出逢ったと語る人や、自分に訪れた霊的な体験を息せききって話す人が続いて、わたしを呆れさせました。わたしにはそんなことは何ひとつ起こらなかったどころか、横になっていた間中、悪夢のような、重い、居心地の悪さに覆われていたからです。

わたしは、父方の祖母のことは大してよく知りませんでしたし、母と同様にどうしようもない無神経さを発揮する、母方の祖母のことは好きではなかったので、この儀式は苦痛でしかありませんでした。もしも、導きをした女性が「女性の祖先の霊」と言わずに、ただ、「精霊」などと言ってくれたらどれだけよかったろうかと思いました。

多くの女性が自分の体験のシェアリングに熱を上げている中、円の向こう側に座っていたリーダー格の女性が、わたしの様子を心配そうに見つめているのが分かりました。輪の中に一瞬の沈黙が訪れたときに、彼女はわたしを促しました。そしてわたしは伏し目がちのまま、口を開きました。この円の中に座っていること自体が、わたしを落ち着かない気分にさせているということから正直に話し、女性たちに対して持っている自分のイメージが、意地悪で計算高く、肝心なときに限って助けの手を引っ込めてしまうような、信頼できないものであるということを話しているうちに、涙が出てきました。そして、涙の向こうに見えたのは、女性たちのわたしに向けられた白けた顔でした。わたしの涙が乾かないうちに、わたしの発言に対して意見が交わされ始めていました。

一人の女性は半ば憤慨気味にわたしを横目で見やりながら、「中には女性の素晴らしさに気づけない人もいたみたいだけれど」という前置きをして、また自分の話を始めました。わたしのありのままの体験が、わたし個人のものとしてそっとしておいてもらえずに、こんな意地の悪いことまで言われることこそが、わたしが女性を嫌う理由でした。悔しさと、その場所で独りぼっちになっている感覚に、わたしのからだはちぎれそうでした。

円の中でわたしの座っているちょうど後ろには、両腕を精いっぱい回して抱きしめることができるくらいの大きさの木が一本立っていました。わたしは、そっと背中をその木に預けました。すると、なんともいえない心地良さと安心感がわたしに訪れました。わたしは木の脈動を感じ、木は優しくわたしを抱きしめながら、わたしの痛みをそっとなだめてくれているかのように感じました。わたしは、自然の持つ、ジャッジのない懐の深さ、中立的な包容力を初めて感じていました。

ふと円の外に目を向けると、遠く離れたところに、いつどこからやってきたのか、一頭の馬が身じろぎもせずに立っていました。それはこちらを見つめているかのように思えました。わたしは馬を見つめかえしながら、木の中へからだを預けていました。胸を痛めたその日、一本の木と、一頭の馬が、わたしを救ってくれたのです。

5

コミュニティーでの日々は流れてゆきました。ある日の朝、わたしは、今まで見かけたことのない一人の老人と出会いました。小さなからだに抹茶色の簡素な服を着て、ゆっくりと一歩ずつ地面を踏みしめるように歩く姿に、子供のようなきらきらした目を輝かせていて、その老人は、まるで白雪姫に出てくる小人の一人を彷彿とさせるようでした。彼とわたしの目があったとき、それはまるで、何年も前から探していた旧友との再会のように感じられました。わたしたちは微笑んで歩み寄りました。彼が「それ」と一体になって生きている人だということが、わたしには簡単に見て取れました。わたしたちは一言も話さないうちから、なぜか笑いが止まらなくて、涙まで流して抱き合いました。彼に出会えただけでも、コスタリカまでやってきた意味は十二分にあったというものです。

ああ、愛しいオマ。この男性は、スーフィーの旋回のグループを開くために、このコミュニティーへやって来ていました。彼から溢れでている至福のエネルギーは、彼が何年も廻り続けてきたこととときっと関係しているのでしょう。オマは、子供のように自由で遊び心に満ちていながら、同時に老賢人のような深みを湛えていました。

手をたたきながら全身で笑い転げる姿、ワインのボトルを昼間から嬉しそうに抱えているときのいたずらな表情、一人で静かにベンチに腰をおろしているときの佇まい。彼は、誰かが話すとき、それに深く共鳴し、彼自身、たくさんの経験を持っているに違いないにも関わらず、非常に謙虚でした。ここのグルについても彼は、「自分にとっては、彼が本当に悟っているのかどうかなどはどうでもよい、自分はただ彼を愛しているのだ」と言っていました。

わたしはオマへの深い敬愛を抱きながら、彼のグループに参加しました。彼は、わたしたちを本当にゆっくりと、旋舞の中へ導いていきました。そのおかげで、わたしたちのほとんどが気持ち悪くなることもなく、ぐるぐると廻り続けることができました。驚いたことに、一旦その中へ入ると、後はどれだけ早く回ろうとまったく問題はありませんでした。まるで、廻っているのは周りの世界で、自分自身はまったく静止しているかのように感じられました。

それは、自分がコマの中心軸になったような気持ちにもさせるものでした。そして面白かったのは、廻っているとき、周りで同じように旋回を続ける人たちと目を合わせることができるということでした。それは一瞬のすれ違いであるにも関わらず、その一瞬の中で、時間が止まったかのようにとても深い交流が起こるのでした。

彼は、わたしたちが旋回の中へと入って行くとき、ハートよりも深いところに何かが見つかるかもしれないと言いました。そしてそれは本当でした。ぐるぐると廻るとき、わたしの存在の中心はハートよりもさらに降りたところ、下腹部の中に見つけられました。そこには、無が広がっていました。その空間には、思考が入る余地はありませんでした。また、自分が誰を好きで誰が嫌いかなどの感情も、そこでははるかに超えられました。生と死、至福と恍惚だけがそこにありました。

6

やがてオマはコミュニティーを去り、わたしは相変わらず、誰とも本当の意味でつながることはできないままで過ごしていました。鮮烈さを持って生きるために、日本の恋人のもとを去ってきたというのに、わたしは今、大して惹かれてもいない人と、その人の小屋で一緒に住み始めていました。わたしがその人と最初に近しくなったときには知らないことでしたが、それは、その人が数年間つきあっていたコミュニティーの女性と別れた直後でのことだったらしく、わたしは改めてコミュニティーの女性たちから嫌われる結果になっていました。その人と関係性を持とうなどと考えてもいませんでしたが、女性たちからにらまれながら一人で過ごすことの心もとなさから、彼の庇護を求めるかのように、わたしは結局、この男性と一緒に過ごすようになっていました。

そして、あまりにもくだらない話なのですが、長年このコミュニティーで暮している彼の小屋には、ジャングルの中では重宝されていた、冷蔵庫がありました。わたしにとっては、食べ物がいつもそこにあるということは大きな魅力だったのです。この場所に来て以来、一人になることの恐れや、物質や快適さに簡単に流されてしまうわたしの弱さが改めて露呈されてしまったように感じていました。どこへ行こうとも、自分の否定的な部分は影のように着いてくるのです。わたしは再び自分自身に疲れてきました。そして、生きること自体に嫌気がさしてしまうことにも疲れていました。どこに行こうが、何をしようが、わたしは自分自身が理由で、苦しんでいるのです。

わたしはコミュニティーを後にすることにしましたが、もうどこに行っていいのかもよく分からず、とりあえず、中米を北へ上って、グアテマラまで行くことにしました。わたしは、もしかすると旅を続けている本当の理由は、自分自身や、自分が人生でコミットするべきことから逃げるためなのではないかと思い始めていました。

時期を同じにして、高校時代からの友達から、彼女の結婚式への招待がメールで届きました。姉の結婚式の機会にすら日本に戻らなかったわたしは、以前だったら、海外にいるので、と、断っていたところですが、今では家族や友達の大切さ、遠くから思うだけではなくて、実際に一緒にいることの大切さを学んでいましたので、彼女の祝福のために、日本へ戻ることにしました。

コスタリカから飛行機を乗り継いだアメリカの空港はとても混んでいて、わたしはくたびれながら長蛇の列に並んでいました。その列の先頭には、制服を着たひとりのおじさんが立っていて、数ある窓口へと一人一人をスムーズに移動させているのが、目に入りました。きっと一日中、何時間も立ちっぱなしで同じ作業を繰り返しているであろうにも関わらず、おじさんはとても生き生きしていました。満面の笑みで、列の先頭になった人に声をかけ、その人の行くべき窓口を案内して、誰もが良い気持ちをするであろう方法で仕事をこなしていました。

それは、何をやるかではなく、どのようにやるのかということの重要性を、わたしに改めて思い起こさせるものでした。自分がそれをすることを純粋に楽しみ、愛することができるのならば、それが何であろうと、周りの人や世界に貢献することになるのだと、改めて思いました。

今、ここ

1

友達の結婚式が終わり、いつものようにゲストハウスの一室に暮らす生活が始まりました。わたしはこれまで、将来のことを長い目で考えたことはありませんでした。ただ、旅をすることだけが大切で、三カ月ほどクラブで働きお金を作って、旅に出られさえすればよかったので、わたしにとっての将来というのはほんの数カ月先までのことだけを意味していました。けれど今わたしは、この生き方が終わりを迎えたことを感じていました。

旅が逃避であるように初めて感じたことも、大きな理由でした。クラブでの仕事も自分には合わなくなってきていることを感じていました。けれど日本で落ち着くことは難しいことに思えましたし、これから何をして生きていったらいいのかも、よく分かりませんでした。

わたしの魂を満たし、他者への貢献にもなれることとは何でしょうか。

これまでに「それ」を見せてくれた人たちのように、わたしも、自分にとって「それ」に触れることのできる何かを見つけ、それに手を伸ばしていくときだと感じていました。

その頃、姉の初めての出産が近づいていました。

姉の妊娠を知ったとき以来、わたしは自分の中で何かが大きく変化したことを感じていました。それまでのわたしは、赤ちゃんにも子供にもまったく興味がなく、ましてや自分がいつか子供を持つことなどは、考えたくもないことでした。

その背景は、女性であることの素晴らしさに対して充分に開いていなかったことや、母親がわたしにしたことを繰り返さないと言えるほどの自信がなかったことがあるのですが、姉が、そのからだの中に新しい命を宿していることを知ったとき、わたしは気の遠くなるような神秘と神聖さに圧倒されました。わたしは、姉のお腹の中にいる赤ちゃんへと深い愛を送り、まるでシンクロニシティーの中にいるかのような、不思議な繋がりを彼との間に感じながら、出産の日を心待ちにしていました。仙台にいる姉のもとへ一刻も早く駆けつけられるように、姉が産気づいたら、それが何時であろうとも、すぐに電話をくれるようにと、わたしは母に何度も頼んでおきました。病室の前で姉と赤ちゃんを待ち、家族みんなで新しい命を祝いたかったのです。

ところが、ある日、わたしの携帯の留守番メッセージは、姉が出産を終えたことを告げていました。わたしは信じられない思いでした。あれほど、わたしにとっては大事なことだと伝えていたのに、出産が終わってからの連絡で、しかも、メッセージの義兄の口ぶりには、大した抑揚がなく、感動がひとつも伝わってくるものでありませんでした。これは本当に、わたしたちが、新しい命を家族に迎え入れる日のあり方なのでしょうか。わたしの心の中で、何かが深く傷つきました。

姉夫婦も母も、愛情や喜びの表現が決して豊かな人たちでないことは知っていましたが、せめてこの特別な日だけは、みんなで抱き合ったり、踊ったり、喜びに叫んだりして、出産を終えた姉と、新しい家族を囲んでお祝いができるとばかり勝手に想像していたわたしのショックは大きなものでした。プーナでサニヤシンが死んだときに行なわれていた、デスセレブレーション（死の祝福）と呼ばれる葬儀は、一体この何倍、愛や祝福のエネルギーに満ちていたことでしょうか。

何よりの祝祭になるはずだったその日、わたしに起こったのは、口がきけなくなることでした。何かに強く衝撃を受けたときに、まるで喉が潰れてしまったかのようにまったく声が出なくなり話せなくなることは、大人になってから、これまでに何度か体験していましたが、今回は声が出ないだけでなく、思考までもが止まってしまったかのようになっていました。わたしの頭の機能はほとんど働かなくなっていて、家族にメールを打つ文章を作ることもできませんでした。

義兄のメッセージが届いてから一日が経った頃、わたしからの連絡がないことに心配しはじめたのか、母から、何度も電話やメールが入ってきましたが、わたしはすっかり放心した状態で、手首に剃刀を滑らせながら、形のない自分の世界の中で漂っていました。

誕生すること、生きること、死ぬ日が来ること。

生きている時間の中で、どれだけ多くの瞬間をトータルに体験して、祝えるかということ。

自分の望むものにどれだけ手を伸ばす勇気をもてるかということ。

そんなことが、わたしの心をよぎっていました。わたしの中には、もっと爆発的に毎瞬を生きたいのだという切望があり、そしてそれと同じ強さで、それができないのであれば死んでしまいたいという激しい衝動もありました。果たしてわたし自身は、本当に百パーセント生きているでしょうか。自分がこの人生で生きている間に、本当は何がしたいのか、何を成就して死にたいのか、それを知ることを切に願いました。自分自身の中心に向かって投げかけた真正な問いかけに、わたしはようやく二つの答えを出しました。

一つ目は、ヒーリングの仕事に本気で従事することです。

自分が癒されていくきっかけをもらったオーラソーマを続けながら、エネルギーワークに自分を開きたいと願っていました。誰かが癒され、その人の運命を生きていけるように変容を遂げる過程を手助けしたいと思っていました。自分の直感能力や、目に見えないものの中に見出した真実を信頼し、それを他の人に伝えられるようになるまで自分自身への信頼そのものを高めていくには、全身全霊で自分をその道に身を捧げる必要があるように感じました。

和尚のアシュラムで出会ったタントラについても、理解や体験を深め、エネルギーワークと併せて、いずれはタントラのエッセンスを分かち合えるようになりたいのだとも思いました。これらを分かち合うことがわたしのライフワークとなるのであれば、わたしは「それ」と共にいられるという確信がありました。

二つ目の答えは、ヤフィーでした。

わたしは、どうしても、もう一度だけでいいので、ヤフィーの瞳を見つめられることを苦しくなるほどに望んでいました。その願いが、誰に貢献できるわけでもない夢だとしても、どうしようもありませんでした。今までは、ヤフィーに会いたい想いがこみ上げるたびに、名前と国籍しか知らない相手、しかも常に旅をして動いている人を見つけることなど不可能だと結論づけてきました。

その頃は、今ほどまでにはインターネット上のコミュニティーなども普及しておらず、ネットから彼を見つけるということは不可能に思えました。わたしが考えることができた唯一の方法である、本を出版してわたしの名前が海外まで届くようにするという計画も中途半端になったたままでした。ヤフィーを見つけることをどうしようもなく望むわたしの心は、彼の恋人になったり、一緒に生きていくことを描いていた訳でありませんでした。不思議な感じでしたが、わたしは本当に、ただ彼をもう一度見つめたいだけでした。わたしを別世界へと連れて行くような、あの目をもう一度見て、手でそっと顔に触れて、わたしを惹きつけてやまない、彼の放つ、あのエネルギーを体験したかったのです。少なくても、彼が生きているのか、死んでいるのかだけでも知ることができれば、わたしの心はこの先一生、彼を求めて彷徨《さまよ》い続けることはないように思えました。心は決まりました。この二つを人生で達成するという的が明確に定まっただけで、わたしは自分がしゃんとするのを感じました。

姉の赤ちゃんの誕生からすでに三日が経っていました。喉は詰まったようなままで、言葉はまだまったく話せず、頭も驚くほどにゆっくりしか働きませんでしたが、わたしの中ではすでに新しいスタートが切られていていました。ようやく母にメールを打つことが出来、今から仙台に向かうことを伝えると、身支度を整えて家を出ました。

仙台に着くと、姉の病院の場所も分からなかったので、わたしはまず、母の家へ向いました。母にはわたしが話せないことをメールに書いておいたので、母は無言のわたしに何も聞かずにいてくれました。少しでも母の話すことが複雑なものになると、わたしはよく理解できなくて、そんな自分にいらつきましたが、わたしはメモ帳にペンを走らせて母との簡単な会話のやり取りをしました。その後で、姉の病院に一人で向かいました。

姉の赤ちゃんを最初に見に行くときには、とてつもない喜びとお祝いを心に描いていたのが、こんな状況になってしまった今、複雑な思いで病室に向かっていましたが、それでも嬉しいことには違いありませんでした。わたしは、病室に着く前に、廊下のソファに腰を降ろしている姉を見つけました。姉はわたしの姿を認めると、はっとして、小さい頃から何度もわたしに向けてくれた優しい表情で、

「どうしたの？　なんか辛いことあった？　心配したよ」

と言って、隣に座ったわたしを撫でてくれました。わたしはただ頷きながら、泣くことしかできませ

んでした。わたしが世界のいろいろな国に一人で旅をしていることを、自分にはできないすごいことだと姉がどれだけ言っていてくれたとしても、わたしはいつも、自分を、彼女の小さな妹にすぎないように感じていました。妊娠期間中ずっと続いていた重いつわりと難産の直後に、わたしのことで三日間も心配をさせてしまったことを悪かったと心から思いました。

姉の腕の中にはタオルにくるまれて、小さな小さな男の赤ちゃんが抱かれていました。わたしはそっと彼を覗き込みました。この子が姉を通して、地上にやってきたのです。彼を見つめ飽きることはありませんでした。神聖な存在そのものだと認識しながら、わたしは彼にそっと触れました。姉の退院とともに、親戚たちも集まってきました。赤ちゃんを交替交替で抱いたり、話しかけたり、どの部分が姉に似ているとか、お父さんの方に似ているとか、みんなが談笑していましたが、わたしと彼だけが言葉のない、静かでゆっくりとした世界にいました。わたしは彼の存在がここにあるだけで、喜びで満たされました。沈黙の世界の中で、わたしは愛だけを彼に向けて流し続けました。

2

数日後、ようやく通常の状態までマインドが戻ってくると同時に、言葉も話せるようになり、赤ちゃんのそばで、わたしは生きる気力を十全に取り戻し始めていました。もう二度とためらうことなく、自分の本当に望むことだけに手を伸ばすのだとわたしは決めていました。

まずは興味を抱いていたタントラです。調べてみると、ふた月もしない間に、南イタリアで、タントラのグループが開催されることが分かりました。和尚がまだ生きていた頃、彼のもとで過ごしていた女性がリードをするものでした。わたしはそのグループにさっそく申し込みました。それからヤフィーです。わたしは彼の出身国であるオランダに住んでいる友達に連絡を取り、事情を話しました。するとその彼は、快く協力をひきうけてくれ、新聞にわたしがヤフィーを探していることを示す小さな記事を載せてくれたのです。ヤフィーが旅を止めて、国に落ち着いていることは期待していませんでしたが、どうかその新聞の記事が彼の友達などの目に留まり、彼のもとへ話が伝わりますようにと、わたしは祈る気持ちでした。

わたしはイタリアでのタントラのグループの日程に合わせて、その前に、オランダに数日間立ち寄れるチケットを手配しました。

ひと月後、アムステルダムの空港に降り立つと、友達が迎えに来てくれました。新聞記事からは反応はないままでしたが、彼は、ヤフィーが首都にいると仮定して、アムステルダムでヤフィーと同じ名字を持つ何人かの人たちの電話番号を引き出しておいてくれました。わたしは一つずつダイヤルを回し、その人たちに事情を簡単に説明するとヤフィーを知っているか尋ねました。ヤフィーの家族か親戚につながることを期待していたのですが、実際にはどの人もヤフィーとは無関係のようでした。けれど、事情を聞いて応援の言葉をかけてくれる女性までいました。残念な結果ではありましたが、それが終わったとき、これ以上何ができるとも思えなかったので、やれることはやったのだという気持ちにようやく落ち着くことができ、わたしは一旦諦めをつけることができそうでした。わたしは、この無謀な計画に快く協力してくれた友達に感謝を伝え、オランダを後にし、イタリアへ飛ぶと、八日間のタントラのグループに間に合うように、南へと向かいました。

3

そのグループは、素晴らしいものでした。

からだと繋がること、自分を肯定すること、今この瞬間に生きること。

それは、毎瞬を爆発的に生きたいというわたしの願いに合致していて、わたしは、その精髄を、これからのわたしの人生の多くの時間をかけて分かち合っていきたいとはっきり認識したのです。プーナでのグループと同様、このグループでも様々なワークがわたしたちを待っていて、早朝に行なわれるダイナミック瞑想や、輪になってのシェアリングの時間も交えながら、進行されていくことになりました。

グループの参加者はイタリア人が主でしたが、わたしの他に、三人の日本人も来ていました。そして三人ともが英語をほとんど理解しない人たちだと知ったとき、わたしは焦りを感じました。なぜなら、グループを通して、わたしが通訳をして彼らを手伝う羽目になるのが目に見えたからです。

プーナのグループでは、英語を分からない参加者は、あらかじめ希望を出しておくと、アシュラムの掲示板に告知が出されて、その人の言語と英語を理解する人が用意されるようになっていました。通訳者も、たいがいにおいて、他の参加者同様にグループに参加できることになるので、もともと通訳が好きなわたしは、喜んで手伝いをしたことが何度かあったものですが、今回のように自分が純粋に参加をするつもりでやってきたときは別の話でした。

わたしは、英語を話せる誰かを当てにしてこのグループにやってきたのかもしれないその参加者たちに対して、かすかな苛立ちを感じていました。しかし、驚かされたのは、グループが始まるときに全員で輪になり、自己紹介などが順番に行われていた際、グループのリーダーの女性が、わたしに、もし望まないのであれば、他の日本の人たちに、まったく通訳をしてあげなくてもいいですよと言ったことでした。それは、わたしが予想もしていなかったことでした。この貴重なグループの中で自分のためだけに充分に時間や空間を持つことの妨害になる、この日本の仲間に対して内心苛立ちながらも、次の八日間、自分が彼らを手伝うのだろうということは、わたしの中で決まっていたからです。なぜなら、彼らが何かをシェアしたいときにそれが英語に訳されなければ、誰も理解ができないだけでなく、ワークの内容などは通訳されない限り、彼らは何が起こっているのか分からずじまいになってしまうからです。わたしはそんな状態の彼らを無視して、自分だけワークに集中しようとしても、心が休まりそうにありませんでした。

ところが、この女性は、純粋な選択の権利をわたしに渡してくれたのです。それはわたしにとっては驚くに値することでした。わたしが選択したのは、まずその三人に、自分の苛立ちも含めて、この件に関して自分が内側で体験していることをありのままに話すことでした。彼らは充分に理解を示し、わたしがグループの中で自分のワークに集中することを妨げてしまうことに申し訳なく感じていることを話してくれました。わたしは最終的に、義務感から手を差し伸べるのではなく、自分に余裕があり、彼らが理解することを手伝うことを本当に望んでいるときだけ、通訳をするということを選びました。このような小さな一件であっても、わたしにとっては、自分自身により正直で誠実な、新しい方法で状況に対応することを学ばせてくれる大きな機会でした。

グループの中で、タントラの精髄に触れていくにつれ、わたしは、このタントラのエネルギーこそが、まさに、わたしがヤフィーの中に見たものだということにようやく気がつきました。彼のどうしようもないほどの引力は、彼の自分自身に対する深いくつろぎ、瞬間ごとに人生を生きていること、強さと繊細さの両方を持ち合わせていることにありました。

わたしの中で答えが出始めていました。タントラのことも、和尚や瞑想のことも知る以前から、わたしはきっとそこに行きつくことになっていたのです。そして、その要素を映し出していたヤフィーという男性にわたしは惹かれました。彼への憧憬がなかったら、果たしてわたしは、ここまで旅を続けていたでしょうか。今となっては、まるで宇宙がわたしをここまでのすべての体験を通過させるために、ヤフィーを束の間、体験させてくれたように思えました。だからこそ、わたしのヤフィーへの想いが、恋のようなものではなく、特別な畏敬の念と憧れを抱かせるものだったのではないでしょうか。ああ、今でもわたしは彼を深く愛しています。それでも、今わたしは、ヤフィーのエネルギーを自分の中に見つけ始めていました。あの頃、自分にはまったくないものとしてヤフィーの様々な要素に感嘆し、憧れた特性が、自分の中にも目覚めつつあることを感じていました。

ある日の午後のグループは、近くの海で行なわれることになりました。わたしたちは車で海に到着し、透き通った青い水の中へ入ると、全員で手をつないで大きな輪になり、ヒンズー教のマントラを一緒に繰り返して唱えました。その振動はわたしをトランス状態に導くかのようでした。鳥肌が立つような気さえする中で、わたしの中には、再びヤフィーのことが巡っていました。そして、そのときに訪れたのは、これまで彼を探し求めていたときの、それとはまったく異なっていました。わたしの中に初めて、彼を見つける必要はもうないのだという気持ちが訪れていました。

ヤフィーが見せてくれたエネルギーが、わたしを旅へと連れ出し、人生を存分に生きようと、わたしに火をつけ、今こうしてわたしがタントラに出会うまでの道標となってくれていたのだと感じていました。ヤフィー、そしてヤフィーと出逢わせてくれた宇宙への、とてつもない感謝でわたしのハートは溢れ出しました。もう、彼の瞳を再び見つめられないことを思って嘆くことも、苦しむ必要もないのです。自分の中に彼の持つ炎を見出した今、これからは何を外側に求めて探すでもなく、ただ、自分の内側に向かって旅を続けるのです。数年の時間を経て、ついに、ヤフィーの面影を、感謝と共に手放せるときが訪れました。わたしは海の中でたくさんの涙を流しました。この瞬間に至るまで、わたしを導いてきてくれた彼の存在に対して、途方もない感謝と愛で満ちていました。

グループでは、わたしたちはたくさん踊り、たくさん歌いました。わたしにとって、肉体もセックスも、もう、辱められるようなものだとは思えませんでした。セクシュアリティーは、子供のような純粋さと遊び心で、太陽のもとで楽しめるようなものへと、その意味を変えていきました。

今までのわたしのセックスなど、マインドがいつも蠢く中での、ただの性的な緊張のほんの小さな解放のようなものにすぎなかったと感じられました。セックスという概念に対して自分がくつろぐほどに、性的な欲情がわたしをセックスへと駆り立てることは難しくなっていくように思えました。二つの開かれたハートが出逢い、相手の中に神聖なものを見ることができたとき、からだはその喜びを分かち合うために結ばれることを望むのです。興味深い逆説は、タントラはセックスのためのものではなく、それでもセックスを肯定することで、その中で得られる歓びが、幾層にも奥行きを持つものになりうるということです。

その神聖な歓喜は、わたしにとって神へも連れて行き、悟りの一瞥をも垣間見せてくれるものとなっていくのでした。タントラはまた、修復され始めてきていた、わたしと食べ物との関係性をさらに変容させることを助けてくれました。罪悪感や、自分自身への嫌悪感を持ちながらこそこそとしてきてしまった食事が、くつろいで、ひとつひとつの味わいの中に大きな喜びを感じさせてくれる儀式と変わってきていました。なんの条件づけもまだ持っていない自由な子供のように、食べものに手で触れることや、自分のからだを触ること、人のからだを眺めること、シャワーを全身に浴びるその感覚や、草の上で寝っ転がるときの緑の匂いも、すべてが純粋な楽しみとなりました。カジュラホで見た石像たちが見せていた表情を、わたしは自分の顔に見ることができました。

わたしは今、自分が女性であることを喜んで受け入れることができました。自分の性に対する葛藤や拒絶がなくなることで、わたしたちは初めて、自分の中にある両方の質、―男性性と女性性―を高めていくことができるような気がしました。わたしがずっと探していた、性につながることに秘められた可能性、それが霊的な意味での目覚めをも促す鍵であることを、今ここで見つけることができました。

1
魂の刻印

内側の世界が変われば、外側の世界が変わるというのは本当だと思います。日本に戻ったとき、自分自身の内なる変容によって、わたしはまるでそこが新しい世界であるかのように感じていました。わたしは日本において、これまでになかったほど生き生きとし、自分の中にしっかりと定まった中心軸のようなものがあることを、毎瞬、感じることができました。特に、大きな変化が現われたことのひとつは、わたしの踊りでした。

コスタリカに行く前は、なかなか通うことのできなかったベリーダンスのレッスンですが、その後、日本に戻ってからは、頻繁に通い、心を通い合わせられる友達もできていました。小さい頃から運動が大の苦手だったわたしでも、ベリーダンスは、その優雅さ、女性的な方法でからだを動かせることが大きな魅力でした。

それでも、イタリアに行く前まではいつも、教室の鏡に映る自分の踊る姿に、わたしはまだ、少しの恥ずかしさとジャッジを持ち合わせていました。踊りながら、腕や髪の毛はどんなふうに靡かせたら少しはきれいに見えるかとか、隣で一緒に踊っている人たちの細いウエストや脚を盗み見ては、わたしもこうであったら、などと考えていました。それはとても表面的で、誰かを意識した偽物の踊りでした。

イタリアのグループでは、思考の領域を超えたところで踊れるということ、「わたし」が踊るのではなく、神やエネルギーそのものと表わすことができるような「何か」によって踊らされうるのだということを体験しました。今、音楽は、からだの中を貫くと、わたしを空っぽにさせてくれました。自分のことを「自分」として認識することもできないような、純粋なエネルギーそのものになるのです。イタリアから戻り、わたしは誰の目も気にせずに、からだの内側深くから突き動かされるように踊っていました。それは、純粋な歓喜、恍惚でした。

そしてイタリアに行く前に自分に誓ったように、わたしにはエネルギーワークに本気で従事していく心づもりができていました。夜の仕事から完全に手をひくときが訪れていることは明らかでした。わたしは、自分自身を肯定し、人生を今ここで生き、何か神聖なるものへ導かれることで体験できる「それ」を、今すぐに多くの女性と分かち合いたいと願っていました。

一見ばらばらに感じられるオーラソーマも、ベリーダンスも、タントラも、わたしにとっては、「それ」に触れるための手立てだという見地から共通している、強力な癒しのツールでした。わたしはこれらをうまく混ぜ合わせながら、ヒーリングのグループや個人セッションを行なっていこうと思いました。

わたしの女性に対する気持ちや見方も、変容を遂げていました。わたしがこれまで見てきた、意地の悪さや嫉妬は、女性性の持つひとつのネガティブな側面でしかなく、わたしたちが自分の持つ女性性の豊かさに気づき、その中にくつろぐことができれば、それは消えてなくなるものだというふうに思えました。わたしたちが女性としての自分の存在をトータルに肯定することができれば、競ったりするのではなく、お互いを高めていくような関わり方ができるはずです。

自分を敬い、愛してくれる男性の存在は、そのための大きな助けになるはずですが、わたしたちの中には、すでに内なる女性と共に、内なる男性がいるのですから、わたしたち自身が、自分の中にある男性性にその仕事をさせることでも可能なはずだと思いました。タントラのグループで一緒に過ごした女性たち、そしてベリーダンスの教室で踊りの中へ入っていく女性たちとの出会いで、わたしは、女性たちそれぞれが、自分の喜びや楽しさ、美しさを分かち合うことができるときに起こる魔法を体験しました。

愛も、慈しみも、共鳴することも、それらは女性性が持つ美しい側面なのです。わたしは今、人が霊的に成長していく過程において、自分の内なる男性性と女性性の両方に滋養を与えながら、それぞれが建設的な方法で表現されるように育んでいくことが欠かせないという見方をしていました。それは、人がこの世にやってきてから、神や宇宙と表現されてきたものに到達するまでに成長していく上での地図のようなものです。

例えば、自分の思っていることを形にする上で、それにはまず、自由に想像して心にその具体像を描いてわくわくしたり、直観を働かせて選択をしていったり、あるいは受動的になってタイミングの流れに身を任せてみることは女性性がなせる得意分野ですが、それと同時に、男性性の持つ、実際さや論理的な思考、そして能動的に動く質が欠けていれば、それは実現しえないものだと思うのです。だからこそ、自分の中でその両方の質をバランスさせ、それぞれが健全に機能できる状態に高めていくことが欠かせないように思えました。

わたしが女性を、意地悪で信用のならない存在とし、男性はわたしからセックスを搾取していき、女性よりも頭の良くない存在だと定義していた頃というのは、実際、それはわたしの中の女性性と男性性を外側に反映して、投影して見ていただけだったのです。今では、男性も女性も、それぞれを補い合うことのできる素晴らしい存在で、どちらの存在も、もう二度と、わたしを恐れさせたり、縮こめてしまうことはなさそうでした。と同時に、男性と女性の等しさとはまた別のところで、わたしは今や、女性たちを崇拝すらしていました。

わたしたち女性だけが新しい命を体内に宿すことができるように、わたしたちは生命そのものや、官能性というものに、生来強くつながっているように感じました。そして、宇宙も、神も、わたしにとってはなぜか女性的なものに思え、そこには子宮のイメージがありました。

以前からお世話になっていた都内のヒーリングサロンに、時間帯でスペースを貸してもらえることになったので、グループやセッションを行なう場所には困らずにいられました。問題は、この仕事で食べていくための当面の資金でした。イタリアでのグループや飛行機代で、すっかり貯金は底をついていました。イタリアに行く前から、夜の仕事がもうわたしに向かないことは気づいていましたが、グループに出るまでは、きっとわたしは、日本に戻ったら、なんだかんだ自分に対する言い訳を見つけては、その仕事を続けてお金を作り、また旅に戻るのだろうというふうに思っていので、あまり緊迫感を持って考えていなかったのです。こうなると、新しい仕事で仮に数カ月間収入がなくても最低限暮らしていけるよう、一旦またクラブに戻ってお金を貯めてから動き出すしかないように思えましたが、今ほどわたしが純粋で、自分の自発的なエネルギーにつながっているこの機会を、逃すわけにはいかないと感じていました。

わたしには、子どもの頃でさえ、こんなにも自由な存在でいられたことはなかったはずです。ただこの煙と取り留めもない雑談にまみれながら時間を過ごすことへ戻ってしまったら、新しく生き始めるこの絶好の機会を逃してしまうような気がしました。わたしは途方に暮れてしまいました。わたしにとってはお金がないことは、相当な恐怖でしたが、現実には、このままでは来月の家賃すら払えるか怪しい状況でした。

その数日後、それに追討ちをかけるように、何年も前にすませていたはずのクレジットカードの支払いが、実はすんでいなかったことを突然知り、急な支払いが求められたとき（それは実際には、架空請求のようだったと今では思うのですが）、わたしは母に援助を頼むことを余儀なくされていました。恥ずかしい思いでいっぱいでしたが、母に電話をして、新しく仕事を始めて生活をして行きたいのだということを説明すると、母はお金を貸すことを快く申し出てくれました。いくつものチャレンジをわたしに与えた母ではありましたが、わたしが自分の道を進むことを支えてくれたことも事実です。母から温かく送られたサポートに後押しされながら、わたしは新しい仕事を軌道に乗せることに没頭し始めました。

日本は目下、スピリチュアルのブームの中にあり、ベリーダンスの人気も相まって、わたしが開くグループはどれも、意外なほど集客がスムーズに運んでいました。参加者は、二十代から三十代の女性が中心で、それぞれが豊かな職歴や体験を持っていて、誰もが自分の内側にあるものを分かち合い、わたしたちは繊細さを持って他の人のシェアリングに耳を傾けながら、互いに敬意を表し、すぐに打ち解けることができました。どのグループも、和やかに、そして瞑想の深みを持って行なわれていました。けれどわたしを戸惑わせることも増えていっていました。

照明を落とし、キャンドルを灯した部屋で全員で円形に座り、それぞれが自分の選んだオーラソーマのボトルを目の前において瞑想をしているとき、あるいは、瞑想の延長で、ゆったりとベリーダンスへ入ってゆくとき、わたしは彼女たちが、踊りの深みへと入っていくことをサポートするために、近くへ回ると、呼吸のサポートをしたり、体勢を少し変えてあげて、エネルギーが滞らないようにしたりしていたのですが、それぞれの女性の近くに行くたびに、わたしの手は踊るように柔らかく動き始め、その人のからだから少し離れたところをなでたり、からだの特定の部位に近づくと細かく震えだして、その部位を温めたりするようになっていったからです。

　わたし自身はそれを、何かを考えながら行なっているのではありませんでした。わたしはむしろ、まるで空っぽな状態で、それぞれの女性のエネルギー的な領域の中へ入っていっていました。ただ無になり、敬意を持ってその人に近づくだけで、わたしは自然にその人のエネルギーフィールドの波長を体験することができ、勝手に手が動いて、その人の中で、外側に出されようとしていることが表現されることを手伝うのです。手放されるために、その人の中から痛みや悲しみがでてきたときにも、押し込められていた内側の喜びや愛が湧き出ようとしているときにも、わたしの手は、ただその人がそれを体験することを促すためだけに働きかけるのでした。

　わたしの働きかけとシンクロして、彼女たちに起こる変化を隣で体験していると、わたしは鳥肌が立つような思いがしました。戸惑いと同時に、それはわたしの中に歓びを湧き起こし、深い充足感をもたらすものでした。わたしは、自分が、恥ずかしさや過剰な否定的自己意識のために、踊りの素晴らしさにすぐには自分を開けなかったことを覚えていましたし、瞑想や自分の内面とのワークを通して、本当の意味で、初めて自由に踊ることの喜びにつながったということの意味深さを感じていました。だからこそ、グループにベリーダンスを取り入れるときは、「さあ、では早速、踊りましょう」というようなことはせず、踊ることに苦手意識を持っている女性たちにも安心してもらえるように、瞑想的でゆったりとしたアプローチをとることを忘れませんでした。それは今まで踊ったことが一度もないという参加者の女性たちをもくつろがせ、誰もが、今会ったばかりの他の女性たちの前で自分を開くことに対して、安心感と信頼を抱き、目を閉じたままで、踊りの中へと入って行く様子を、わたしは手に取ることができました。それぞれが、自分のからだを感じながら、ゆったりと自分の存在の中にくつろぎ、繊細さを持って、瞑想の空間の中で自分を解き放っていくのです。

わたしは、このグループを頭で理解して取り組むようなものではなく、もっと、からだの感覚やハートを通して、入っていってもらえるものにしたかったので、オーラソーマについてもあまり説明は加えず、個人個人にそれを体験してもらえるようにしました。

ベリーダンスは、それを知らない参加者のために、最初にほんのわずかな基本の動きだけを伝えましたが、それでも、その空間の中で踊られるのは、誰のも腕や腰が優雅に動き、何か神聖な存在に自分を捧げているかのように見受けられ、彼女たちは素晴らしいダンサーでした。わたしは、これこそがわたしが分かち合いたかったエッセンスなのだと認識していました。肉体にしっかりと根づきながら、「それ」の恍惚へと開かれていくこと、踊りながら無へといざなわれるその過程で、自分の痛みや傷が手放されていくこと。それぞれの女性にはもちろん、開いていける幅に多少の差があり、グループに何回か参加しているうちに、より深くくつろいでいく様子を見せる女性もいましたし、中には、特に目立った変容を一度の瞑想で見せる女性もいて、わたしは彼女のそばで震えるような歓びと興奮を覚え、彼女に、遠慮をせずに好きなだけその恍惚を味わって欲しいと思いました。

全身を駆け巡るような霊的なオーガズム、神なる存在との一体になるその体験、それが一度、からだを貫けば、それはわたしたちを一瞬にして変容させるように感じました。音楽や踊りを伴う瞑想は、その体験へとわたしたちを導く何よりの手段のひとつであるように思えました。わたしたちが自分を手放して、より偉大なものへと身を任せるのには、やはり女性性の質が欠かせないように思えました。わたしはこの空間で、素晴らしい体験をともに分かち合う、美しい女性たちに深い愛情を感じていました。そして同時に、わたしが体験する愛は、これまでのように人格や性別によるものではなくなりつつあることを認識し始めていました。

わたしは自分の女性性がこれまでになく強まっていることを感じると同時に、わたしの中にある男性性も、その存在を確かなものにし始めていることを内側で感じていて、その両方がわたしの中でバランスを持って息づいている感覚は、恋人のいない今ですら、一人でいながらにしても、わたしに安定と充足感をもたらしてくれていました。

それはわたしに、もしかすると、将来わたしが行きつくとことの可能性には、誰か一人の男性と一対一の関係性を持つことではなく、ただ愛や至福を分かち合える、その空間に現われた人たちと、その瞬間においてつながるものへと変容していくことがあるのではないかと思わせました。それが女性の場合、セックスを伴うものになるのかどうかは分かりませんでしたが、今わたしを魅きつけるものは、少なくても、わたし個人が今まで持っていた、男性の外見に対する嗜好や、誰か一人への執着とはかけ離れたものになりつつありました。

グループで行なっていることに対する確信が、わたしの中で深まっていくのと同時に、それとは相対して、わたしの中では、それにブレーキをかけようとする力も働いていました。わたしがコスタリカのコミュニティーでの女性の集まりで、それがあまりにも度が過ぎていると感じて不快感を覚えたように、わたしのグループの中で、誰かがそのように感じてしまうことをわたしは恐れ始めていました。実際には、わたしは参加者の人たちを残して、一人で先走ったりすることのないようにと、しっかりと意識してグループを導いているつもりでしたが、それでも、わたしが今やっていることは、ともすれば宗教的な何かのようにとられてしまう危険性も伴うように思えました。そんな不安が頭をよぎるとわたしは、クラブで働きながらオーラソーマのセッションを始めた頃から時々胸に描いていた、小さなサロンを都内に構えて、そこで手づくりのお菓子やオーガニックのお茶などをお客さんに出しながら、何か柔らかく、穏やかさだけを手渡せるようなセッションを行うという絵を思い起こすのでした。

「それ」や激しく燃える情熱のことは忘れて、リラクゼーションを中心としたセッションにお客さんを招待するのは、もしかすると今、わたしがやり始めたことよりも多くの人に受け入れられやすく、日本に落ち着いて、そんな穏やかな時間を分かち合うのも、それはそれで、わたしを幸せにしてくれるのではないかと思えました。とはいえ、クラブを辞めれば生活ができなくなってしまうという恐れのために何年も踏み出せなかった新しい生活を始められたことと、この仕事が順調に始まっていることに対して、わたしはとても感謝していました。経済的に安定していくには、まだまだ時間がかかることは明らかで、わたしの生活の水準は、以前とは大きく変わりました。余裕ができるまでは、母から貸してもらったお金で、なんとかやりくりをしなくてはならないのです。今までのように、服や化粧品に散財できるどころではなく、スーパーで食料品ひとつを買うにも、わたしは初めて節約を試みました。慣れてきてみると、自分がどれだけ今まで無駄にお金を使っていたかが見えてきて、目的意識を持つことがどれだけ強い原動力になるかということにわたしは感嘆していました。

今までは気軽に足を通わせていたマッサージや、興味のあるセラピーを試しに行くような金銭的な余裕もなくなってしまいましたが、面白いことに、マッサージの資格を取得中だった友達数人が、練習を兼ねて、マッサージをさせてもらえないかと声をかけてくれて、わたしは予期もしなかったことに、愛情のこもったマッサージを何度も受けとることができました。クラブを辞めて初めて、生活時間帯が友達と同じになったことで、彼女たちとゆっくり話せたり、ご飯を食べに行く時間もつくれるようになりました。それはここ数年間、日本でのわたしの生活からすっぽり抜けていた贅沢な時間でした。お金がないとしても、今のこの生活が、どれだけ潤っているかということをわたしは実感していました。

過去生回帰のセッションを体験することができたのも、そんなときのことでした。過去生を探り当てることができるようなセッションを一度受けてみたいと願い始めていた矢先に、和尚のアシュラムを訪れたことがあるという男性で、過去生回帰のセッションを行なっている人とつながることができ、わたしたちは、オーラソーマと過去生セッションを交換して行なうことになったのです。このような流れに乗り始めたことは、自分の道を進むことを決意したわたしを、宇宙がしっかりと支えてくれているように感じさせるものでした。内側からの呼びかけに従う限り、宇宙から見放されるわけはなかったのだと改めて感じていました。

わたしは数日後、彼を訪ね、クッションが心地のよい長椅子に身を沈めていました。

2

まず見えたのは、動物の皮でできているような薄汚れたローブを頭からまとって、一本に伸びた、道幅の狭い市場の中をそそくさと歩いていく女の姿でした。

市場のその雰囲気は、どこか中東や北アフリカのものを思い起こさせました。

顔を隠すようにローブをあごの下で押える隙間から垣間見えた女の顔は、埃や土にまみれていましたが、それでも謎めいた美しさがにじみ出されていました。しっかりとした骨格の中には筋の通った鼻、大きな目は黒く輝き、乾いた唇は力強い官能性を秘めていました。手入れのされていない、焦げ茶と黒の混じったような色の髪は、ばさばさとして腰まで伸びています。女は背が高くて痩せていましたが、その骨はしっかりと太いような、強さを感じさせるからだでした。

わたしは脳裏に浮かぶ彼女の姿に魅せられていました。

乾いた土の壁の洞窟がありました。女が一生を過ごした場所です。

地下のように思われたそのドーム形の洞窟の中央には、大きく焚かれた炎がメラメラと燃えています。洞窟の中に、他に見当たるものは特にありませんでした。

女は炎に向かって、わけの分からない言葉を発しています。女はトランスに入っていました。何かに取り付かれているかのように、頭や腕は大きく揺れ、それはどんどん激しさを増していきます。脚の間が熱くなってきました。眩暈がしはじめます。完全にコントロールを失って、全身が激しく揺り動かされます。

「ああ、ああ」

うねり声をあげて、炎に包まれて、女はすべてを儀式に捧げていました。

股間の熱が上体を駆け巡り、強いオーガズムを得るときのように、その熱は頭頂部へと達します。

そして、ああ、女は神を見るのです。

これ以上の体験はないといえるほどの至高に包まれるのです。

恍惚が全身を激しく貫きます。

長椅子に横になりながら、わたしはそれを本当に体験しました。

その熱気、恍惚、放心を。

女を愛した二人の男がいました。

男たちの二人ともが、女を、彼女の行なっている儀式から突き放し、正気に戻して普通の女にしたいと切に願っているように感じました。女の目を覚ますために、洞窟の壁に女を二人で押さえつけ、顔に水を浴びせ、彼女に鉄の手錠をはめさえもしました。女は男たちの顔につばを吐き、睨みつけます。


女は妊娠をしていました。

二人の男のどちらかの子供かと思われました。

妊娠をしている間も、儀式は毎日止むことなく続けられます。

ときが満ち、今にも子供が産み落とされるというときも、女はトランスの中で叫び狂っていました。

炎を前に、立った姿勢のままで踊り狂いながら、股間に手をもっていき、その瞬間を待っているのです。


わたしは本当に感じました。

ああ、血まみれの赤ん坊がさかさまになってわたしの脚の間から降りてきます！

そしてとうとうそれは、女の手で握りつかみだされてきました。

と、その瞬間、女はためらいもなく、それを炎の中へと投げ入れたのです！

女は叫び続けます。

炎が、光が、全身を貫きます。


赤ん坊を殺すことに対する感情は女の中に微塵も感じられません。

わたしには分かりました。

女が男たちと過ごしたのは、単純に、儀式で使うために妊娠をする必要があったためだったのだと。女には男たちのことなどどうでもよかったのです。女はまたあるとき、鶏を殺してその血を儀式のために使いました。のちに女は、二人の男も殺して炎に投じたように思います。女は、ひとときも休むことなくひたすらただ一人、儀式を続けました。それは女にとって、止むことのないエクスタシーです。

至高の体験の連続でした。

女には、いわゆる日常生活というようなものがまったくありませんでした。わたしは、洞窟の隅に、十歳もいかないくらいの男の子がいるのを見ていました。二人がどんな関係を持っているのかは分かりませんでしたが、彼は、どうやら、時々女の手伝いをしているようでした。女が何か必要なものがあるときは、この男の子が町まで出て行っては調達をして戻ってきました。女が男の子を洞窟の中に閉じ込めているようには感じませんでした。男の子は洞窟の隅に静かに立ちつくすようにしながら、女と彼女の儀式を眺めていることを自ら望んでいたようです。女は、特にこの子を気にかけるでもなく、二人はろくに口もきかないままでしたが、この男の子は、女の人生を目撃し続けていました。

最後のときがやってきました。女は死にます。

いつものように儀式に没頭していたとき、ばったりと、炎の前で倒れます。その後はぴくともしませんでした。倒れた瞬間、死んだようです。男の子はいつもの場所に立って、その様子をただ眺めていました。女は死に、男の子はいつものように見ているだけです。その生き方と同じだけの強烈さをもった彼女の死に様を、わたしは、座っている自分のからだの中で感じていました。十全に生を終えた後の静けさだけが漂っていました。

3

やがてセッションから連れ戻されても、しばらくわたしは放心していていました。わたしは自分の中ではっきりと、この女性の生きた存在を感じていました。彼女を体験していた間はずっと、ここに実際に座っている自分自身の意識は残っていましたが、わたしは全身で彼女の生と死を体験していました。彼女の恍惚や狂気をそのまま体験したのです。そして彼女のすべては、ここにいるわたし自身の中にあるものの本質と同じであるように感じられました。ヤフィーの持っていた、燃えるようなエネルギーを自分の中に見つける以前、わたしがまだたくさんの恐れを持っていて、優しい表情をしたマスクで自分を覆っていた頃であっても、わたしは自分の中の狂気や残酷さ、簡単に道を踏み外しかねない極端さや危うさに気づいていました。

四歳の頃には、自分の罪を焼くために、指をストーブに突っ込んで火傷を負ったことがありましたし、わたしを囲む環境の何かがおかしいという、言葉に表わせないような感覚に、家の外に出て一人で叫んだりしていました。神と出逢うことへの熱望、その一体感の至福に、我を失うまでに燃やされること、それを望むのは、彼女の、そしてわたしの魂に刻印された約束なのです。そうです、彼女は、わたしが求めている「それ」を、休むことなく生き抜いたのです。

ほんの少しの生ぬるさが入る余地さえ許さずに、止まることなく、その身を燃やし続けて神なるものの光に貫かれたのです。それは、自分の子供さえ殺した、とんでもない人生でした。それでも、彼女は強烈に自分の魂の成就を求め、十全に生きて、そして死んだのです。過ちを犯したとしても、安全のために、自分でないものを生きることに比べたら、それはどれほどの罪だと言えるのかという考えが心をよぎりました。

わたしは和尚の言葉を思い出します。

あなたの人生が何であれ、死はそれをそのまま映し出す、と。

十全に生きたのであれば、それはなんの痕跡も残さずに、完全な死をもたらすはずです。その死は、誕生の瞬間と同じだけの祝祭となるでしょう。

このセッションで見たものは、その後のわたしの人生を決定づける、力強い分岐点となりました。彼女を体験した後では、微笑みを称えてお客さんを招き入れ、その人に心地良さだけを与えることを重視したセッションを重ねることのできるような、優しいセラピストとして生きる自分の絵は一掃されました。それはわたしの役目ではないようです。

「とても居心地が良くて、癒されたような気がします」などという言葉を聞くだけに終わるような仕事を、わたしのライフワークにするつもりは、もうありませんでした。わたしはリスクを冒してでも、美しい女性たちを、彼女たちの内側へと連れ戻し、深い委ねと信頼の中で、彼女たちをエクスタシーへと誘いたいのです。彼女たちの奥底に眠る渇望や恐れまでをも内包して抱きしめ、心も、からだも、魂も巻き込まれるトータルなオーガズムを、無私の至福を、味わって欲しいのです。

神との合一

1

やがて秋が訪れても、わたしは引き続きグループを重ねながら充実した日々を過ごしていました。日本で過ごす日々に対して、これほど肯定的になれたのは初めてのことでした。グループを通して、わたしは毎回、多くの美しい女性たちと出会うことができました。誰もが、柔らく、賢く、受容的な女性性の質を携えていました。

同時にわたしは、その頃には、いくつかのグループに、男性も招くようになっていました。男性の参加者たちが女性たちに混ざって彼らの内側にある女性性を表現するとき、わたしはその美しさにいつも胸が震えました。参加をしてくれたどの男性も、自分は「男性的」であるべきなのだという条件づけを落とす準備ができていました。彼らは、女性性と男性性から成り立つ、全体としての自分にくつろぐことができました。彼らは、セクシュアリティーを取り扱う繊細なグループにおいて、女性の参加者たちが自分を開いていくことに対して怯えさせてしまうどころか、彼ら男性にしかできないような自然な方法で、わたしたち女性のスペースを支えてさえいてくれているように感じられました。

わたしたちが自分の肉体に根づき、自分の持つ性に対して開くとき、女性は、いわゆる「女性らしさ」に単に開くのではなく、男性もただ「男性らしく」なるのではなく、まるで振り子が同じ幅で両極に揺れるように、わたしたちは反対の性の質にも開いていっているように思えました。受け取ることに対して自分を開くことができるほどに、与えることができる可能性が広がるように、そして、一人の静けさや自分自身の官能性を楽しめてこそ、他の人と溶けあえる可能性が広がるように、女性性と男性性、その両極が同じように開かれてゆき統合されていくのは素晴らしい過程でした。

十一月、だんだんと外の空気が冷たくなってくるにつれて、わたしを至福に導くこの仕事への喜びをよそに、わたしの心に少しずつ陰りが見え始めてきました。日々感じる朝晩の寒さに、気持ちは再び落ち込みはじめ、わたしのからだはあまり踊ることを求めなくなってきました。わたしには太陽の熱が必要でした。熱を受けてこそ、からだは生き生きと躍動し、自由に踊りだすことができるかのようでした。

わたしの中で徐々に、日本を出て、どこか太陽の暑く照る場所へと、また飛び立ってしまいたい気持ちが募ってきていました。とはいえ、旅に出られるほどのお金の余裕はまだありませんでしたし、仮に旅に出たとしても、また数カ月後には空っぽの財布で日本に戻って、同じように次の旅に向けてどうにかお金を作るということを繰り返さなければならないのです。わたしは何年も続けたこのパターンを、いい加減に変えたいと願っていました。できることなら、日本には夏の間滞在して、この仕事を続け、冬の間は、今まで通り海外を自由に動きながら、その中でお金を作りたいと願っていました。

例えば、冬の間はインドへ戻り、太陽の下、埃立つ地面の上で、ジプシーのように、踊りながらお金を稼ぐことを夢見ました。美しい音楽家の人たちと一緒にどこへでも移動して、道端を音楽と踊りの渦に変えて暮らしていくようなことを胸に描きました。

数年前、わたしが北インドの町に滞在しているとき、泊っていた安宿に、インド人の女性と小さな子供、そして年老いた男性が三人で訪ねてきたことがあります。それは、訪ねてきたというよりも、宿の中へ勝手に入ってきたというほうが正しいくらいでしたが、カーストの低い人たちのような身なりをしたその三人は、ひと眼見ただけですぐに分かるほどに、とても強いスピリットの輝きを放っていました。音楽が聞こえたので、部屋から出て、中庭を覗いてみると、女の人が楽しげに踊り、子供と老人がその後ろで楽器を打ち鳴らしていました。わたしはすぐに庭へ降りていきました。宿主の家族たちも出てきて、彼らを笑いながら眺めていました。その女性はわたしに気がつくと、踊り続けながら満面の笑みで、わたしの方へと近づいてきました。

彼女の全身からは、楽しさが溢れ出ていて、彼女を見つめているわたしの顔にも自然と笑みが広がりました。すると、突然、彼女は右腕をまっすぐにわたしに向かって伸ばし、手のひらを突き出すと、踊りながら叫びました。

「バクシーシ！」

バクシーシとは喜捨のことです。インドでは毎日のように道端で呼びかけられる言葉です。

あまりの唐突さに、わたしは一瞬止まってしまいましたが、彼女が突きだすその手のひらに、急いでお金を渡しました。その紙幣が手に乗せられると、彼女はすぐさま自分の服の中にそれを捻じりこみ、また楽しげに踊りながら後ろへと下がって行きました。わたしは圧倒されていました。彼女のこの堂々としたあり方。わたしは今まで、こんな方法でお金を自分のものにする人を見たことがありませんでした。

インドで、喜捨を求めてくる人たちの中には、人生にすっかり疲れきったような眼で近寄ってくる人が多く、彼らは自らみじめさを強調して装うことで、わたしたちの同情心を誘って、お金を受け取ろうとしているかのようにわたしには見えました。彼らを無視してその場を通り過ぎようとも、いくらかのお金を渡そうとも、その後には必ずと言っていいほど、彼らのエネルギーが自分にべったりとくっついたような不快な気持ちがするのでした。しかし、彼女はまったく違いました。

彼女たちは、音楽と踊りで楽しさを提供し、それを享受した人たちから、その代価としてのお金を堂々と受け取っているのです。お金を受け取ったところでまったく媚《こび》ることもせず、彼女は子供と老人を引き連れて、また次の家へと移動していくのです。当時、わたしには、お金を誰かから受け取るということ自体、申し訳ないような気分になってしまう条件づけがあっただけに、彼女はとてつもなく格好よく見えました。自分の踊るからだと楽器を引き連れて、人との余計な会話も、決まった勤務時間や勤務先もなく、お金を稼いでいる彼女の生き方は、そのとき、わたしに強い憧れを感じさせました。わたしもそんなふうに、インドを流れてみたいと思いました。

インドへ再び戻ることを願い始めてからというもの、不思議と、仕事はより円滑に動きだし、旅に出てからの当面のお金の心配も少しずつ減っていっていました。わたしは日本を出る準備に本格的に入ることにしました。

ある日、わたしは、友達や、グループの参加者の人たちに、「セールを行なうので、よかったら家に遊びに来てください。チャイを用意して待っています」と、メールを送りました。夏になって、また日本に帰って来るにしても、当面は使わないことになるので、ブランド物の服やアクセサリーはすべて売り払うことにしました。さらには、オーラソーマのボトルから、インドで買ってきたクリスタル、大事にしていた宇宙の写真集など、持ち物のほとんどを、一旦処分することを決めました。
それから数日の間は、たくさんの人が、お子さんを連れて、あるいは仕事の帰りに、わたしの住むゲストハウスへと立ち寄ってくれました。何人かが同時に集まったときには、狭いキッチンでぎゅうぎゅうになりながらも一緒にチャイを飲んだり、わたしが作ったアジア料理を一緒に食べたりしながら、話は尽きませんでした。即席のお店屋さんごっこを楽しんだ後、わたしの部屋からはほとんどの物がなくなり、手に入れたのは、インドへの飛行機のチケット代をカバーするには充分なお金でした。

2

憧れのジプシー生活を始めるにあたって、一緒に旅ができる美しい音楽家たちを見つけるのにはどうしたらいいかということは問題ではありませんでした。プーナに行けば、そこに芸術家たちは溢れているのです。それよりも問題は、肝心のわたし自身のバランスが整っていないということでした。日本を出る前から感じていたことですが、寒さのせいで、わたしの気持ちが落ち込んできていたように、からだもすっかり縮こまっていました。わたしの踊りはぎこちなく、からだよりも頭にばかりエネルギーが動いてしまっているような感じで、それは、見世物のようなものに再び戻りつつあるかのようでした。

わたしにとって今必要なのはまず、太陽の下でゆっくりとからだを開いていくことでした。そうすることで、踊りは、すっかり乗っ取られてしまうような、無の境地へとわたしを導いていける儀式にまた変わることができるでしょう。

踊りを通して、至福以外にわたしが分かち合いたいものなどあるでしょうか。

インドへ戻るのは二年ぶりでした。一月のプーナは、朝晩にはまだ冷え込みを見せていましたが、日中には心地良い熱が肌を温めました。わたしは、アシュラムの近くの、インド人夫婦が住む一軒家のひとつの部屋を間借りして、毎日アシュラムへと通いました。数日も経つと、わたしの全身は、喜びと、生き生きとした感じで再び満ち始めました。

今まではグループに参加することや、ピラミッドでの瞑想に通うことが、アシュラムでの時間の中心でしたが、今年は、ひたすら踊ることが、わたしにとっては充分な瞑想でした。わたしは早朝からブッダグローブへ向かうと、MP3から音楽をかけて、大きな鏡の前に立つと踊り続けました。緑に囲まれたアシュラムの中の、特に、まだ空気が澄んでいる早朝のそこでは、ヨガや太極拳も行なわれていて、その隅で一人で踊っている時間はわたしのお気に入りでした。

毎朝十時をまわると、ブッダグローブは、DJが音楽を流すダンスステージに変わります。そこは、ワインレッドのローブをまとった、たくさんの人で満ちていき、歓喜の渦がいたるところで巻き起っていました。それぞれが純粋に自分自身を楽しんでいて、ここでは、誰かに自分を印象づける必要などまったくありませんでした。

最初にプーナに来たときは、恥ずかしさや、自分に対するネガティブな意識で、キョロキョロとしながら、ぎこちなくからだを動かしていたわたしですが、今年のわたしは、そのエネルギーの渦のひとつでした。空っぽの頭で、アシュラムに響き渡る音楽を全身で楽しみながら、長いローブを太ももまでたくしあげて裸足で踊っているとき、ふと、誰かと交感することがありました。わたしは自分自身を存分に楽しんでいて、誰かと一緒に踊りたいとか、後で話せるように近づいておこうとか、そんなことを考えているわけではまったくないのに、まるでお互いが、相手のエネルギーに惹きつけられたかのようになって、ふいに目が合うと、踊ったままでからだが自然に相手に近づいて行くのです。

わたしたちは、満面の笑みで、近くで踊り続け、歓喜を分かちあいました。実際にからだを触れあせあうようなことが起こっても、そうでなくても、それはまるで子供が楽しむような純粋さを持ち合わせていて、背後には何の意図もありませんでした。そして、それにも関わらず、思考のない空間で、お互いのエネルギーが混ざり合ったまま踊ることは、セックスに匹敵するような興奮と歓喜を、からだの奥底から湧きおこすものでした。

わたしとその人たちは、名前を聞くことも、もう一度お互いを見つけて話をしようとすることもありませんでした。そもそも、ダンスの後では、その相手がそばを通ったとしても識別することはほとんど不可能でした。それは、踊りの中で訪れた、瞬間的なエネルギーの交流、無思考の世界でのコンタクトだったからです。その交流は、男性との間だけに起こるものではなく、女性たちとの間にもしばしば起こりました。ときには、女性と踊るときの方が遥かにオーガズミックでした。女性と踊るとき、わたしは自分を完全に開け放って踊りに身を焦がすことができました。

わたしの腕やからだは、彼女のエネルギーを周りからやわらかく包むように動きました。彼女たちは、気持ち良さそうにくつろぎに身を任せてくれました。わたしは女性の持つ繊細さや官能性、命を宿すことのできるその生命に対して、崇拝にも似た気持ちを抱いていました。女性たちは今ではもう、わたしの大切な姉妹と呼ぶことができました。女性同士が、争ったり、嫉妬をするのではなく、受容性や愛の深みを分かち合うのならば、もうそれだけで、世界は素晴らしい場所に変容することでしょう。

ベリーダンスは、わたしを女性性の旅のさらなる深みへと導き続けていました。それを見たこともなかったあるときに、古代のエジプトを起源とするその踊りが、わたしを神秘へと連れ出し、わたしという存在をひとつに統合する鍵だと直観したのは本当のようでした。太古におけるベリーダンスは、王様のための娯楽でも、ショービジネスのための官能的な踊りでもなくて、その時代に生きた女性たちの叡智に満ちた、肉体を使って行なわれる、とてつもない儀式だったのです。

円を描くように腰を回すとき、それは、ワンネス、ひとつであることを意味していました。八の字を描くように腰を回すときには、それが無限を表わすシンボルでもあるように、永遠に続く宇宙のサイクル、無限の可能性をわたしたちに思い起こさせるものでした。わたしは毎日、朝から夜まで、ブッダグローブでこの太古の踊りに身を捧げました。

腰を激しく揺さぶるときには、わたしのからだの中にある、とてつもない愛の可能性と生命そのものが揺り動かされるかのように感じました。生殖器に振動が与えられるその動きは、同時に、わたしの中に閉じ込められていて、意識していなかったような感情や記憶までをも揺さぶり起こすことがありました。怒りや悲しみ、情熱やあふれんばかりの愛が内側から湧き起こり、それらがやってくるに任せて踊り続けていると、エネルギーは頭頂まで駆け巡り、そして自然に手放されていくのでした。それは、火山の爆発のようでもありました。

背筋を天までまっすぐに伸ばして踊るときには、女性としての誇りが駆け巡りました。わたしのからだの中のエネルギーは、頭からハートへ、そして下腹部へと降りてくるのです。今やわたしの中心点となっているように感じられるその場所は、旋回を通して、無になったときも感じることのできる唯一の場所でした。お腹（ベリー）は、わたしたちの存在の中心、生と死の中心なのです。

大理石のステージの上で、わたしは、自分が肉体を持って、今ここで生きているのだということを感じていました。生きることも、わたしにとって苦しみそのものであった肉体というものも、祝祭へと変容していました。呼吸が苦しくなってきても、イヤホンからからだの中へ流れ込む音たちに身を委ねてわたしは自分の限界を突き破るかのように踊り続けました。

その恍惚的なトランスの中には、どんな思考も入る余地はもうありませんでした。踊りに乗っ取られるがままになるとき、わたしの中では、内側で、男性と女性、その両極のエネルギーが、深い愛の交歓にあるようにも感じられました。そのエネルギーはからだ中を駆け巡り、わたしを光で貫きました。

全てと無、生と死が、わたしを燃やしていました。

東京にいた頃、イベントで踊りを披露するときは、わたしは必ずあらかじめその曲に合わせて振付けを考えていました。即興で踊る度胸などなかったのです。そしてそれは、わたしがまだ踊りに乗っ取られていなかった頃の話でした。今では、次の瞬間にからだがどんな動きを取るのかなど予測もできないことでした。からだは秩序など失ったかのように音楽に開け放たれ、耳に聞こえる自分の呼吸と、下腹部の中心点を感じること以外に、「わたし」が踊っているのだと認識できるものは何ひとつ残されませんでした。

和尚のアシュラムでは、深刻さではなく、踊りや祝祭、楽しさや自由であることが崇められていました。

踊りとは本来、わたしたちのエゴを溶かす、深い瞑想なのだということが、わたしにも分かりはじめていました。「わたし」が消えれば、それに代わって、何か神聖なエネルギー、神なる存在がからだを満たすのです。踊りの中でからだは、スーフィーのように、突然ぐるぐると旋回を始めることもありました。周りの世界はぼんやりと形を失いだし、わたしは空っぽの宇宙へと散らばっていくかのようでした。

その歓喜は、人間としての体験の領域を超えているようにすら感じられるもので、廻り続けたままのわたしは涙がこぼれそうでした。最後にわたしがステージの上に倒れこむ頃には、わたしは息をあげながら、その激しい恍惚に声を抑えることができませんでした。それは、トータルなオーガズムでした。マインドもハートも、魂をも巻き込むようなこんなにも強い絶頂は、わたしは今まで、どのセックスでも体験したことがありませんでした。大理石の上で、わたしのからだは波を打つように震え続けていました。例えようのないエネルギーがからだを駆け巡り、わたしは言葉を失くし、神を体験するとは、こういうことなのかと思いました。

わたしは今、「それ」を目撃した女性ではなく、「それ」と一体となった女性なのです。もしもいつかわたしが悟りを得ることがあるのならば、それは踊りによる導きに違いないと思いました。

このステージでは毎日のように、一人の女性を見かけることができました。

彼女は、まさに恍惚そのものでした。手にはいつも一輪の花を持ち、彼女の周りを漂う空気の中に、最愛の人を見つめているかのような至福の表情を浮かべて踊っていました。彼女が放つ恍惚の前では、誰一人として彼女から踊りを取り上げることなどできなかったことでしょう。わたしはいつも、敬意を払って、遠くから彼女を見つめるに留めていましたが、あるとき、わたしは彼女と踊りを分かち合うことができました。ステージ上で踊りながら、目が触れあったとき、わたしたちは磁石のように惹きつけられ合いました。この女性のそばでは、わたしはまるで受け身でした。彼女の恍惚はあまりにも強くて、わたしは目眩すらして、ステージにからだを投げ出すと、笑いだしてしまいました。彼女も笑いながら、わたしの周りで踊り続けました。

彼女は「それ」の化身で、わたしは、今なら、この女性に殺されても構わないとすら感じていました。わたしが見ていたのは、神なる至高の存在がこの女性を訪れ、その悦びに、彼女自身が消え去っている様子でしたが、別のある人から見れば、彼女は狂人のようだったかもしれません。そしてそれはわたしにとっても同様でした。わたしは、ローブの上につけたコインベルトの音を鳴らしながら、言葉すらまだ交わしていない男性たちと見つめあったり抱きしめあったりしていたので、このアシュラムの中にも、わたしのことを、一日中、腰を動かしながら踊っている、尻軽な女だと見ている人たちがいることを知っていました。無言のまま、わたしのそばを一日中つけ回すような人や、「僕が君と寝られる番はいつ回ってくる？」と聞いてくる人すらいました。

性のエネルギーが開いている人は、何かにつけて、いろいろな意味で、人々の投影の対象になるように思います。性のエネルギー、それは生命のエネルギーそのものでもあり、人は、それらに対して、自分の抑圧を映し出し、嫉妬を抱いたり、あるいは羨望のまなざしを向けたりしやすいのでしょう。ですが、自分がその神聖なる酔いの中にいる人にとっては、他の人の投影やジャッジなど、大した意味を持たないのです。その人たちは、同じように、性エネルギーの中に目を開けて入っていき、体験することで変容されていった人たちと繋がっていくのです。結局、他の人が聖なる至福に酔っているのを認識することができるのは、その酔いを味わったことがある人だけなのだと思います。

プーナに来てひと月が経ち、わたしは神聖なるものとの完全なる合一に浸っていました。その酔いは、踊っているときにだけ訪れるものではなく、日常の中へも浸透していくものでした。それはわたしの恋愛に対する境界線やあり方をも変えていきました。

数年前までのわたしは、自分の恋人が他の女性と親しくすることには耐えられないタイプで、浮気などはもってのほかでした。わたし自身も、相手に同じ思いをさせないために、無意識ながら、他の男性に対してはさりげなく一定の距離を保つようにしていました。恋人がいるのならば、その人以外の誰かに愛情を抱くということなどあってはならないことのように感じていました。ところが今わたしは、自分のまわりにたくさんの美や愛を見ていて、それは抑えることができるようなものではありませんでした。そもそも、抑えようとすることなど、無益なことに感じ始めていました。

踊りがわたしを乗っ取ってからというもの、わたしの愛の対象は、一人の男性に収まることができませんでしたし、今わたしが体験する愛というのは、男性に限らず、女性や、木々や動物、食べ物や水などすべてに広がっていて、わたしがそれぞれに宿る美しさを認識してしまう以上、それらを純粋に愛し、自分を分かち合うことを楽しむ以外にはないように感じました。仮にわたしが、今誰かに恋をして、もしその人が他の女性とも関係を持ったとしたら、どう感じるのだろうと考えてみれば、やはり心が痛むことは容易に想像がつきましたが、でもそれは、少なくとも、今までわたしが条件づけていたように、絶対にあってはならないことではなくなっていることは明らかでした。その女性が彼を輝かせるのであれば、それを邪魔することのできるわたしは、一体誰だというのでしょう。

愛は、特定の誰かという対象が現われることで起こるのではなく、わたしたちが自分が自分の中にある愛とつながっている限り、対象は問題ではないことのように感じ始めていました。

そのような意識の変化の中で出会ったオーストリア人の男性ハノは、わたしの生き始めている世界を理解してくれる大切な人となりました。彼は、わたしが肉体を絡めるように他の人たちと踊っているときも、決してわたしのその純粋な喜びに水を差すようなことをせずにいてくれました。彼が近くでわたしを見ているのが目に入ることもありましたが、踊っているときのわたしにはブレーキをかけることなどはどう抗ってもできないことでした。

ハノは、「それを見て何も感じないわけではないけれども、痛みを感じるならば、それは僕自身の痛みだ」と言いました。彼は、自然の美しさにわたしが言葉をなくして泣いているときも、二人でいるときにわたしが突然踊りだしても、決まってわたしをそのままにしておいてくれました。彼がわたしに与えてくれる絶対的な自由に応じるかのように、わたしも彼に対して、条件づけのない愛を深めていきました。わたしたちはアシュラムの中で、いつでも一緒にいるわけではありませんでしたし、傍にいる時間も、恋愛を楽しむためというより、お互いがそれぞれ通過している学びを助けあうためにつながっているような感じがありました。

わたしたちは恋人であり、他の人とセックスをすることはありませんでしたが、いわゆる恋愛感情のようなものだけをお互いに抱いているのとは違っていました。それでも、わたしたちは確かな愛の中にあり、彼は、踊りを通して至福と共にあるわたしを、優しく抱えて、さらに高みへと引き上げてくれる存在でした。そしてわたしは、その喜びを彼へと注ぎ返しました。

わたしは、愛という言葉を使って、誰かが相手と自分のための取引をしたり、自分の中にある影を相手にばかり映し出してはせめぎ合い、不幸になりながらも離れることもできないでいるようなことの無益さに気づき始めていました。恋人を持つことも、結婚をすることも、もしそれが、自分がひとりではないと感じるためだけのことなのであれば、それはまったく自分に貢献してくれないゲームのようだと感じました。

愛は、自分がそれと共にあるときに、関係性を越えて、純粋に分かち合われればいいような気がしていました。踊りがこれ以上はないだろうと思えるほどのオーガズムを体験させてくれていたためか、わたしはたくさんの人との自由なセックスを求めることはありませんでした。それでもわたしにとって大切なことは、恋人がいるという理由や、その人を傷つけてしまうという理由で、自分の官能性や、恍惚を抑え込まなくてはならないような気持ちになることはもうないということでした。それらを、純粋な喜びをもって子供のように自由に表現できるということ、それを正しい形で受け取ることのできる人たちに分かち合えるということ、それはわたしにとっては革命的な変化でした。
　わたしは、もしかするとわたしたちはその昔、どんな所有も持たずに、自分たちを周りの人たちや世界へ自由に分かち合っていたのではないかと感じていました。平和に満ちた時代、たくさんの人にとって神や至福とつながっていることが自然なことで、食べ物は分かち合われ、子供たちは、誰が親であるかに関わらずみんなの手で育てられ、男女は開かれた関わり方をしていたような時代があったのかもしれません。わたしには、実際、それが今からでも可能なことに思えました。わたしたちの未来がそこへ行き着くことも願いました。それは新しい愛の次元なのかもしれません。わたしは彼に詩を送りました。

扉は今、すべての方向に向けて広く開かれています
愛しい人
わたしはあなたを愛してきました

それでも、神がわたしを招き入れたこのスペースからは、
わたしは愛よりもむしろ、あなたに感謝を感じています

今わたしは、わたしが自分を忘れたとき、わたしがいないときにこそ、
神の口づけを受けることができるのだと知りました

音楽と踊り
わたしはあなたに委ねます
この恍惚的な祝福に頭をたれます
どうぞわたしにあなたの言葉を注ぎ続けてください

この深い交合のなかで、何も言うことはありません
わたしは自分を空っぽにし、あなたの神聖を飲みほします

ハノは涙を流してわたしを抱きしめました。

ほんの数年前まで、わたしは自分にこのような意識の変化が起こることなど考えもしませんでした。わたしは自分の自信のなさや不安感を補うためかのように、誰か一緒にいてくれる人を必要としていましたし、踊りというのは、自分の外見に対する自信に溢れているようなほんのひと握りの人たちだけが楽しむ権利を持っているものだと思っていました。プーナに初めて来たときのわたしは、指一本すら自由に動かすことができずに固まっていて、今の何分の一も人生に対して開いていなかったのですから。

わたしはその年のアシュラムにおいて、ファミリーコンステレーション（家族の座）と呼ばれるワークを学んでいました。それは、家族の関係性や、自分が何に対して忠誠さを示したくて、何に対して責任を取ろうとしているのかなどを、驚くほどに明確に見せてくれる斬新なエネルギーワークでし

た。そのワークにおいては、他のいろいろなヒーリングのワークで見受けられるように「許し」に癒しの道を見つけるのではなく、例えば両親によって傷つけられたことで自分が苦しんでいるのであれば、単純に、その過ちに対しては両親が責任を持つことだとして彼らのもとに残し、自分は、両親を通してこの地上にやって来ることができたという事実に対して頭を下げるようになることで、自分は自分の人生を生きていけるようになることを強くサポートしてくれるような、わたしにとっては全く新しい視点のワークでした。

これまでに、両親との間のもつれや痛みと真摯に向き合ってきて、相当解消してきたつもりでしたが、このワークはわたしから憑き物を落としてくれたように感じられる強力なものでした。わたしはこのワークを通して、子供の頃、母親にいつでも殺されうる存在なのだと思っていたことが自分に与えていた影響や、「お母さんは侍の血筋だからあんたのことを殺すことなど簡単だ」と言っていた母親の言葉に受けた恐怖とは裏腹に、自分にも侍の血が流れているということに対して実は誇りを抱いているということ、そして、食べることそのものや、食べることを楽しむことに対して後ろめたさを抱きながら、食べてしまう自分を責め立てていたわたしの過食症の陰には、腎不全を患っていたために食事制限があり、いつでも肩身の狭い思いで食べ物を口にしていた父へ同調したい気持ちと、父を厳しく管理して、父が食べすぎたときには厳しく責めていた母にも忠誠心を示したいというわたしの両親への帰属心が働いていたという、驚くような事実も見つけました。

それらの発見は、どんなに自分が彼らを疎んじていたときでさえも、どれだけ自分が両親を愛し、彼らからの愛と承認を乞っていたのかを、わたしに噛みしめさせました。それ以来、わたしは踊るときに、両親や祖先たちを、自分の中へと招き入れるように意識するようになりました。右腕を動かすときには、わたしの背後に立っている、これまでの男性たちに感謝を表わし、父に対しては、愛と、恋しく思っている気持ちを抱きしめました。左腕をやわらかく動かすときには、母親や、その先に生きた女性たちに対しても同じことを思いました。苦しみの多かった子ども時代でしたが、今は、できる限りのことをしてくれていたはずの父親にも母親にも、感謝の気持ちでいっぱいでした。彼らがわたしの背後から、彼らなりの保護と愛を送ってくれているのを感じると、踊りながらにしてわたしは泣いてしまうほどでした。わたしは、自分という一人の人間の存在が、徐々に統合され、光に満ちたものに変わっていっていることを感じることができました。

この冬、アシュラムでは二つのデスセレブレーションがありました。アシュラムに通っていた誰かがなくなったときにその人を送り出す葬儀のことですが、それはまさに、セレブレーション（お祝い）と呼べるものでした。音楽が掻きならされ、爆竹が鳴り、遺体と共に、大勢が活気に満ちて踊りながらアシュラムから火葬場への道を進みました。

死は突然やってきます。わたしたちにできることは、生きている間に十全に生きることだけなのです。生が喜びと笑いに満ちたものであるならば、死もまた、祝祭になるのだということを、プーナのデスセレブレーションは、深く思い起こさせました。人の死を目の当たりにすると、まだそのときがきていない自分の生を、もっとトータルに爆発させようと思うものです。

わたしはすでに始まっていた行進に早く混ざりたくて、自分の荷物をその辺りの草陰に適当に残し、みんなと踊り狂って火葬場へと進みました。日差しが強くて、喉はすぐにからからになっていました。わたしは誰かが持っていた水に、踊りながら手をのばすと勝手に飲みほしました。そんなことに構う人などいないくらい、誰もが満面の笑みで、自分たちの生を、そして、このサニヤシンの死をも祝っていました。

3

ある日のこと、何の前触れもなく、踊りは突然わたしのからだから去っていきました。早朝、アシュラムに向かうと、いつものように瞑想をしながらゆっくり踊り始めたのですが、何かがおかしいことに、すぐに気がつきました。あの至福感、プーナに戻って以来ずっとわたしと共にあったあの歓びが、跡形もなく消えているのです。どれだけ踊ってみようとしても、音楽はわたしを貫かず、からだはまるで、無理矢理踊らされようとしているかのようにぎこちなく感じられました。朝から晩まで一日中踊り続け、夢の中でさえも、ベッドの中でからだが勝手に踊っていることもあったくらいなのに、いったい何が起こっているというのでしょうか。わたしはまるで、神なる存在とずっと過ごしてきた、美しいシルクのシーツがひかれたベッドから、突然放り出されてしまったかのような気持ちにさせられていました。

困惑とショックを隠せないまま、わたしはブッダグローブを後にしました。それから数日が過ぎても、わたしのからだは一向に踊りを求める様子は見せませんでした。

そんな折、わたしは、サニヤシンの間で定評のあった鍼治療院へ、今まで一度も試したことのなかった鍼を体験しに行ってみることにしました。チベット人の男性が営む、コレガオンパークの中にあるその治療院は、決して豪華とまではいきませんでしたが、わたしたち外国人の患者たちを安心させるに充分な広さと清潔感がありました。受付の女性に通された入った診察室で待っていたその先生は、信頼のおけそうな人で、なかなか魅力的な男性でした。

先生は、何を治療したくてここに来ましたかとわたしに尋ねましたが、わたしは興味本位で来たようなものだったので、なんの回答も用意していませんでした。鍼治療で、踊りがわたしのもとへ戻ってきたり、日常の中にまで広がっていた恍惚感が再び訪れてくれるものならば、ぜひそうして欲しいところでしたが、わたしは最近少し気になっていたお腹の膨張感のことなどを先生に伝えただけでした。脈診の後で、奥の治療室へと案内されると、下着だけになり、白いシーツのひかれたベッドの上に仰向けになりました。

鍼治療は痛いものではないと聞いていましたが、いざ先生の手に鍼が持たれるのを見ると、からだは緊張しました。けれど実際には、ちくっとするような鋭い痛みというよりも、じわーっとその部分に広がるような感覚がしていて、何本目かの鍼が刺される頃には、わたしの意識は朦朧としてきていました。ドラッグをしているときのような感じで、わたしは不思議な空間へと引き込まれていきました。その中で漂っていると、ある瞬間、わたしのからだの中に性的な欲求が湧きおこり始めました。

治療室の中には、ベッドがいくつかあり、それぞれがカーテンで仕切られていて、その向こうで、わたしの他にも治療を受けている人たちがいたようだったのですが、誰かが鍼を刺される瞬間に「あっ」という短い声を洩らすのが聞こえると、ぼんやりした頭でわたしは、その人が先生とセックスをしているのではないかと想像し、それは興奮と嫉妬をわたしに覚えさせました。残りの治療中、わたしは自分が先生と寝ることばかりを夢想していました。

やがて鍼が抜かれても、わたしは、深いヒーリングのセッションを受けた後にいつもそうなるように、しばらくぼーっとしていて、すぐにはからだを動かすことができませんでしたが、家に戻った頃には、からだの中で覚えた欲求も、先生への夢想も消えていました。帰り際に、治療は合計で七回行うことにしましょうということを伝えられていたので、わたしは数日後に再び治療院を訪れました。

鍼が入れられると、わたしの意識はまた薄れはじめ、今回は、性的な欲求の代わりに、いらつきや怒りがからだを充満し始めていました。今回は、治療院を去ってもその感覚は消えずに、わたしはとにかくピリピリしていて、ほんのささいなことでわたしが爆発しそうなことは、アシュラムですれ違う誰の目にも明らかだったほどでした。人との関わりにおいて、今までだったら我慢をして、簡単に「いいよ、いいよ」で済ませてきたようなことにも、この日以来のわたしは黙っていませんでした。

わたしの怒りを煽《あお》ぐような瞬間は、特に、男性がわたしに対して敬意を示さないときにありました。アシュラムの中には、わたしが彼らを尊重するのと等しく、まるでわたしを女神であるかのように、深い尊重を持って愛してくれる音楽家や美しい男性たちがいて、音楽や踊りの恍惚の中へと、どれだけ深く入っていって、共に倒れこんでもなお、わたしは彼らの前で自分を開くことに対して安心していられました。わたしは彼らと、アシュラムで行なわれるイベントにも出ましたが、それは、たくさんの目がわたしたちに向けられる中で、わたしが音楽に耳を傾けながら、自分を忘れて踊りに身を委ねた、魔法のような素晴らしい夜となりました。

ヨルダンからアシュラムを訪ねていた、一人の男性が叩くタブラーは、もう彼の存在の一部になっているかのようでした。その素晴らしい奏者への深い敬意と信頼と共に、腰は激しく打ち震え、からだはその場でものすごい速さで旋回し、わたしの腕は蛇のようにしなやかに波打ちました。わたしのからだは、その音と、音と音の間の静けさの両方の中で踊らされていました。竹でできた横笛を吹く男性とは、彼が優しく流す瞑想的な音色を背後に、わたしはハノに書いた詩を読みあげ、そのままトランスに入って静かに踊りました。

プーナにいる人たちの多くは、イベントで披露されるものの深みを存分に味わうことのできる素晴らしい観客と言えました。そこには生きた交流がありました。踊りの中では境界線は溶け去って、彼らの前で安心して自分を表現することができたのです。けれど、それにも関わらず、中にはわたしをパーティー好きで浮気っぽいだけの女性だと見ているのか、わたしを軽く扱っていい存在だと誤解をして近づいてくる人たちもたくさんいました。わたしはこれまで、そんな男性は相手にもせず素通りしてきましたが、今やわたしの中では怒りと屈辱感が燃え上がっていました。

インドの路上では、ときに、からだを触ってきたり、明らかに女性を尊重していない行動をとってくる男たちもいて、わたしが怒りに燃えながらコレガオンパークを歩いている最中に、道端に座っていた一人の男性が、わたしにキスをする真似をしてきました。わたしは何も考える間もなく、彼を思いっきり蹴り上げると、暴言を吐いてその場を後にしました。鍼治療を始めてから、まるでそれがわたしのエネルギーを勝手に動かしているのではないかと思えるほどに、わたしの中で何かが起こっていました。

次に治療院を訪れたとき、治療を始めて以来起こっていることを、わたしはそのまま先生に話しました。わけの分からない話として受け取られてしまうのではないかなという思いもよぎりましたが、先生は注意深くわたしの言葉に耳を傾けてくれていました。そして、やがて先生の口から話されたことは、目からうろこが落ちるようなことでした。予想もしていなかったことに、わたしから踊りが去っていった背後にある理由につながるような糸口を、わたしは先生の説明の中に見つけたのでした。

最初にはっきりと述べられたのは、鍼治療を通して覚えた性的な欲求や怒りは、わたしがこれまでに抑圧してきたことの浮上だということでした。セクシュアリティーには深い関心をずっと抱いてきたのとは反対に、わたしにはこれまでセックスをすることそのものに対して強い興味や欲望を感じることはなかったので、自分の性欲を抑えようとしてきたのかどうかは分かりませんでしたが、興味深かったのは、ダンサーや音楽家などは、その中に没頭することで、往々にして、自分の内側で男性性と女性性を絡め合わせながら高みへと昇っていくために、外側の存在である、実際の異性との関わりにおける出来事に対処することを置き去りがちにしがちだという先生の見解でした。

それはわたしにとっては、的確に的を得た回答に思えました。ベリーダンスやタントラと出会ってから、わたし自身の中で、バランスのとれた男性と女性が育ってくるに連れて、外側の男性の中にも、男性性と女性性の両方を同じように見つけ始めていたので、あえて、男性たちに、「男性」としてわたしに何かを提供してもらうことは求めなくなっていたかもしれません。からかったり、いやらしい目で近いてくる男性が周りにいても、わたしは構わずに、自分の中で起こる、男性と女性の結合がもたらしてくれる恍惚的な体験に満たされていて、それをさらに求めるかのようにダンスの中に没頭していました。

その体験は明らかに、セックスを通して体験できるであろう以上の絶頂をもたらすものだったので、なおさら性的な触れ合いの悦びを愛する気持ちは深まっていましたが、セックスそのものには関心を寄せなくなっていました。過去生回帰のセッションで体験した女性と同じように、わたしはエネルギー的な、神なるものとの合一だけを求め始めていたのです。

考えてみれば、わたしは今まで、セックスでどれだけ満たされたことがあるでしょうか。絶頂に至らずに終わってしまうことは往々にしてありましたし、そのことを脇に置いたとしても、叫び声をあげてしまうほどに、全身が身もだえるような悦びに貫かれたことなどあったでしょうか。セックスが終わったときには、彼がベッドにわたしを残してどこかに離れて行ってしまったり、事の後の繊細になっている心には、相手のちょっとした言葉が無神経に響いて傷ついたりすることもあって、愛されていることを感じていたとしても、本当に心から安心しきって相手の腕の中で休めたことなど数えるほどしかなかったのではないでしょうか。

そう考えると、わたしは確かに自分の性的な欲求や精神的な必要性に、充分には耳を傾けてこなかったということが理解できてきました。ハノとのセックスも、踊りの二の次にしてしまうのではなく、彼の抱擁の中でも、わたしが神なる存在との合一の恍惚へ導かれることができるように、わたしが何を求めていて、何を好ましいと思っているのかをきちんと言葉にして彼に伝えていこうと思いました。

瞑想や霊性の道には、見落とされてしまいかねない罠があることを、わたしは心に注意深く留めています。もしも踊りがわたしを去ることがなければ、わたしはきっと、過去生で見た女性のように現実を忘れて、天だけに手を伸ばし続けたことでしょう。それは本当に恍惚的なことなのですが、覚えておくべきことは、わたしたちが地上で、肉体を持って生きているということ、そして、男性と女性という存在があるということなのだと思います。

踊りがわたしから離れたことは、わたしを立ち止まらせ、もう一度、地に足の着いた状態から始めることを促しました。わたしにオーラソーマを教えてくれた先生は、「もしも木が高く伸びたかったら、土の中にその分、深くて強い根を張る必要があるように、わたしたちも、霊的な成長をもとめるのであれば、実際的、現実的であること、肉体と共にあることの大切さは強調しすぎになることはありません」と、語っていました。

しばらくして、踊りはからだの中に再び戻ってきました。わたしは再び、踊りを通して高みへと昇り始めていきました。けれど今回は、盲目的に神を求めるようになるのではなく、しっかりと地に足を着け、現実の中での人との関りにおける学びにも目を開き、今のわたしにとっての外側の男性であるハノと手を取り合って自分たちを成長させることに意識を向けました。

4

日々が流れ、わたしの根が、これから起ころうとしていることに耐えられるだけ強く地に張ったということなのでしょうか。目の前で、次なる扉が開き始めていました。

ある朝わたしは、アシュラムの中の木陰に見つけたベンチに腰をおろし、ゆったりと休んでいました。足元には岩に囲まれた小さな池があり、背後からは、通り過ぎるサニヤシンたちの笑い声や、DJが遠くで流す音楽が聞こえていました。内側には豊かなくつろぎが広がり、わたしはまるで空っぽの器のようでした。その静けさを味わいながら、柔らかく目を開けたとき、周囲に立っている木々の一本が、際だって視界に飛び込んできました。と、その瞬間、わたしたちの間に不思議な繋がりが生じたかのように、突然わたしはその木と溶け合い始めました。

その木の生命、脈動が、わたしのからだに流れてきていました。わたしはそれを全身で受け取ろうとするかのように、目を閉じて、深く呼吸を続けながらからだを開きました。その木との抱擁に打ち震えたわたしは、ついには、オーガズムに達していました。わたしの頭は何度も後ろの方へ、大きくがくんと引っ張られ、全身の痙攣はしばらく止みませんでした。

やがて、プーナでのわたしの日常は、そのような体験の連続となっていきます。からだが触れたものも、あるいは目にしただけのものも、それらの持つエネルギーをわたしに伝えてきました。それはいつも、微細な電流がからだの中に流れ込むような感覚と共に訪れて、自動的に言語に置き換えられて、それが放つエネルギーをわたしに伝えるのでした。意識してそれらを感じ取ったり、エネルギーを読み取ろうとするかどうかに関わらず、それらは自然にわたしの中へ流れ込んできて、わたしはからだを通してそれらを体験するのでした。

それは最初、木や、土や空気など、自然界の中のもので、わたしに伝わるのはそれらの脈動でしたが、やがてこの体験は、わたしが手に触れる物の持つ波動や、目に止めた人たちのその瞬間の意図や、その人のこれまでの人生の物語までへも広がってゆきました。

けれども、これらは実際、それほどには驚きではありませんでした。このようなときがいつか来ることを、わたしはどこかでずっと知っていたからです。それよりも、わたしが心に留めたことは、この新しい次元に、目を開きながらしっかりと地に足を着けて、充分な注意深さと共に入っていこうということでした。わたしをこれまで、直観能力や透視能力に自分を開くことから引き留めていた不信や疑問は、もうこのときには残されていませんでした。それらを体験するとき、わたしは自分が空っぽの器になっていることを感じることができたので、自分のフィルターを通して勝手に物語を作ったりしている可能性を感じていなかったからです。わたしが願ったことは、この新しい世界の中で、自分が足を踏み外すことのないようにということでした。

エネルギーに対するわたしの繊細さは、日々、増していくようでした。目にしたもの、触れたもの、聞いたもの、どんなものであっても、わたしの意図を無視して、見境なく、そちら側からすべてを露呈してくるようでした。自分の意思で、どのようにオンとオフのスイッチを切り替えることができるのかなど分からず、二十四時間、わたしが何をしているときであっても、それが起こるのは突然で、あの最初の朝に、木と抱きしめ合ったような体験のように、素晴らしい心地を覚えるものもあれば、何かが捻られたように重苦しく感じられるものもあり、ときに、気が触れてしまいそうになるほどに強烈なものもありました。

それは、遠くにいる誰かの名前を耳にしただけで、その人自身を体験するようなときで、まるでからだからわたし自身がごっそりと連れ去られ、空っぽになったそこに、その人のエネルギーが瞬時に転写されるようなものでした。

一度はこんなことが起こりました。ハノには、重い知的障害をもつ妹がいましたが、あるとき、彼は彼女についてわたしに話していました。そのとき、わたしは何かを感じましたが、何が起こったのか、はっきりとした自覚はありませんでした。ところが徐々にわたしは、周りの人たちが話していることがなぜか理解できなくなってきて、ハノは、わたしの挙動がおかしくなり、一人で床に座ってクレヨンで絵を描いたり、話しかけても言葉を返さずに笑っているだけになっていることに気づいて、どうしたんだと必死に話しかけていましたが、わたしには、彼の話す速度が、いつもよりも十倍も速いように感じられて、まったく彼のスピードについていくことができませんでしたし、わたしを分かってもらえていないような感覚に頭がいっぱいになってしまい、癇癪をおこしてわめきだしていました。

頭のどこかで、今起こっていることは、わたし自身のものでないことの認識はありましたが、これが一体どこからくるものなのかは分かりませんでした。そんな状態で数日が過ぎたとき、わたしはようやく、それが、ハノが妹のことを話してくれたときをきっかけに起こり始めていたことを思い出しました。

ハノが、妹が十代になったときに、突然知能障害を患ったことや、なかなか目を離せる状態ではなくなっていて、家族である自分にも彼女の言動が分からないことがあることなどをわたしに話してくれたとき、わたしは、ハノの苦悩や、妹に対する思いをひしひしと感じながら、心から耳を傾けてそれを聞いていました。そして同時に、家族にも理解してもらえないことを体験している、この女性の苦悩が頭をよぎったとき、わたしはふと、わたしが彼女を理解することができたらと願っていたのです。

論理的には説明のつかないことかもしれませんが、わたしのその意図が、彼女自身がわたしに入ってくることで、わたしに彼女の世界を体験させ、理解させたように思えました。それに気づいたとき、わたしはまだ、ぼんやりとしている状態でしたが、なんとかハノにこの可能性のことを伝えました。ハノはわたしの両手を取ると、わたしの目を見つめながら、

「君は僕の恋人、リクタだ」

と言いました。

すると瞬時に、彼女のエネルギーがわたしから抜け出していったのが分かりました。わたしはいつものわたしの状態に戻ったのです。

このような体験の連続の中では、これまでのように、いろんな人と踊ったり騒いだりしながらアシュラムでの時間を純粋な祝祭として過ごすことは必然的に減ってしまいました。この当時はまだ、わたしに起こるこのような体験は、スイッチをオンとオフに切り換えるかのように、わたしが自分の明確な意思を持って選ぶことができるわけではなかったので、わたしは、ただ心の中で自分が意図するような小さなことや、誰が近くにいるときに自分をくつろがせて開け放っていても大丈夫なのかということに、もっと注意を払っておく必要があり、それは、一人で静かに過ごす時間を増やさせました。

わたしは、この新しい次元に対して、とても慎重でした。もちろん、この次元は、エネルギーを読むことのできた、ドイツ人のかつての恋人がわたしに言ったことや、わたし自身が小さい頃に繋がっ

ていた世界、いつかはわたしの人生が戻っていくであろう方向性に辿り着いたことを充分に感じさせるものでしたが、そうかといってわたしは「さあ、それではさっそく人に対して働きかけよう、エネルギーを読むことを生業としよう」という思いにはなりませんでした。

わたしは、まだこの次元に、充分に慣れ親しんでなく、わたし自身が、あまりに圧倒されてしまっているような状態だったからです。時間と共に、きっとわたしは、チューニングを合わせたときだけに、そのような次元にアクセスできるようになっていくような気がしていたので、それまでの間は、しっかりと自分の根を深く張ってゆくことに目を向けようと思いました。

わたしは、自分に与えられたこのギフトに対する恐怖のために、慎重であり続けるべきなのだと弁解をしながら、自分の運命を生きることを長いこと先延ばしにしてきていました。結局それは、わたしが自分の運命に身を委ねることができるまで、重い偏頭痛をはじめとして、様々な身体の不調となって繰り返し現われることになっていましたが、同時に、わたしがこの始まりに、浮かれたようになったり、やみくもに使っていこうとしなかったことは、何よりも大切なことだったと思います。それには理由がありました。

数年前に、わたしは一人の男性に、霊気を施してあげようと言われ、わたしは当時、なんとなくそういうものを受けることに不安を感じていたのですが、そのセッションでは、特に何を話すでもなく、ただ宇宙のエネルギーを流すだけなので、とてもくつろぐことのできるものになるはずだと言われ、わたしはそれならばと思い、そのセッションを受けてみました。ところが、セッションが終わったとき、その男性は突然、わたしが幼少期に、性的な虐待を受けたことがあるはずだと告げてきました。ただくつろいでいれば終わるものだとばかり思い、横になっていたわたしにとって、そんなことを耳にするのは、いくらうっすらと知っていたことだったとは言え、青天の霹靂でした。何の準備もできていなかったわたしに、それを受け止めることなどできたでしょうか。わたしは混乱して、泣きだしていました。そして、わたしを見つめているように感じるその男性の顔をふと見上げたとき、わたしがその目の中に見たのは、彼の個人的な虚栄心でした。

この男性は、自分が「見える人間」であるという能力を乱用し、自分のエゴを満たすために、伝える必要もないことを口にしたのです。この痛々しい体験はわたしに、サイキック能力の持つ危険性と、その能力は地に足が着き、きちんと整った人によってのみ、正しく取り扱われるべきものであることを教えました。そしていつかその能力にわたしが開くのなら、そのことを肝に銘じておこうと誓いました。バリ島のアルサナさんは、これらの道を本当にマスターしている人だったということを、改めて知った思いがしていました。

プーナでのわたしは、次々に現われる、膨大な情報に自分を侵略されるかのようになっていて、疲れ果てては、口がきけなくなってしまうことも増えてきていました。誰にも話しかけられないようにサイレントバッジを胸につけていても、周りで話している人たちの声が耳に入れば、その会話の中にある真実や嘘が見えましたし、会話の中で微細に動いていく、話している人たちそれぞれの感情やエネルギーの動きも手に取るように体験していました。

わたしは、全てを飲み込んでしまう、ブラックホールのようでした。言葉の背後にある情報を絶え間なく受け取ってしまうことで、今までだったら気軽に楽しめたに違いない友達との会話も、なんだか違和感のあるものになってきて、わたしは時々、自分は気が狂ってしまったのではないかとも思っていました。わたしはとても傷つきやすい状態になっていましたが、その一方で、多くの代償を伴ってもなお、何にも代えがたく素晴らしいものは、自然を体験することでした。

太陽も月も、木々も言葉を持ち、それらすべての鼓動を、わたしは聞くことができました。それらはわたしに、いろいろなことを伝え、わたしが今まで知らなかったことをたくさん教えてくれました。わたしは、プーナでの最後の日々を、踊りながら自然と会話をし、詩を書いて過ごすようになりました。太陽に抱かれながら、踊りの中で、「わたし」という感覚が消え去っていくほどに、わたしは真実を体験するかのようでした。多くの人たちと距離を置いた中でも、ハノがそばにいることだけは、わたしに安全を感じさせてくれるものでした。自分に何が起こっているのかをいちいち説明せずとも、わたしが自然と対話をしているときや、何かを感じ取って繊細になっているときには、彼はただそっとしておいてくれましたし、わたしが口をきけなくなっているときにも、いつもどおり優しく接してくれました。その安心感の中で、自然や宇宙は、その秘密をどんどんわたしに明かしていってくれているかのように感じていました。

口を聞けず　方向感覚も失って　わたしは分かった
時間を超えて、愛されていたときを思い出す道を
風の中の木になるすべを
太陽に燃やされる喜びを
自分を失くして　呼吸の中へ落ちていくということを
あなたは体験の中にいたのですね

音楽と踊りと陶酔
忘却と委ねと祈り

あなたがわたしをダムへ押しやった
あなたがわたしを抱きしめたまま崖から飛び降りた
あなたがわたしを生贄の祭壇へと運んだ

そしてあなたがわたしの名前を呼んだとき
わたしは自分が誰か分からなかった

あなたを体験できるのならば　他に何を望むでしょう
他に何が必要だというのでしょう

わたしを音楽にして　踊りのうねりに変えて
切り刻んで抱きしめればいい

わたしはもう言葉を話さない
もう歌を歌わない
空を空として見ることもない

わたしを燃やしてください
ただ燃やして　燃やし続けてください
わたしが何も見ることができることができなくなるその瞬間まで
そしてなお　燃やし続けてください
わたしを無の中に消滅させてください

太古の母に守られて

1

四月、日中の暑さが日毎に強さを増す中で、サニヤシンの多くはプーナを後にして国に帰ったり、まだ涼しさの残る北インドへと旅行を続けたりしていきました。わたしとハノは、西海岸のゴアへ向かうことにしました。ゴアは、かつてヒッピーたちが集まっていた海沿いの町で、その年のシーズンはもう終わろうとしていましたが、今のわたしには何よりも、人ごみを避けて休息を取る必要がありましたし、めまぐるしかったプーナでの時間に一旦区切りをつけて、わたしたちは二人の休暇を持とうとしていました。日本を出るときに描いていた、音楽家たちとのジプシー生活は計画倒れになっていましたが、その代わりにわたしは、広大なインド洋の前で、女性たちと一緒にベリーダンスを踊ろうと思っていました。

プーナにいたときは認識していませんでしたが、どうやらそこには、瞑想を重ねる人たちが作り上げる、独特なエネルギーフィールドで守られていたようでした。プーナでは、毎瞬をトータルに生きることも、自分の感情に責任を持ってそれと向き合うことも容易にできることでした。プーナを後にしたわたしたちは、二、三日もすると、自分たちがなんとなく生ぬるいようなあり方になってきているることを感じました。そして、自分たちがどこへ行こうとも、プーナにいたときに持っていた、気づきのレベルを保とうと二人で心に刻みました。

人もまばらになったゴアのビーチは、わたしのエネルギーに対する過敏さをなだめてくれるようで、久しぶりに、自分の中に飛び込んでくるいろいろな情報から解放されて、また以前のように普通に人と関わったり、言葉を話すようになっていました。ハノとわたしは、ビーチで行なうベリーダンスのレッスンのフライヤーを一緒に作り、ビーチ沿いに並ぶレストランに貼りだしに回りました。シーズンが終わろうとしている今になってから誰かが果たしてきてくれるのか分かりませんでしたが、この過程自体の創造性をわたしは楽しんでいましたし、わたしのビジョンを支えてくれるハノの全面的な協力に、ハノに対する信頼はさらに深まっていきました。

わたしは毎日、日の出前にベッドを抜け出すとビーチに向かい、ゆったりと瞑想をしてから、朝日が昇る中で海を眺めながら一人で踊りました。時々、早起きをして散歩に出てきた旅行者たちが、踊るわたしのそばを通っては微笑んで行きました。踊ることこそが、わたしの意識のレベルを保ってくれる最大のツールでした。

フライヤーを見て、わたしに混ざってこの至福を分かち合ってくれる女性は未だ現われていませんでしたが、嬉しいことに、プーナで共に時間を過ごした、わたしたちの愛する友人、カーミニがわたしと踊るためにゴアへやって来ました。台湾からプーナを訪れていたカーミニとは、ブッダグローブで早朝に待ち合わせをして、何度か一緒に踊りを分かち合ったことがありました。わたしにとって彼女は、アシュラムの中で日々起こる自分の変化を話すことのできる、一番身近な友達であり、ダンスのテクニックは脇に置いて、わたしが女性たちと一緒に味わいたいと願っている精髄を掴み、「それ」

へと手を伸ばしてくれた、特別な踊り手でした。

踊り始める前に、わたしたちはいつも、海に向かって楽に立つと目を閉じて、それぞれの手のひらを胸と子宮の上にそっと置き、しばらく深い呼吸にくつろぎました。すると、わたしたちの腰は、自然と動きだし、柔らかく円を描いて廻りだすのです。それは宇宙の流れと共に揺れるような、素晴らしい心地でした。

登り始めた朝陽をからだいっぱいに飲みこんで、波の動きに合わせるかのように両腕をくねらせ、裸足の裏には冷たい砂の感触を感じながら、腰もとで鳴るコインベルトの音を聞いて、ベールを風になびかせました。わたしは相変わらず、単にいくつかの言葉を使って、彼女が、そのからだの中にある叡智へと耳を傾け、身を委ねられるように、そっと促すだけでした。カーミニが、下腹部の中にくつろいで、徐々に思考のない世界の中へと導かれているのを、わたしは隣で踊りながら見ていました。

わたしたちはお互いに、相手から自分が敬われ、女性としてもそのありのままが認められていることを感じながら、踊りの中で、深い委ねと信頼を分かち合っていました。大海はまさに、浄化には最適な場所でした。わたしもカーミニも踊りながら、自分の内側から湧き出てきたものを繊細に感じ取り、自分が完全に踊りに乗っ取られる中で踊り続けることによってそれらを変容させていきました。

悲しみや怒りは、生きるための純粋なエネルギーに変わり、人生に対して自分が抱いている、「これだけのはずはない」というような不満は、「もっと鮮烈に生きたいのだ」という認識と共に昇華されていきました。わたしたちは、レッスンの最後にはいつだって海へ駆け出して行きました。カーミニはわたしより十も年上でしたが、彼女のかわいらしい外見と、ハートの純粋さ、そしてエネルギーを爆発させることのできるその自由さは、彼女を実際よりもずっと若く見せていました。わたしも彼女も、わたしたちが一緒に過すこの時間を、深く愛していました。

やがてカーミニがゴアから旅立つときがやってきました。カーミニなしには、一人で踊ることが物足りなくも感じられ、わたしはそろそろゴアを去ってもいいかなという気持ちになり始めていました。アルーナがわたしの前に現れたのは、ちょうどそんなときのことでした。

2

ある夜、ビーチに面した崖の上に立つレストランで、ハノと夕食をとっていると、わたしたちから少し離れたテーブルに、一人で座っている女性が目に留まりました。暗くなった海を眺めながら、くつろいだ様子のその女性は、自分自身に満たされているように見えました。

彼女はわたしのように小柄でしたが、タフな感じのする美しさを滲みだしていました。やがて彼女は席から立ち上がると、ウェイターに愛情のこもったあいさつをして、その場を去ろうとしていました。ところが、わたしが自分のテーブルに目を戻して間もなく、その女性はわたしのすぐ脇に立っていました。わたしは一瞬にして、彼女が何かわたしに文句を言いに来たのだろうかと考えました。それは、パワーのありそうな美しい女性と出会ったときの、わたしの典型的な思考パターンで、わたしは美しさというものに対して権威に似たものを感じて、なんだか委縮してしまうのです。もしかしたら、わたしが盗み見ていたことを彼女は知っていて、それが嫌だったとか、レストランの席でわたしが両足を開いて座っていることが気に入らないとか、彼女にこれから言われるかもしれないことを、ものすごい速さで考えていましたが、それは、ほとんどのときにおいていつもそうであるように、やはり思いすごしでした。

彼女は、輝く目でわたしに微笑みかけ、わたしがプーナのイベントで踊ったことがあるのではないかと聞いてきました。彼女は、アシュラムでのわたしの踊りをある晩見て以来、ずっとわたしを探していたのだと、興奮気味に言いました。わたしがこのビーチでダンスを教えていると話すと、彼女はとても喜んで、わたしたちはさっそく次の日の朝から一緒に踊り始めることを約束しました。去って行く彼女を見送りながら、わたしは、何か素敵なことが始まる予感がしていました。

アルーナ、ブラジルからプーナを訪れたこの女性は、その腰に、髪の長い魅力的な後ろ姿の女性のタトゥーを入れていました。彼女はとてもオープンで陽気で、同時にものすごい集中力で、ベリーダンスの動きを自分のからだに覚えさせようとしているようでした。もともと子供の頃にダンスをしていたという彼女には、どんな動きもとても自然に踊られているように見えました。彼女の腰が激しく震え、コインベルトの音がかき鳴らされるたびに、その下腹部の内側では、彼女の中にある深い洞力と叡智が目を覚ますかのように動き始めていることが、わたしには手に取るように分かりました。

彼女は自分を率直に表現することをためらいませんでした。踊りの中で彼女の表情が、ふと不快さを表わしたかと思うと、彼女は、からだの中から怒りが湧きあがってきているということをわたしに端的に伝え、海へと飛び込みに行ってから戻ってくることもありました。彼女は決して乱雑ではありませんでしたが、どこまでも野性的なように感じられました。

最初のレッスンが終わって、初めてわたしたちは、ゆっくりと会話を交わしました。昨日の夜のレストランではレッスンの約束をしただけで、今日もわたしたちはひたすら踊りながら交ざり合っただけだったからです。そして話をする中で、わたしは、実は彼女は、わたしも探していた女性であったということに気づきました。アシュラムである晩、この女性も踊りを披露していたのです。その女性の踊りを、わたしはすっかり圧倒されて目撃していました。

その夜のアルーナは、薄暗く照明が落とされたステージに上がると、その中央に裸足で座って、ディジュリジュとドラムを抱えた二人の男性を後ろに従え、目を閉じるとしばらく沈黙していました。アルーナの両手にはマラカスのようなものが握られていて、彼女は何度かそれをゆっくりと振りました。やがて、目を閉じたままで、彼女は静かに歌を歌いだしました。それは魂に響く歌でした。Ancient mother（太古の母）という歌詞が繰り返されていました。歌が終わると、再び沈黙が訪れました。そして、演奏され始めたディジュリジュとドラムの音を背後に、ついにアルーナが踊りだしたとき、その動きは、何かに乗っ取られているようでした。彼女は足を高く蹴り上げ、腰で床を動き、ぐるぐると旋回し、ステージの前で見守るわたしたちのことどころか、自分自身のことすらも、もう認識していないかのように見えました。彼女の没頭に、その場の空気も、時間の流れすらも変わり、誰もが圧倒されて息をのんでいたように感じました。ついに踊りが終えられたとき、彼女の表情は放心をみせていました。

その夜、わたしの心は、すっかりこの女性に捉えられていました。わたしはこの女性とアシュラムの中ですれ違えることがあったらと願っていました。その歌もわたしの耳に残っていて、わたしはもう一度その曲を聴きたいと願っていました。その後のめまぐるしい時間の中で、わたしは彼女のことを忘れてプーナを後にしていましたが、今こうして、その女性が、わたしを見つけてくれたのです。

アルーナは、わたしがゴアにいることも、そこでダンスを教えていることもまったく知らないままに、内側の導きを頼りにここへ来て、わたしを見つけたということでした。いくつものビーチから成り立つ広いゴアの中で、わたしの滞在していたこのビーチへ彼女が来たことも、宇宙の力がその背後で働いていたことを感じさせるものでした。わたしは、わたしたちが何かを本当に望むならば、それは必ず与えられるのだということを覚えていたいと思います。

アルーナには、炎がありました。

彼女は自国でシャーマンと共に過ごした経験があると言っていましたが、わたしには彼女自身がシャーマンのように見えていました。呼吸と共に太陽を飲みこむことも、波と一緒に腕を踊らせることも、周りの木々がわたしたちを抱きかかえてくれることを感じながら、座ったままで、頭が土に触れるまで上半身をそりかえらせることも、アルーナが隣にいるとき、それらの体験はより深いものに感じられるのでした。

ポイを練習し始めたばかりだというアルーナは、ポイをしながらベリーダンスを踊れるようになることを夢見ているということでした。ポイは、鎖の先に火を点けることもできるおもりが付いたものを両手に持って、遠心力を使ってぐるぐると回すことのできるもので、旅人の中にはそれを持ち歩いている人たちも数多くいて、わたしも興味を持っていました。

彼女はわたしに、ある女性が、火の灯ったキャンドルが入っている器を両手に持ちながらベリーダンスを踊り、頭のてっぺんには花火のようなものを刺して、火花を散らしていたのを見たときのことも、興奮気味に話してくれました。彼女の熱のこもった語り口に、その女性の姿が目に浮かぶようで、わたしもすっかり熱くなっていました。わたしたち二人が憧れる女性像はとても似ていたように思います。逞しくて、それでいてしなやかで優雅な、自分のために官能的に生きているような女性です。

3

わたしたちのレッスンは続きました。

わたしは毎朝、アルーナよりも早くビーチへ出て行くと、お香を手に持ちながら、砂浜に大きな円を足で描いて、その周りを三回巡ると、円の中に入って彼女がやって来るのを待ちました。

わたしたちが踊るその聖なる円の中では、不思議なことが起こっていました。

ビーチでは野良犬たちが何匹も生活していましたが、わたしが円を描いているのを見つけるなり、遠くの方から何匹もの犬たちが駆け寄ってきて、サークルの中に入っては、その中で大人しく横たわるのです。アルーナは少し犬たちを怖がっているようでしたが、わたしにとっては、彼らは愛しい参加者でした。毎朝、わたしが部屋を出てビーチへ向かうと、犬たちは方々から走りよってきて、サークルが描かれるのをそばで待つようになっていました。

このサークルは、人に、わたしたちの境界線を示すのにも役立ちました。近くに腰を降ろして、わたしたちが踊っているのを見ていく人たちや、からかい半分で話しかけてくる人たちもいましたが、彼らが円の内側に足を踏み入れられることはありませんでした。このサークルは、わたしたちにとって、守られた、神聖な場所のように感じられました。


わたしたちの滞在していたゴアの北端に位置する、アランボールビーチは、一本の大きな木があることでも知られていました。それは大きなベンガル菩提樹の木でした。ヒンズー教の聖木です。アルーナと出会う前、わたしはハノと一度だけそこへ行ったことがありました。ビーチから、ジャングルのようにうっそうと木々が茂る中、草木をかき分けるようにしながら、道とも呼べないような道をずっと登って行った小高い丘の上にその木は立っていました。

木の根元にはシバ神の写真、お香とお供え物が置かれていました。何人かの旅行者がそこに座っていましたが、誰もが口を閉じて静かに過ごしていました。そこには特別な雰囲気が漂っていました。

この木の近くでは、七年もの間、そこで寝食をしている外国人がいるという話を耳にしていて、わたしはその人に会ってみたかったのですが、彼はわたしたちが来る少し前にこの場所から追い出されてしまったらしく、わたしはとても残念に思いました。彼は近くに畑を耕してジャガイモを植え、牛を飼い、彼の噂を聞いた旅行者たちが運んでくる食べ物を受け取ることで生活をしていたと聞きました。インドにいると、本当にいろんな生き方があるのだなと思わされることばかりです。

わたしはある朝、その木のことをアルーナに話し、わたしたちは夕暮れと共に、その木のふもとで、ベリーダンスを踊ることに決めました。その日の夕方、わたしたちは、ハノも一緒に、三人でそこへ向かいました。特別なのは、その菩提樹の木だけではありませんでした。途中、うっそうと茂った木々の奥で、ごつごつとした大きな岩の間に、小さな川がせせらぎを見せていました。その先に立っていた一本の木は、地中から盛り上がって出てきた、その根っこの一部だけでも、わたしのからだを優に抱きしめることができそうなほどの大きさでした。

わたしは二人に、先に行ってくれるように無言で伝えると、その木のもとへと下って行き、その根元にゆっくりと腰を降ろしました。沈黙は自然に訪れました。わたしは畏敬の念をもってその木にそっと触れ、その瞬間に思い起こすことのできるすべてに、心の中で感謝を捧げました。再び、ドラックを使っているかのような感覚に襲われ、その木や、岩や川、周りの存在の数々が空っぽになったわたしのからだの中に流れ込んでくると、わたしは生命で満たされるかのようでした。その木のもとをやがて去り、ハノたちが待っているはずの場所へと向かう途中も、ずっとその感覚はわたしの全身を満たしたままでした。わたしは、自分のどんな思考にも感情にも遮られることのない、無の境地にありました。

ベンガル菩提樹のふもとにたどり着くと、アルーナとハノがめいめいに沈黙して過ごしていました。ハノは、この数週間というもの、わたしの準備ができたときには、エネルギーを読みとるということを彼にして欲しいと言っていました。わたしたちの間にあった信頼と絆は、もしもわたしがそれに実際に踏み込んでみるとしたら、最初に行なうのは、彼であることを明らかにしていました。わたしはただ、正しいタイミングが訪れるのを待っていたのです。そして、その日、菩提樹の下で、初めてそれは起ころうとしていました。

わたしは最初、不安で、どんなふうに始めていいのかも分かりませんでしたが、今こそ、疑いや恐怖を超えて、わたしに与えられた贈り物を紐解くときだという確信に満ちていました。わたしは、土の上に腰を降ろしているハノの手を優しく取ると、ゆっくりと立ちあがらせました。ハノにはわたしの準備ができたことが伝わっていました。ハノはわたしに、彼の右ひざに長い間ずっと鈍い傷みが続いていることとの背後の理由を知りたいと言っていました。わたしは片方の手のひらをそっと彼の右ひざへ持っていきました。そしてもう片方の手が、自然と、乾いた土の上へと運ばれると、わたしは祈るような気持ちで、その感覚の中に自分自身を消滅させていきました。

わたしはやがて、空っぽの器となりました。目を閉じて、深くゆったりとした呼吸を繰り返しながら、わたしは、彼の右ひざに添えられた自分の手のひらの感覚へと入ってゆきました。やがて、いくつかのビジョンが、色や匂いを伴って現れ始めました。わたしは、まだ子供の彼を見て、そのときに起った、彼の感情やショックを味わい、右膝の痛みの起因に行き着きました。

それは、彼が幼少期に体験した、ある屈辱的な家族間の出来事に源を持ち、その体験を通して彼が感じた恥ずかしさは、解消されないままに、精神的なダメージとして彼の存在の中に留まったままだったので、彼の気づきと手放しを求めて肉体レベルに表われてきているようでした。ゆっくりと手のひらを離していき、わたしはこのビジョンを彼にそっと伝えました。彼はわたしのその見たその詳細のイメージまでをも思い出すことができました。

伝え終わると共に、わたしには自分をはるかに超えた存在が、からだの中をすーっと通り抜けて行くような不思議な感覚を覚えました。そして、それはとても心地の良いものでした。しばらくの間、わたしたちは二人ともが、とても繊細になっているように感じていました。

ここに来るまでに何年間もかかったことがおかしな気分がするほど、一旦起こってしまえば、それはとても簡単なことに思えるものでしたが、やはりわたしはこの歳月に感謝をしていました。この年月は、わたしにサイキックな力の持つ危険性やスピリチュアルな世界にある罠について教え、それは、準備が整った人を通して、適切な形で地上へ降ろされるべきであると理解させてくれていたからです。わたしは人生が、安易にわたしをこの能力を手に入れさせずに、相応の困難を与えてくれたことに畏敬の念を覚えていました。

日が落ちはじめ、気がつくと辺りが暗くなってきていました。わたしたち三人はそれぞれ、その聖なる空間を味わい続け、持ってきていたクレヨンで絵を描いたり、音楽を聴いたり、オラクルカードをひいたりしながら静かに過ごしました。やがてわたしたちは沈黙のままで、焚き火を始めました。

揺らめく炎は、わたしをトランス状態に誘います。わたしは土の上に腰を下ろしたままで、踊りだしていました。炎の熱が、頬の上で間近に感じられました。どの瞬間に気を失ってもおかしくないくらい、わたしは踊りの中に飲み込まれていました。耳に聞こえる自分の深い呼吸だけが、「わたし」

がいるということを感じさせる唯一のものでした。炎の向こう側で、アルーナが静かに歌い始めました。プーナで彼女が歌った、わたしの探していた歌でした。

Ancient Mother I hear your calling
Ancient Mother I hear your song
Ancient Mother, I hear your laughter
Ancient Mother, I taste your tears

太古の母、わたしはあなたの呼びかけを聞いています
太古の母、わたしはあなたの歌を聞いています
太古の母、わたしはあなたの笑い声を聞いています
太古の母、わたしはあなたの涙を味わいます

ハノはただ静かにそこにいて、恍惚の中へと導かれていっている二人の女性が守護と共にあるように、その空間を優しく抱きかかえていてくれているかのようでした。愛する二人と共にいるこの特別な夜に、わたしには、自分に歯止めをかけたり、何かを隠しだてするような必要は何ひとつとしてありませんでした。深い安堵と信頼に包まれて、わたしは満たされていました。

小さな懐中電灯と、キャンドルの灯《ともしび》を頼りに、わたしたちがすっかり暗闇に包まれた丘から降りて

きたのは、もう真夜中のことでした。ようやくビーチに辿り着いて空を見上げると、月が美しく輝き、海をロイヤルブルーに照らしだしていました。

わたしは、海には特別な思いを抱いています。海はあまりにも広大で、それは生命の根源であり、神の姿であり、命を育む一方で、人ひとりなど一瞬にして飲み込んでしまうような恐ろしさも持ち合わせていました。特に、夜の暗さの中で光るその権威には息も止まるほどでした。

わたしたちはこの夜、裸になって海の中へと溶け込んでいきました。アルーナはその美しい髪を濡らすと、のびのびと波に身を任せて海と戯れ、わたしが夜の海を恐れていることを知っているハノは、しっかりとわたしの手を繋でいてくれました。わたしは彼から一人の女性として深く愛されていることを感じていました。

高い波がこちらに向かってくるたびに、今度こそ、それはわたしたちを飲み込んで殺してしまうのではないかと怯えましたが、それ以上に、何が起こったとしてもそれでいいんだと思えるほどに、わたしは満たされていました。

4

恋人たちの間に試練が訪れるのは、愛の頂《いただき》ですっかり気を許しているときなのでしょうか。わたしとハノにも、それは突然訪れました。

きっかけは、一人の女性でした。

その女性は、プーナからのわたしたちの知り合いで、ハノの親友の恋人でした。

表面的には、特に目だって彼女に何か嫌なところが見受けられるわけではないのですが、わたしにとっては、この女性は、蛇のように危うく、捻くられたような、なんとも言えない嫌なエネルギーを持っている女性で、彼女がわたしたちの近くにいることを心地良く感じていませんでした。彼女もそれを察してなのか、わたしたちの間にはぎこちない空気が漂ってましたが、ハノはこの女性に対して感じるところは特に持っていないようでした。

ハノの友人が国へ戻り、一人でインドに残った彼女は、わたしたちを訪れたいと連絡をよこしていたのですが、その予定の日、彼女は時間になっても現われなかったので、わたしたちは近くのビーチで開かれている、有名なナイトマーケットへ行くことにして、出かける準備をしていたのですが、その矢先に、彼女はようやく姿を見せました。わたしは不快感を露わにしていました。彼女はさりげなく、ハノをわたしから離れたところへ連れ出すようにして歩きだすと、何やら小さな声で彼に話をしていました。いったい何を話しているのか、わたしはとても不愉快でした。やがてハノはわたしのもとへ戻ってくると、

「彼女がどうしても話したいことがあるんだそうだ。申し訳ないけれど、今日は彼女と夕食に出かけようと思う」

わたしは憤慨しました。すると彼は、わたしを信じられないような目で見て、

「今、ここにとても傷ついている一人の人間がいて、その人が、自分に話を聞いてもらうことを望んでいるときに放っておくことはできないだろう」

と、むしろ怒ったようにわたしに言いました。

わたしには、彼女が、本当に傷ついていて純粋に彼に話を聞いてもらう必要があるというよりも、

わたしとハノとの間に亀裂を生じさせようと意図しているようにしか感じられませんでした。ハノが、親切心で、本当に彼女を助けようとしているのが分かるからこそ、わたしは、彼が彼女の思うつぼにはまっていることがとても歯がゆくて仕方がありませんでした。わたしは思いっきり彼女をにらみつけると、二人のもとを後にしました。

数時間後にマーケットから戻ると、わたしたちの部屋の前のテラスで、すっかりしょげた様子のハノがわたしの帰りを待っていました。彼女がいったい何を彼に話す必要があったのか、わたしがハノに聞くことはありませんでした。仮にわたしの思い込みであったとしても、ハノがわたしの言葉に耳を貸さず、彼女を選んだことだけで充分にわたしはがっかりしていて、彼に対して完全に開いていたはずの心は閉ざし始めていました。わたしたちは、もうその話には触れずに、今まで通り一緒に過ごしましたが、わたしは、自分が信じて描いていたハノとの関係性に自信が持てなくなっていました。

ときを同じにして、ある朝わたしは、やたらに酸っぱいものをからだが欲しているのを感じました。あの夜以来なんとなく、わたしたちの間で少なくなっていた笑いを求めて、わたしは冗談まじりに、「妊娠していたりして」と彼に言いました。彼はひどく動揺しました。わたしも、子供が欲しいなどとは現実的にちっとも願っていることではありませんでしたが、その彼の動揺のほどは、まるでわたしとの関係すらを否定されたかのように受け取れ、わたしは知りたくなかったものを目の当たりにしてしまったような気持ちがしました。

彼はすぐに、自分が今、仕事を持っていないこの状況を思うと、わたしや子供をちゃんと養えるのかと不安を感じただけだと説明をしてくれましたが、彼の動揺を見たときに瞬間的に受けたわたしの痛みは、なぜか消せるものではありませんでした。わたしは彼の隣で眠ることができなくなっていました。息苦しさを覚えて、目は冴えたままでした。新鮮な空気を求めて部屋を出ると、冷えた砂浜の上でひとり朝まで眠ることもありました。わたしたちの間にあれだけ流れていた信頼は、もう見つけることはできないところへやってきていました。

「何にもしがみつくな」というのが、いつもわたしのもとへ戻ってくる教訓です。与えられているときに充分に受け取り、それがなくなるときがきたのなら、ただ手を放すべきだということを思わされることがこれまでに幾度となくありました。

ゴアを去った後も、二人でしばらくの間インドに残り、それからタイまで一緒に移動する間、わたしはハノとの幸せだった時間を忘れきれずに、なんとかその日々を取り戻したいと思いながら過ごしていましたが、それでも、日が追うごとに、わたしたちの愛や関係性は下等なものへと朽ちていっているように感じられました。

わたしたちは、最終的にお互いを手放すことに決め、ハノは、わたしが以前から話を聞かせていて興味を抱いていたバリ島へと旅を続けることにしました。わたしは、ゴアにいる間に、すでにこの夏のグループの開催に向けて準備を進めていましたので、日本へ早めの帰国を果たすことにしました。プーナではあれほど祝福に満ちていたハノとの関係性は、恋人としては壊れてしまいましたが、わたしたちの間には、変わらない絆がありました。

中空の竹

1

二〇〇七年はわたしにとって、まさに大変革の年となりました。

日本に戻ったわたしは、女性のための癒しと変容のグループを、これまでよりもずっと大きな規模で展開し始めました。そのときのわたしが分かちあうことを望んでいたのは、全身を貫くような神との合一の至福の体験でしたが、まずは、そこに行き着くための土壌が作られるようなワークから丁寧に入ってゆき、参加者の方たちが、「今ここ」というところへ帰ってくること、肉体や、自分が女性であるということの喜びに戻ってくることに対して働きかけました。根が強く地中に張り巡らされるならば、木は空へと、自由に伸びていくはずでした。

オーラソーマも、ベリーダンスも、タントラのエッセンスも、たくさんのシェアリングの時間と併せながら、それらがグループの中にうまく散りばめられることで、わたしたちに深く働きかけてくれることを感じていました。参加者の方たちが分かち合ってくれたことすべてにわたしは頭が下がる思いがします。

多くの女性が、タントラのエッセンスを理解し、多くの美しい気づきを分かち合ってくれました。自分の肉体をあるがままに受け入れて愛することも、ハートを開くことも、そして神なるものに身を委ねることも、わたしたちの誰もが切望していることのように感じました。

あるグループでは、わたしたちはひとつの円になって座り、瞑想をしていました。すると一人の女性が、自分の生殖器の辺りから、赤い色をしたエネルギーのようなものが、からだの外側へ流れ出ていっているように瞑想の中で感じていたと、話してくれました。赤い色は、女性性や愛、生命そのものの象徴です。

その女性は、婦人科系のがんを患い、手術で摘出をしていました。わたしは彼女に、ひとつの提案をしました。グループのためにわたしが用意していた真っ赤なベールのひとつを手渡すと、エネルギーが流れ出て行っていると感じていた子宮の辺りで、それを抱きしめてしばらく過ごしてみるようにと話しました。彼女は残りのグループの間中、そのベールを両手で抱きかかえるようにしていました。そして、最後に彼女が話してくれたことは、

「わたしは、病気を知ったとき、それには必ず意味があるはずだと思い、ずっと自分がその病気になったことを理解しようと努めてきました。でも、今、わたしは単純に、病気になどなりたくなかった、と、自分が感じているということに初めて気づきました」

というものでした。

なんという深い気づきなのでしょうか。

それが彼女の口から語られたとき、同じ女性としての共感と共に、わたしは胸がいっぱいになり、涙と共に言葉を失ってしまいそうなほどでした。自分の病気と真摯に向き合い、その背後にある理由

を懸命に見つけようとしてきたこの女性が、今は、ハートが感じている、「病気になどなりたくなかった」という、その純粋な悲しみを自分が感じることを許したのです。それこそが、彼女にこれからもたらさせるであろう大きな癒しの始まりを示しているように思えました。

スピリチュアルな理解は、ハートにある個人の真実へと戻ってくることの大切さに比べたら、小さなことにすら感じられました。ハートの純粋さを体験することは、わたしたちを繊細で傷つきやすくもしますが、それはまぎれもなく、わたしたちを大きく開く鍵なのです。

また、あるグループでは、しきりに愛という言葉を繰り返す女性がいました。彼女は、「わたしが無条件の愛にたどり着くのは、もうほんの少しのことだと感じています」と断言していました。

その女性は、スピリチュアルな世界に精通していて、熱心に学びを続けているセラピストでもありました。グループの間はずっと、他の女性たちや、わたしに対しても、母親が子供に向けるような思いやりや、心遣いを見せてくれていました。彼女の行動は、確かに愛や優しさを示すものでしたが、彼女が愛と言うとき、何か気になるものを感じましたので、わたしは彼女のエネルギーに波長を合わせてみました。

すると彼女の中には、自分こそが女性という存在を守らなければいけない役割なのだと信じている印象が感じ取れました。そこには男性に対する幻滅感があり、男性たちなどは除外して、女性だけで愛情に満ちて安全な世界を作り上げようとしているかのように感じ取られるエネルギーが漂っていました。

それは、離婚をした後に婦人科系の病気を患いながらも、一人で仕事をして、子供たちを育て上げてきたこの女性を支え、動かし続けてきた原動力であったのかもしれませんが、彼女の話している無条件の愛とは、スピリチュアルな観点からの愛であり、この女性一個人の、肉体を伴う、地上的な愛のことではないことが感じられました。

わたしは彼女の気づきを見守ることにしました。するとやがて、彼女をクリックするような瞬間がふと訪れたのか、彼女ははっとした表情をみせて笑いだしました。そして、

「もう随分長いこと、誰かに恋をしたり、愛したりしていません。わたしは、無条件の愛と言ってきましたが、それはたしかにわたしが達成できると感じているスピリチュアルな愛のことであって、実際に男性と関わって、自分のハートが巻き込まれるような肉体を伴う愛は、わたしは体験せずに来てしまっていると気づきました」

と、シェアをすると、そこから話は、彼女の好きな男性のタイプの話に広がって、わたしたちはみんなで笑い合いました。彼女の中から生まれたこの大きな気づきは、男性との間における愛の体験への憧れに彼女を再び開かせ、やがて男性への信頼と敬意を取り戻すための始まりなのかもしれません。愛憎や嫉妬のような感情すら体験し、その中を通り抜けていくことが、彼女の求めているスピリチュアルな愛に、やがて昇っていくことへと繋がっていくはずです。

「気づきだけで充分だ」とは、和尚の言葉、そして愛しいオマがコスタリカでわたしに囁いてくれた言葉です。わたしは、その気づきの瞬間を、たくさんの女性と分かち合い、共に感じ合って涙を流すことができることに、とてつもない感謝を感じていました。

わたし自身が傷で満ちていた二十歳の頃、日本で、ラハシャという名前のドイツ人のサニヤシンに

よるグループに参加をしたことがありました。それは、オーラソーマのセラピストたちが多く集まる、カウンセリングのスキルを学ぶためのグループでしたが、数々のワークと共に進められるそれは、実際、参加者たち自身にとっての、癒しや気づきのグループのようなものでした。

ラハシャは、その心の優しさが外側に自然に溢れ出ている男性であると共に、自分の中心ですっかりくつろぎながら瞑想的にわたしたちに働きかけることのできる、素晴らしい導き手でした。グループの中でわたしは、自分が寒さをとても恐ろしいと感じていることをシェアしました。今でもわたしは寒さが苦手で、それはわたしの元気をどこかへ連れ去ってしまうものなのですが、当時わたしが寒さに対して感じていたのは、苦手意識というよりも、恐怖そのものに近いものでした。

グループが行なわれていたのは夏のことでしたが、その部屋の冷房は効きすぎていて、それはわたしをとても怖い気持ちにさせていました。そのことをシェアしながら、わたしは泣きだしてしまったほどでした。全員が円を作って座っている中で、わたしとちょうど反対側に腰をおろしていたラハシャは、わたしの言葉に注意深く耳を傾け、何も言わずに、ただわたしを優しく見つめていました。そしてやがて席を立つと、わたしの方へゆっくりと歩み寄り、彼が自分の肩に巻いていた柔らかい布地のショールを、するっとはずしてその手に取り、微笑みながらわたしの肩にそっと回してくれたのです。わたしの目から涙がどっとあふれてきました。そのショールに柔らかく包まれた瞬間、わたしの中で、何かが充分に癒されたのです。わたしの恐怖が、愛情を持ってあるがままに認識してもらえたという、それだけでわたしは癒されたのです。それは素晴らしい錬金術でした。

ラハシャは、わたしの感じている恐怖を分析して理論に基づく説明を聞かせることも、わたしに寒さへの苦手意識をもたらしたようなトラウマになっているにちがいない過去の何かを話すように促すこともせず、瞬時にして、わたしがこのテーマについて癒やされることを可能にしたのです。

　参加者の誰かが手をあげると、わたしのことについて言及し、

「もしも、自分のクライアントで、このような人に出会ったら、実際はどのように対処したらいいのですか？」

と、いう質問をラハシャにしました。

　彼女には、彼がわたしに行なった素晴らしい錬金術が見えなくて、もしかすると彼の手法では物足りないように映ったのかもしれません。彼は微笑みながらも、

「あなたは、まだ彼女を変えようとしているのですか？」

と、はっきり答えました。

　ラハシャはわたしに、クライアントが抱える痛みや問題は、セラピストが変えようとするものではないことを教えてくれました。そこに愛と気づきがもたらされれば、後のことは必然的に、正しいタイミングにおいて起こっていくのでしょう。

　それから一年ほどが経ったある日、わたしはラハシャにメールを送りました。わたしの人生にはその当時よりも、ずっと光が差し込んでいました。わたしは、彼に改めて感謝の気持ちを伝えたかったのです。

　優しさに満ちた彼からの返事の中には、

「答えはいつもハートの中にあります」

と、書かれていました。

2

二〇〇七年のその夏、わたしは自分自身が多くのグループを行なうのと同時に、プーナから一人のイタリア人男性、サンバボを日本に招き、彼のグループのアシスタントをすることにもなっていました。彼はタントラやエネルギーワークのグループをリードする講師で、プーナで彼と話した際に、彼が日本でグループを行なうことを望んでいて、主催者と、通訳のできるアシスタントを務めてくれる人を探しているので、ぜひやってほしいということをわたしは聞かされました。その後で参加してみた彼のグループで、彼がたくさんいる参加者の名前をすぐに覚えて、全員をきちんと名前で呼びながら働きかけることも含めて、彼のカリスマ的な存在感の強さに心を動かされたわたしは、アシスタントと通訳を務めることを快諾しました。主催までは手が回りそうもなかったので、海外からの講師を招きながら様々なグループを主催されている人に連絡を取り、わたしたちは、サンバボによる、泊りがけのタントラのグループを、長野県の女神山というところで開くことに決定しました。

ついにサンバボが日本に到着した日、わたしが彼を最初に案内したのは、都内にある大きな公園の中に佇む、小さな神社でした。わたしたちは再会の喜びを味わいながら手を取り合って、小さな木のベンチに向かい合って腰をおろしました。わたしたちは目を閉じて、お互いのエネルギーが混ざり合うのを感じながらしばらく瞑想をしました。

わたしはプーナでもイタリアのグループでも、通訳をした経験はありましたが、マイクを手に、すべての通訳を行なうというのは今回が初めてのことでした。この大役を務めるのに、わたしの英語の語彙が充分なものであって、四日間、参加者の人の足を引っ張らずに終わらせることができるだろうかという不安も膨らみ始めていましたが、同時に、これまで通訳を何度か務めた経験の中で、通訳の役割とは、言葉を別の言語に置き換えるというだけのものではなく、自分を空っぽにし、話している人の言葉を内包しているエネルギーを感じながら、そのエッセンスをそのままに伝達するべきものだと思うようになっていましたので、サンバボとこうしてしっかりひとつになって取り組める限り、きっと大丈夫だと信頼していました。

わたしは祈りました。

「グループの間、わたしがずっと、空っぽのチューブのようになれますように。彼の言葉、参加者の人たちの言葉、そこに込められたエネルギーを、そのまま純粋に流す媒介になれますように」

そして、その祈りは聞き入れられました。

グループが始まるやいなや、わたしは再び「自分」というものがわたしの中から去っていくのを感じました。わたしが通訳をするうえで問われているのは、どの瞬間も、ただ完全に、「今ここ」にいるということだけのように思えました。

無私の状態になって、他の人の言葉を通過させることは、わたしのからだをどんどん空っぽにし、それはまるでわたし自身を浄化していくかのようでした。その体験は、和尚が、しなやかになびく竹の内部の空洞さについて述べていたことをわたしに思い出させるものでした。

グループが終わったとき、わたしは自分が実際にワークに参加していたわけではないのに、たくさんの気づきや恩恵を受けとっていることを感じました。わたしのエネルギーは、より、地上に根づいたものになっているように感じられましたし、これが、この地上における実際的な自分の生活を潤すことに対して責任を持つためのスタートを切るきっかけであると感じました。

プーナで受けた鍼治療を機に、わたしは男性との関わり方を振り返り、踊りや瞑想の中で、恍惚感に満ちた体験をするだけではなく、もっと、この現実世界で、自分自身を喜ばせることや幸せにすることの大切さに気づき始めていました。けれど、こうして自分自身もタントラのグループを提供しているにも関わらず、わたしは未だに、実際生活の中で自分を満たすことに充分には意識を向けていないようにも感じていました。

わたしはもっと、日常の中の小さなことに目を向けて居心地の良い生活を送ったり、人生のセクシュアルな側面を楽しんだり、男性との関わりにおいては自分の欲求や、何を嬉しく感じ、何を望まないのかをはっきりと表現していく必要性がありそうでした。かつて、恋人の住んでいる部屋の温かみを感じて、自分の借りていたゲストハウスの殺風景さに愕然としたことがあったように、旅の間に短期間だけ滞在する日本での生活において、わたしは、物質的な環境をおろそかにしていたり、男性との関わり方においては、自分の立ち位置にあまりかまけないところがあって、その結果、蓋を開けてみると、どうしようもないところに身を置いているということがしばしばありました。

実際にそのときも、わたしは、わたしに以前から好意を抱いていたことを知っていた男の友人の家で一緒に住んでいました。特にわたしはその人に魅かれていませんでしたが、いずれにしても、彼は仕事で夜遅くまで帰ってこないようだったので、たったひと部屋の狭いアパートでも、わたしは一日中自分一人の空間を持てるわけなので、短い間住む分には問題はないという安易な考えでした。

彼が自分の友達に、わたしのことを彼女だとして紹介することに、別にこだわりは感じてはいなかったので否定もしませんでしたが、彼は部屋の片付けなどに無頓着だったので、結局は家にいる時間の長いわたしが洗濯や掃除をしていたり、必要なものを買うのもわたしだったり、料理をしても、どれだけそれを感謝してもらえているかも分からない程度の反応なのには、いい気がしていませんでし

た。わたしは数回、その人と寝ましたが、それは話にならないほどつまらないもので、しかもその人の口から、

「女の人もセックスがしたいこととかあるの？」

と真顔で聞かれたときには、わたしはすっかり呆れていました。

　そんな生活を送りながらも、わたしはサンバボを迎える準備や、自分自身のグループで忙しく、仮住まいやこの友達のことに煩わされていられるような時間もなかったので、それについてどうしようとか考えることはないままでした。けれど、サンバボのグループを終えた今、神や神聖なるものとの関係はさておき、わたしはもっと地に根づいた、物質世界に生きる、現実のひとりの女の人に変わっていました。

　アパートに戻ると、わたしが家を空けていたこの四日間に、部屋はすっかりまた汚くなっていました。今までは平気だったはずのことも、わたしには急に耐えられなく感じられていました。わたしはこの家を出ることに決めました。何がいけないのかと慌てて尋ねる彼に、わたしは、わたしが掃除、洗濯をしていることや、彼が買い物をわたしに任せていること、それから彼女と呼びながら、わたしを喜ばせようとする行為がないことも、つまらないセックスも、多くのことがわたしには合わないということを伝えました。

　実際にこうして言葉にして伝えてみると、自分が現実世界をおろそかにしてきたこと、自分の欲しいものや基準を明確にせずに、手に入るものに甘んじていたことを、改めて思い知らされる気がしていました。

　これまでもわたしはいつも、内心では、一緒にいる男性には、わたしのためにお金を使ってくれたり、美味しいものを食べに連れて行ってくれる人であることを望んできましたが、それを口に出すこ

となどは間違ってもできないことでしたし、わたしは自分に対して、自立をしているべきだというような条件づけを持っていたのか、上手にリードをとってくれる男性に対して素直に甘えられないようなところもありました。スピリチュアルであるということが、物質や実際性に対して、貪欲になることと相反することだと、頭のどこかで思い込んでいたことも、わたしを豊かさから遠のかせていたようでした。わたしは、これからは、目の前に表われたものに簡単に甘んじるのではなくて、最初に自分の望むことや、自分の周りにいてほしい人たちを明確にしておいて、物質世界の豊かさを楽しむのだと決めました。それはとてもわくわくすることでした。相手に自分の望みを押し付けてしまうことをわたしはこれまで恐れていましたが、相手に押しつけるでもなく、自分の望むものに蓋をするでもなく、自分の望みを明確に表示して、そこに波長が合う人と出会うことを自分に許せばよかったのだと思いました。わたしたちが何を望もうと、その望みに相当する相手は、必ずどこかにいるはずなのですから。

わたしが的を定めたのは、現実世界で成功していながらにしてスピリチュアリティーにも精通していて、わたしが踊りや瞑想の中で至ることのできる高みまで、セックスを通して連れて行くことができ、豊かな食事やデートで、わたしをすっかり女にしてくれるような男性でした。

そして、一人の男性が現われました。

3

彼をひと目見たとき、この男性がわたしの人生に入ってくる人であるということはすぐに分かりました。正直なところ、彼の外見はわたしに魅力を感じさせるものではありませんでしたし、奥さんと子供がいながらにして、わたしに必死でアプローチをかけてくるその人の図々しさに、わたしは初め、腹が立ち、邪険な対応をしていましたが、この男性がわたしをこれから自由にしていくこと、わたしが的を定めた、まさにその男性であることも直感していました。

わたしは彼に、今わたしが欲しいのは、素晴らしいセックスを体験させてくれて、わたしに惜しみなくお金を使い、わたしを敬い、女であることを満喫させてくれる男性であるということをはっきりと伝えました。

わたしにとって、今、選ぶ男性の条件は、それらを喜んで叶えてくれる人でした。それがこの男性にはできないことだったり、それを聞いて引かれるようなのであれば、それはそれで構わないと思いました。けれど、彼はわたしの望みをしっかりと受け止め、それからの数カ月間、わたしがこれまでしてこなかった体験の数々を与えてくれました。

この大胆な告白の後でさえ、わたしは彼と初めて抱き合う日、初めて誰かとセックスをするときには、未だに決まってやってくる、あの、わたしの心やからだが痛みを覚えないだけの繊細さを持って相手が触れてくれるか、わたしを怯えさせて、またわたしの意識がどこかへ飛んでしまうほどの痛みを思い出させてはしまわないだろうかという恐れと内側で戦っていました。

わたしがシャワーから出てくると、この男性は照明を落とした部屋の中で腰を下ろし、目を閉じて瞑想をしていました。彼に組み敷かれると、その片方の手のひらは、わたしのからだから離れたところからゆっくりとわたしの胸の中心に下ろされました。なんとも言えない温かさがその箇所から全身に広がり、わたしは深い安堵感に包まれました。さっきまで頭の中で葛藤していたわたしの緊張は、温かいお湯の中へ全身を浸したときのように溶け去ってゆき、わたしは、肉体以上の自分の存在が、彼によってゆっくりと開かれていくのを感じていました。

この男性は、わたしに初めて、交わりにおける深い悦びを体験させてくれていました。わたしたちは、そこにタントラ的な要素を織り交ぜ、その悦びを肉体を超えたものへと変容させていきました。そこで覚える恍惚は、男女の性的な交わりが、霊的なものへと昇華され得るものだとわたしに確かめさせ、男女の交合が、わたしが今まで一人で没頭してきていた、セックスを介さずになされる神との交合にも匹敵し得ることに気づかせました。

彼は、肉体の悦びを通して、次々にわたしを解放し、自由な女性として生きることの可能性を広げてくれました。わたしは、わたしのあるがままを抱きしめてくれるこの男性の前で、自分が何を好ましく感じ、一方で何を望まないのかを、制限や条件をかけずに探究していくことができました。

一人で歩くことがほとんどだった七年間の旅の中には、もちろん大きな自由がありましたが、同時に、道を調べることから、交渉をすること、重い荷物を運ぶことから、移動のためのバスや列車のチケットを買うことまで、自分で責任を持って行なわなくてはならないことは当たり前でした。普通に暮らしていたらパートナーの男性がしてくれるようなことも、バックパッカーとしての旅においては、男性と一緒にいるときでさえも、わたしにとってそれは同じことでした。

彼は、今までそのようなことを自分で全部してきたということにも気づいていなかったわたしに、それらの役割を、喜んで全部引き受けてくれ、わたしから取り除いていってくれていました。それはわたしに、男性に頼れるということのシンプルな幸福感や、女性としての優雅で贅沢な気分を与えてくれるものでした。彼との関係性の中で、わたしが一人の女性として安心感を得てくつろいでいくにつれ、わたしの直観能力は、日増しに広がりを見せてゆきました。彼は、そのことに対しても、わたしに深い敬意を払い、わたしのその才能が羽ばたくことができるようにと、様々なサポートを与えてくれました。

彼への信頼と感謝が深まり、わたしは彼を愛し始めていました。そして彼は、家族と離れることになっても、わたしと暮したいと話すようになっていました。彼が、家族とわたしとの間で苦悶する一方で、わたしにとっては、彼に家族がいることは、実はまったくと言っていいほど、問題になるようなことではありませんでした。彼のわたしへの愛がひしひしと感じられるものであったことこそが、わたしが、彼から家族を奪って、わたし一人を愛して欲しいと願う必要性を起こさせていなかったからです。彼にはこれまで通り、奥さんや子供を愛して幸せでいてくれたらいいと思いましたし、彼がわたしと一緒に暮らしたいと言ってくれるのは嬉しいことでしたが、わたしはまたいずれ日本を離れるでしょうから、それはあまり現実的なこととは思えませんでした。

彼は、長い間、自分個人の真実や自由を生きたいのだと思いながらも、彼自身が、幼少期に両親の離婚を経験して、両親や妹と離れ離れなって暮らしてきた背景から、何があっても、離婚だけはしてはいけないものだという掟に縛られているとのことでした。わたしが唯一疎ましく感じていたのは、彼がわたしと会うために家族に嘘をついていて、それに対する罪悪感にさいなまれているということでした。彼の苦悶は理解できるものでしたが、家族に対して嘘をつくということを日々重ねているのは、まぎれもなく彼自身による選択でした。

わたしは、彼がわたしに対してどんな言葉を口にして涙を流そうと、彼が体験しているドラマの中に巻き込まれたくはありませんでした。彼を愛していましたが、わたしはいずれ、彼に家族がいるからという理由ではなく、彼が自分の真実を生きずに、生ぬるい人生の中で流れていっているということによって、彼のもとを去ることになるように感じていました。そして、そんなことはきっと起こりえないことでしたが、そのときのわたしは、彼がわたしへの愛を、罪悪感や後ろめたさを持たずに家族に対して報告することができて、同時に、彼の家族も、彼の新しい愛に対して幸せ感じて祝うことができるならばいいのにと思っていました。彼はこれまで通り、家族と仲良く暮らして、彼からの愛を共通に分かち合うわたしと彼の奥さんも親しくなって、みんなで愛し合うことができ、そこに、自分のポジションが相手の女性によって奪われてしまうのではないかなどという脅威がなかったら、どんなに素敵だろうと、わたしは真剣に思っていました。

わたしは完全に狂っていたのでしょうか。

けれど、もしも奪い合うようなものであれば、それはすでに愛ではないと思いました。

4

その年の秋、わたしはバリ島でヒーリングのグループを行う予定があり、わたしは主催者との打ち合わせを兼ねてバリ島を訪れ、そこでハノと再会をすることになりました。心の隅には、今でも、ゴアでハノとの間で起こった出来事は苦々しく残っていましたが、わたしたちの友達としての繋がりは変わらずに強く残っていて、わたしが日本にいる間も、頻繁に連絡を取りあっていました。

ハノはグラフィックデザインや建築の経験を生かして、いくつかのプロジェクトに関わりながら、ウブドに腰を降ろしていました。三カ月ぶりに再会を果たすなり、彼は、女性としてのわたしが大きく変わっていることを見てとりました。わたしは以前よりもずっと自由に、自分を表現する女性になっていました。

ウブドは、わたしが最初に来たときよりも、インターネットカフェや新しいお店も増えて、さらに発展しているようでした。ライステラスに囲まれた、これまでと変わらないのどかさは残っていましたが、残念ながら、道に座り込みながら、声をかけてくる男性たちの数も変わっていませんでした。女性が前を通り過ぎるたびに、片言の日本語でいやらしい言葉を投げかけてきていた男たちは、今でも同じことをしていました。

七年前には、わたしにとっては、数人で固まって座っている彼らの存在は脅威的でしたし、彼らの言葉に胸を打ち砕かれて、彼らの前を通り過ぎた後で涙が出てくることもありました。けれど、今、わたしが同じことを体験したときに感じるのは、悲しみや怖さではなく、単純に怒りでした。彼らは、女性を辱めることを楽しんでいるのです。言葉を使って、彼らは女性の聖域を犯していました。わたしはもう誰にも不当に自分を傷つける行為をさせることは許すつもりはありませんでした。けれどその当時、ただ超然として、自分の中に湧きおこる感情や反応を見守るということに到達していなかったわたしは、通り過ぎざまに彼らをにらみつけたり、暴言を吐き返してしまっていて、そんなことをしても、彼らに対する不快さは消えていくものではありませんでした。

そしてある日、彼らの脇を通り過ぎるときに同じことが繰り返されたとき、わたしはふと足を止め、一人の男の正面に立っていました。その瞬間、「この男の目を見ろ」という声と衝動がわたしを駆け抜けました。わたしは、そのにやついた男に、彼がかけていたサングラスを外すことを命じました。彼は意外にも素直にサングラスを外しました。するとそこにあったのは、まっすぐ見るのには耐えがたいほどに、まったく純粋なものを失ってしまったような、くすみ、濁った目でした。それはわたしに、なんともいえない嫌悪感をもたせました。この人には、何を言っても伝わらないだろうと思いました。わたしは、

「あなたは病気だわ」

と言い残すと、その場を立ち去りました。

その日、わたしの脳裏にはその目がすっかり焼き付いていて、その出来事が頭から離れませんでした。彼の目を見据えてしまった瞬間、何か見てはいけないものを見てしまったような気がして、それがわたしを落ち着かなくさせていましたが、それが何だったのか、よく分からずにいました。

わたしは、数週間の滞在の間に、通りを歩くたびに毎日こんな様子では、自分を保てるかどうか自信がありませんでした。そして同じ体験は、間を置かずに、またすぐに起こりました。わたしは、怒りに爆発しかけていました。わたしがどんなふうに対応しても、この男たちにわたしに構わずにいさせる術はないように感じました。怒りの中で、一人の男の目を見据えると、「この男の知らないことを暴いてやる」と、またあの衝動がからだを駆け巡りました。そのときのことを思い出すと、今でもわたしは自分自身の愚かしさにぞっとします。

わたしは、その男の目の中に、男の死ぬときの映像を見ました。彼の死ぬ日を知りました。その瞬間、それをそのまま吐きだし、この男を呪ってやりたいという衝動が喉元まで上がってきていましたが、同時に、わたし自身のために、それだけは何があってもしてはいけないという警告が強く打ち鳴らされました。わたしはこの体験に混乱し、まだ止まない怒りに巻き込まれながら、自分をどうにか抑えるように急いでその場を立ち去りました。

わたしは本当に、見てしまったのでしょうか。

それとも、わたしの怒りが、ありもしないその物語を頭の中に作りだしたのでしょうか。

いずれにしても、わたしは自分に対して怖くなりました。

プーナで最初にそれが起こり始めたときには、直観が働いたり、人や物のエネルギーをわたしが感じ取るときには、いったい何がきっかけでそうなっているのか、どうしたらオンとオフの状態を自分の中で切り替えられるのかも分からずに圧倒されていたわたしですが、徐々にそれは、わたしが、美や善にチューニングを合わせ、セッションを通して、わたしがその人の聖域に入ることを許されている立場にあるときだけに起こるようになっていました。わたしの意図は、むやみにすべてを知ることではなく、その人の痛みの原因にたどり着き、そこに気づきがもたらされることで、癒しが起こり、再び本来の喜びや美しさが取り戻されることにありました。それなのに、わたしは今日のように、自分の怒りや復讐心に突き動かされて、その扉を押し開いてしまったこと、そしてそのような意図であっても、やはりわたしには見えてしまったことにショックを受けていました。このようなことは、何があったとしても、決してしてはいけないことだと十二分に理解していたつもりでしたし、もしもそこで見たものを口にしてしまうようなことがあるのならば、わたしの魂は一気に下等なものへと堕ちてしまうような気がしました。

その一方で、これからバリ島を出るまで、毎日そのような場面は続くであろうことを思うと、わたしの中で、彼らに相当な打撃を与えてやりたい気持ちが溢れ出てきて、わたしには、果たして、その衝動を抑え続けることができるかどうか自信がありませんでした。

わたしはアルサナさんに会いに行きました。

わたしが取り戻しのつかない過ちを犯す前に、とにかく助けが必要でした。運良く、すぐにアルサナさんのセッションを受けられることになり、わたしは、七年前と変わらないアルサナさんの笑顔に導かれて、彼の施術部屋へと上がっていきました。わたしは、もう泣いていました。わたしにとっては、あまりにいろいろなことが起こっていたこれまでの年月。新しく開かれ始めた能力への戸惑いや、そのことが原因で起こり始めていた、周りの人から誤解されることの辛さや、男の目の中に自分が見てしまったものへの混乱。アルサナさんに会えた途端、張り詰めていた糸が切れてしまったようでした。

限られた時間の中で何かをかいつまんで話すにはあまりにいろいろなことがありましたし、いずれにしても、必要なことはアルサナさんには伝わっているはずだと思ったので、わたしはただ、涙を拭いてマッサージベッドの上に横になると、アルサナさんの手にからだを任せました。

施術が終わり、アルサナさんは、からだを起こしたわたしがまた、泣いているのを見つめながら、

「ほとんどの人は理解しないものだ。分かるのは二十パーセントの人ぐらいなものだよ……。あなたはなかなか難しい道を進んでいるね」

それを聞いてわたしは、

「難しい道ですか？」

顔をあげると、アルサナさんはにやっと笑って、また、わたしの自分へのこだわりや自分を特別だと思いこむようなエゴを崩すかのように、

「いや、大して難しくはないよ」

と言いました。


宿に戻ると、わたしはハノと宿のテラスに腰を下ろし、アルサナさんに会ってきたことと、男たちの間に起こったこと、そしてこれから日本に戻るまで、自分がどうやってこの人たちに対処していけばいいか考えあぐねいているということを話しました。わたしは初め、ただ、話を聞いて欲しくてハノに話していただけのつもりでしたが、話しているうちに、ふと、そもそも、どうしてわたしはこのような状況を、自分で全部対処しようとしているのだろうかと思いました。

ハノは、今ではわたしの恋人ではなく、親友でしたが、それでももし、その人たちのところに行って、わたしには二度と声をかけるな、などと言ってくれたら、どれだけ心強いことかと思いました。そうしたら、仮にそれでもわたしに対する男たちの対応が変わらなかったとしても、わたしを守ろうとしてくれる男性の存在があるというそれだけで、きっとそんな男たちのことは無視できる強さを持てるのではないかと思ったのです。

これまで、旅をすることは、わたしを男性から自立させる一端を担っていて、また、わたしは、わたし自身も含め、霊的な道を行く人たちというのは、どんな状況も自分で対処することを学んでいるのだと信じているところがありました。けれど、わたしの中には、自立をすることを自分に課す一方で、男性に抱っこをされるようにしながら生きていたいというような両極さがありました。

わたしは自分が、男性に対して多くを望みすぎているのか、それとも、それは女性として当然そうであってもよいことなのか、分からなくなっていました。けれど、わたしの心は、自分の傍にいる男性には、自分が他の男性によって辱められるときには立ちあがって欲しいと願っていましたし、わたしと、誰か女性との間で何かが起こったときにも、わたしの傍についていて欲しいと思いました。わたしは自分が、未だに、フィンランドで恋人がわたしをサポートしなかったことや、ハノがゴアで、わたしよりも別の女性の言葉を選んだことに対して傷ついていて、男性に対して期待をしてはいけないと思っていることを痛感していました。そしてわたしは、未精算の傷を抱えたままで、新しい能力に目覚めていくことは、とても危険なことだと感じていました。

シャーマンは、まず、自分自身を浄化することを強く求められるということを聞いたことがあります。バリ島にはアルサナさんのように、ホワイトマジシャン、バリアンと呼ばれるシャーマンもいれば、ブラックマジシャンも存在しているといいます。わたしはバリ島には、光と闇の両方が存在していることを肌で感じていました。

わたしは、このバリ人の男性との出来事によって、わたし自身が、簡単に、ブラックマジシャンのようになってしまい得る可能性を見せられたように思い、その可能性を恐ろしく感じました。

わたしはハノに、ゴアでの一件に対して、実は自分が今でも深く傷ついているのだということを話しました。すると彼は、あの夜、彼女がとても傷ついていて彼に話を聞いてもらう必要があると訴えた後で、わたしが去り、彼女と二人になった途端、実はこの女性が自分の助けなど必要としていたわけではなく、単に彼に自分を構って欲しかっただけだったということに気づいて愕然としていたこと、そして、話を蒸し返してしまうことを恐れて、その後悔をこれまでわたしに告げることができなかったということを言いました。彼は、わたしに、わたしが彼女の魂胆を見抜いていたことが分らずに、傷ついている一人の女性をないがしろにしようとしているのだとしか見ることができなかったことを謝罪しました。わたしにとって、彼が彼女について行かないことがそんなに大事なことだと、自分はあの夜、認識していなかったと彼は言いました。わたしは泣き出していました。

あの夜、わたしは、彼がもしも彼女について行くことを選ぶなら、わたしたちの関係が終わってしまうということを分かっていたにも関わらず、彼の選択の自由を尊重するためだけに、彼を引き留めることをしませんでした。相手の自由を尊重するということが、どこかでわたしの不文律のようになっていたのでした。わたしは、彼にすがってでも、わたしたちの関係性を終わらせたくないから、どうか彼女のもとへは行かないでいて欲しいと素直に言えなかったことを残念に思いました。

わたしは、自分自身が、霊の道を行く者でも、瞑想をする者でもある以前に、愛する男性の前では、感情の海をもつただの女であるという事実を、ないがしろにしてきてしまっていたようでした。彼は、今からでも、この出来事によってひびが入ってしまった自分たちの絆を修復することに責任を取ることができるのであれば、何でもするつもりだと言いました。わたしは最初、そんなことは今さらできるわけがないと、泣きながら言い返し続けましたが、最後には、彼の言葉に押され、それなら、彼が今、わたしに言ったことを、そのまま彼女に話すようにと言いました。

その日の夜、ハノは、わたしたちの友人を通して彼女の居場所を聞くと、彼女が滞在しているはずだという、ヨーロッパにあるリゾートに、わたしの目の前で電話をかけました。電話が彼女につながると、彼は、あの夜、わたしたちの間を拗れさせたいがためだけに彼女が彼に仕掛けた手口に、今でも嫌悪しているということを淡々と話していました。受話器の向こうでは、彼女が早口でわめいているのが聞こえていました。ハノは、

「君の言葉を聞くつもりで電話をしたわけでないんだ」

と言いました。

わたしが今まで見てきたこの男性は、優しくて、あまり自己主張もせず、いつも人の話によく耳を傾けて、誰とでもうまくやっていける温和なタイプだったので、わたしは彼にこういうことが言える一面があるとは思ってもいませんでした。ハノは、受話器を抑え、真剣な顔でわたしに向き直ると、他に何か、この場ではっきりさせておきたいことはあるかと聞きました。首を横に振るわたしを見ると、彼は受話器を持ち直し、

「自分の無知で、最も愛する人を傷つけてしまった」

と言うと電話を切りました。その大きな一日の後、わたしたちは言葉少なく宿へと戻りましたが、わたしは彼が、十二分なことをしてくれたように感じていました。わたしは彼に、彼が今夜してくれたことと引き換えに、わたしも今後は、この話を決して蒸し返さないことを約束しました。わたしたちは改めて抱きしめ合い、そこには、これまで以上の信頼と絆がありました。壊れてしまった関係性は

元に戻すことがなくても、愛はいつでも連れ戻すことができるようでした。

成長の過程において、わたしたちには、自分のハートが感じていること、その真実をあるがままに認識することの大切さを学ぶときがあるように思います。

ハートの真実を語ることは、それが純粋な形で表現される限り、相手を支配することでも依存することでもないのです。わたしはこれまで、自分が何かを感じたときに、それは相手に受け止めてもらえるものかどうか、あるいはその望みはスピリチュアルなものであるかなどということに捕われながら、「正しい女性」であろうとしてきてしまったように思います。高い意識を持つ、瞑想的な人たちは、何が起ころうと委ねられるはずだというのは、霊性に対するわたしの誤解でした。それに気づいたことは、わたしにとっては大きな目覚めでした。


わたしは日本に戻りました。

そして再会した恋人に、わたしを愛していることを彼がこそこそと隠していなければならないのであれば、この関係は終わりにしなくてはならないこと、そして、彼がわたしに会うたびに奥さんに嘘をついて出てきていることに対して、同じ女性としてわたしは心地良く思っていないということを伝えました。

それはわたしのハートにある真実でした。

謎は、謎のままに

1

実は、わたしの告白よりも早く、彼は、彼の奥さんに、わたしとのことを話す決意を固めていました。まだ小さな二人の子供も含め、奥さんとのこれまでの関係性が終わることになることや、そして、わたしもまた海外に戻ることをもってても、嘘を重ねる生き方は自分のためにもうしたくないと彼は言いました。わたしは、その言葉に、彼に対しても、わたしたち二人に対しても、喜びと幸福を感じました。これから先、彼が実際に離婚をするのか、奥さんと子供との生活を続けていくことになるのかということは、わたしの存在や、わたしたちが分かち合っている愛が隠されたものでなくなった以上、わたしにとってはあまり関係のないことのようにも感じていました。

ところが、この新しい始まりは、彼の生活を、予想以上に変えていくことになっていきました。彼の告白によって、すっかり心のバランスを崩した奥さんが病院に通いだすことになってしまい、彼が、子供たちの面倒を見るために、仕事を長期で休まざるを得なくなってしまったのです。わたしたちの会える機会は極端に減ってゆき、これからどうなっていくのか、わたしたちには先が見えませんでした。

そんな中、わたしは、彼の勧めで、あるヒーリングのセッションを受けに、六本木のホテルにやって来ていました。彼の話によると、アメリカから今、来日している女性が行なっているそのセッションは彼にとって特別なものだったようで、いろいろな変化を迎えている時期を通過しているわたしの助けにもなるのではないかと、彼が受けさせてくれたのでした。

少し緊張しながらホテルに到着したわたしは、まだ約束の時間よりも少し早いことを確認すると、ロビーの隅のソファに一旦腰を下ろし、手帳の空白のページを広げて、ペンを手に持ちました。自分がいったい何をこのセッションから持ち帰りたいのかを明確にしておこうと思ったのです。このセッションが何を目的としていて、その中で何が行なわれるのかということは把握していませんでしたが、とにかく、このセッションを受ける、わたし自身の意図は何なのかを、あらかじめはっきりさせておきたかったのです。

わたしは、自分の内側からメッセージがやってくるようにチューニングを合わせると、左手にペンを握り変え、言葉が書き出されるのを待ちました。しばらくするとそこに、――「それ」を見せてください――と、記されました。わたしはその言葉を見つめました。やはりまた、「それ」です。そのときのわたしは、恋人と一緒にいられるように、旅を諦めて、日本で仕事の基盤を作っていこうかとか、それともやはり一人で海外を巡りながら仕事をしていける方法を彼と見つけていこうかなどという思考の間で揺れていて、さらには、直感能力の目覚めが大きなギフトのように感じられる一方で、今回のバリ島での一件は、それを自分が誤用してしまうのではないかということへの恐れも生まれ、いろいろな疑問がわたしの中にうごめいていましたが、わたしがこのセッションから何かをもらえるとしたら、わたしが願っているのは、それらの解決策ではなく、「それ」に触れられることでした。

「それ」にさえ交わっていれば、物質界で出会うあらゆる局面の問題は、それがどんなものであれ、簡単に片づけられるような気がしていました。

──「それ」を見せてください──

わたしはこの意図を胸に、その女性の待つ部屋へと上がりました。

2

彼女はとても愛らしい雰囲気の年配の女性でした。

扉を開けると、わたしは優しく迎え入れられ、わたしたちは少し話をしてから、セッションへと移りました。彼女が脇に腰を下ろす中で、わたしはベッドの上に仰向けになって寝そべりました。目を閉じてしばらくすると、何か特別なエネルギーに包まれているのを感じ、全身はくつろいで広がっていくようでした。足が自然に動き始め、片脚だけがぐぐーっと遠くまで伸びたり、腰の方に向って縮んだりしていました。わたしは柔らかい呼吸を続けながら、起こっていることを楽しんでいました。もっと動きが大きくなったり、何かすごいことが起こったらいいなどとも思っていましたが、やがてからだは動きを止めてしまいました。ベッドにただ横たわっている状態がしばらく続き、わたしはだんだんと飽きてきて、あくびまで出てきました。あまりの手持無沙汰に、わたしは寝返りを打つかのように、からだを右や左に動かしていました。わたしが期待しているような劇的なことは何も起こる気配がなく、なんとなく苛立ってきて、彼女のためにわたしが付き合ってやっているような気さえ起こっていたそのとき、わたしはふと気がつきました。

わたしはもしかすると、セッションに飽きているのではなく、生きていること、人生そのものに飽きていることを見せられているのではないでしょうか。

旅を始めて、人生が生き生きとし始めてからというもの、わたしの中に芽生えた新たな恐れは、いつの日か、自分が人生に飽きてしまうということでした。毎日が、平凡で、同じことの繰り返しのように感じられる生ぬるさをもってしまうことだけは避けたいと願っていました。

わたしは、それを避けるために、人生に様々なドラマを持ちこみ続けているのでしょうか。

今、このセッションにその事実が反映されているように思いました。わたしはどの瞬間にも、星が爆発するような、輝きを見ていたいと願っていました。わたしが欲しいのは、恍惚やエクスタシーで、それ以外のものは、一切生きたくないと思うようになっていました。わたしの熱狂のすべては、宇宙の神秘や謎のような、魂を鼓舞し、無の境地へと導かれるような至福にありました。

わたしは人生の中で、連続した「それ」だけが欲しいのです。そんなことがわたしの中を巡っていたある瞬間、からだの中から答えがやってきました。

その声は、こう言っていました。

―「それ」は、どの瞬間においても起こっている―

―今、「それ」に気づくことができなければ、どこにも「それ」を見つけることはできない―

静けさが再び訪れました。

彼女が優しくわたしの肩に手を置いて、セッションの終わりが告げられました。

わたしは、その声が言ったことを忘れられませんでした。

「それ」はもしかすると、そもそもわたしたちの中にあって、常に起こっていることなのでしょうか。「それ」は、出来事の種類を問わず、すべての瞬間の中に隠されているのでしょうか。

そうだとしたら、「それ」を見つけられるかどうかは、どの瞬間にも、わたしたちの手に委ねられているということになるのかもしれません。

「謎は、謎のままにしておけばいい」

数年前、北インドのヨガのアシュラムで出会った一人の子は、そう言いました。

わたしにとっては未だに、世界も宇宙も謎だらけです。

自然界の成り立ち、人体の仕組み、惑星たちの秩序、恋に落ちること、時間や空間。

宇宙のすべての秘密は、その中心に存在する小さな核のようなもの、「それ」という一点に集約されているのではないかと、わたしは想像します。すべての謎は、「それ」の中で明かされているような気がするのです。しかし、「それ」自体もまた、謎です。情熱を持ち、何かに没頭すること、何か高次の存在に自分を明け渡して委ねること、無になって自分を失い、恍惚に身を任せること。それらの中に、これまでわたしは「それ」を見つけてきました。

それでも、「それ」を定義することはできないような、わたしが体験してきたものは、「それ」のほんのひとつの顔にすぎないようにも思えました。謎、また謎。謎を征服したところで、わたしが満たされるとは思えません。

「謎は謎のままにしておけばいい」

彼女はそう言いました。

わたしは、「それ」に魅せられながら、自分にはまだまだ知らないことばかりなのだということだけを知っていればいいのかもしれません。

3

恋人から注がれる愛は、仕事におけるわたしに、確実な広がりをもたらしてくれていました。

わたしはその頃、ヒーリングの個人セッションのひとつとしてベリーダンスを用いていましたが、「タントリックベリーダンス」として行なっていたそのセッションでは、明らかに瞑想、そして肉体を通しての霊性とのコンタクトの色を濃くしていきました。わたしは心からの愛情と共に一人一人を迎え、彼女たちがこのレッスンにやってきた真の理由や、どんな要素を自分の中へ連れ戻したいと願っているのかなどの全体像を認識しながら、彼女たちが、本来の完全な存在に戻ることを願い、導きました。

中には、がんを患って以来、女性性の大切さに気づいたという背景と共に来てくれた人や、自分のからだにコンプレックスをずっと抱いていて、それを払拭したいという人もいました。ほとんどの女性が、踊ること自体が初めての体験であったにも関わらず、瞑想から始めるレッスンの中で、目を閉じてはうっとりとした表情さえ見せてくれる彼女たちの誰もが、涙が出そうになるほど本当に美しく、わたしにとって、彼女たちとダンスを分かち合うその時間は祝福されたものでした。

タントラの精髄である、自分に対して「イエス」をいうこと、「今ここ」にあること。わたしたちは、音楽と踊りの女神へと自分たちを開き、一瞬一瞬を鮮やかに体験しました。

あれだけ女性を嫌い、自分が女性であること自体を受け入れることができなかったわたしが、今こうして、何よりも女性たちといる時間を愛し、彼女たちが癒されることを願っているということは、本当に興味深い人生の変化でした。宇宙とは、わたしたちが、自分の才能や、魂が約束してきたことを世界に分かち合うために、その反対のように見えること、困難やチャレンジを最初に経験させてくれるものだと、わたしは思っています。

エネルギーリーディングのセッションにおいても、わたしのアクセスできる次元は確実に何層にも増してきているようでした。口にすることを一瞬ためらってしまうようなメッセージであっても、わたしは自分の瞑想的なスペースからやってきた直観や、クライアントのからだに近づけた自分の手のひらで感じた印象を信頼して、ありのままを伝えられるようになっていました。それは期が熟し始めていることを内側で感じることのできた時期でした。

ひとりの男性から愛を注がれ、わたし自身が女性であることや、女性的な質の中にある叡智を崇められたことによって、わたしは花開くことができたかのように感じていました。この新しい変化に戸惑い、自信をなくすようなときも、彼の絶対的なわたしの持つ能力への信頼は、何度もわたしを後押ししてくれました。彼は、わたしからエネルギーリーディングのセッションを受けることを望んでいて、わたしたちは、ふさわしいタイミングが訪れるのを待っていました。

そして、ある夜、ホテルの一室で、ついにそのときが訪れました。

わたしたちは静かにセッションへと入っていきました。

4

照明を落とした部屋で灯していたキャンドルのひとつの炎が、わたしたちの導き手となりました。

当時わたしは、リーディングをする際に、女神や、元素、クリスタル、香りなどと繋がり、それらの助けを借りてセッションを行なっていました。それはわたしを無のスペースに連れて行くためのシンボルでした。その小さな炎の中をしばらく眺めていると、トランス状態は、すぐにいつものようにやってきました。わたしは炎の万能な力を称えてそれに頭を下げながら、わたしを導いてくれるように静かに呼びかけました。それからわたしは、仰向けに横たわっている彼の足もとへ回り、両腕を広げると、この男性の中にある完全なる存在に対する信頼と尊重を、無言のままで約束して、頭を下げました。

わたしは、炎の導きに従いながら、彼のエネルギー体と繋がり、手のひらを彼のからだの上にかざしながら、チャクラから感じる情報を読み取り、その中から送られてくるメッセージに耳を傾けました。わたしは、そのセッションにおいて、炎の存在が、今までにないほど、力強いものであることを感じていました。まるで、静まり返った部屋に、わたしと彼、そして炎という、もうひとつの存在がいて、わたしたちは三人の同意のもとに、丁寧に彼に働きかけているような感じでした。セッションを閉じる段階になり、わたしは少し上がっていた彼の呼吸が楽なものに戻るのを待ってから、セッションの間に起こっていたことと、わたしが彼のからだから読み取ったメッセージや情報を伝えようと思い、彼のベッドの脇に椅子を持ってきて静かに腰を下ろしました。これは、いつもと同じセッションの流れでした。

クライアントがゆっくりと目を開けて戻ってくると、彼女からもセッション中に体験したことをシェアしてもらったり、わたしが気づいたことと、受け取った情報やメッセージを伝えながら、お話をしていました。わたしはお茶やお水を二人のために用意して、わたしたちは、まだ繊細な空気の流れる空間の中で、和やかに残りの時間を過ごしました。

ところがその夜、わたしが彼の横に腰を降ろし、間もなく、彼と話を始めようと思ったとき、まだその存在を強く残していた、セッションの導き手の炎は、自分が彼に直接メッセージを伝えるということをわたしに伝え、さらに、彼には、寝そべったそのままで楽に呼吸をしながら、ハートを開いて話を聞いているように言いなさいと、わたしに言いました。初めての出来事に、わたしはしばらく戸惑っていましたが、

「炎がこれからあなたにメッセージを伝えますので、どうぞそのままで耳を傾けていてください」

と、彼に伝えました。

そして、わたしが再び目を閉じると、炎の強い存在がわたしに押し寄せてくるような感覚がやってきて、そして、わたしのからだを乗っ取った感覚をはっきりと覚えました。わたしのからだは今、その未知の存在で満ちていました。わたし自身はというと、部屋の隅の方へ移動させられ、テーブルに小さく腰をおろして、炎が、横たわる彼の横で座っているのを見守っていることが分かりました。からだの中にまだ少し残っているわたし自身の意識は、この出来事が本当のことであるかを再確認するかのように、「これは本当に、炎に象徴されている、わたしを超えた高次の存在が彼に話そうとしているのだろうか」「わたしは本当に、とんでもない猿芝居を繰り広げようとしているのではないか」と、あえて自分に尋ねることを忘れませんでした。それでも、確かに今や、その存在はわたしのからだを満たし、その言葉は喉元まで上がってきていました。目眩にも似た感覚に襲われ、寒気を覚え、

わたしは怖くなってきました。

けれど、やがてわたしは、完全にその存在にからだを譲ると、部屋の隅に落ち着きました。そして、それはゆっくりと語り始めました。決して急ぐでもなく、長いこと彼に話しかけ続けていたように思います。それは、とても明確に、そして賢い言葉で、彼に語りかけていました。彼の幼少期に始まり、これまでの彼の人生すべてに渡る道筋を、まるで地図を開くかのように説明し、それらが現在の彼にどう影響を及ぼしているかということを明かしていました。やがて話は、彼が今、直面している彼の家族と、まさにわたし自身のことにも及びました。

その存在は、彼に、

「どちらへ行ってもいいのです、選ぶのはあなたですから」

そして、

「あなたが何を選ぼうと、あなたの道を邪魔しないように、わたしはリクタに伝えておきましょう」

とも言うのを、わたしは聞いていました。

「リクタはあなたの彼女に対する深い愛情に感謝しています、そして彼女もあなたを愛しています」

というわたしの声を自分の耳で聞くのは不思議なものでしたが、その言葉がわたしの感情とは別のところから流れているのは確かでした。その後も、たくさんの事柄が彼に語られていたようでした。そしてそれは最後にひと言、

「すべてはただ流れていくのですから」

と言いました。

「これからわたしは去り、リクタが戻ってきます」

というのをわたしが耳にした直後に、彼の隣で椅子に座っていたわたしのからだは大きく痙攣を起こ

し、それがわたしの中へ入ってきたのを感じたときと同様に、頭は後ろへぐんっと引っ張られたかと思うと、激しく上下に揺れ、何度かの乱れた呼吸の後で、わたし自身が、からだの中に戻ってきたことが分かりました。

強烈な体験でした。わたしたちは、その存在から、セッションが終わったら、それぞれ別々に、静かに時間を持つようにも言われていたので、わたしは、目を閉じて、まだその空間の中にいる様子の彼を部屋に残し、廊下に出ると、窓から暗がりの外を眺めて休みました。

「すべてはただ流れていくのですから」

それはそう言いました。

きっと本当にそうなのでしょう。すべてはいずれ流れていくのです。正しいことをしたとしても、道を外してしまったとしても。すべてが流れていくのであれば、いったい何を恐れるというのでしょうか。わたしは自分がこれまで恐れていた数々のことに思いを馳せました。サイキックな能力を解き放つことそのものこそが、わたしの一番の恐れだったように思われました。その能力の真偽性に対する猜疑心、その能力の誤用への恐れ、人に理解してもらえないことへの恐れ。けれど、それらの恐れよりも大きなところに、これがわたしの魂のもつ質であり、果たすべきことなのだという信頼がずっとありました。

すべてが流れていくのであれば……そしてそれはきっと本当にそうなのです。わたしたちはいつか死に、人生でしたことも、しなかったことも、去っていくのです。わたしはもう、自分の魂が果たそうとしていることに邪魔をしないことに決められそうでした。

わたし自身のこの物語を本にして送り出すことも、ジャッジされることや、間違ったことを書いてしまうのではないかという恐れを超えて、自分のスピリットを世界に放つ、わたしにとっての大きな一歩です。迷いのときは、終わりを迎えました。すべてが流れていくというのならば、わたしはただその流れに身を委ねることにします。

5

この夜を境に、わたしのセッションはさらにその層を拡大させていきました。ところが同時に、プーナでそれが起こったように、周囲からは再び、見境なくいろいろな情報やエネルギーがわたしの中に飛び込んでくるようになってきてもいました。どうやらこれは、わたしの意識のレベルが変化したり、その次元が移行するごとに起こることのようでした。もちろんわたしは、それに対してただ無防備でいたわけではなく、セッションのときだけにそれらにアクセスできるように調整していたのですが、東京の雑踏の中や、ぎゅうぎゅう詰めの電車の中では、自分を守りきれそうにありませんでした。

仕事は軌道に乗り、恋人との間では、彼の奥さんの状態が安定を見せてから離婚に移り、わたしたちは都内で一緒に住み始めようと話が進んでいたのですが、わたしは徐々に、東京で仕事を続けることにも、そこに住むことにも限界を感じ始めました。そして、ときを同じにして、追い打ちをかけるように、信じがたいことが起こり始めていました。

彼の奥さんがわたしに対して抱く思いが、距離を置いて、わたしのもとへ飛んで来るようになったのです。彼女の中で渦巻いている悲しみや怒りが、目に見える形でわたしのところに現われ始めました。自分の人生を邪魔した女性に対して彼女が抱く、そのエネルギーはとても強力なもので、やがてわたしはそれに憑依され始め、身動きが取れなくなってしまう夜が続きました。

そんなときには特に、恋人に傍にいてほしいと思いましたが、その頃には、仕事も長期休暇を出し、半ば放心状態の奥さんから目を離せなくなっていた彼は、子供を残して家を出てくることもできなくなっていました。わたしが家の中で怯えているそんな夜には、バリにいるハノが代わりになって電話越しにわたしと一緒にいてくれました。やっと彼と会うことができても、わたしが彼の抱擁にからだを開くと、その途端、わたしは彼女のエネルギーを部屋の中に感じ、彼の腕の中にいるわたしのからだに彼女が入ってくるのが分かりました。まるで、彼に触れられるのは自分だけなのだと言わんばかりにわたしに憑依し、からだから彼女を追い出そうとするわたしを身悶えさせました。持ってきていたセージや塩などを使って、わたしは身をよじりながらも儀式をし、その間、彼はわたしの中にいる彼女に話しかけ、出て行くようにと促しました。このような出来事は、わたしたち二人共を、疲労させていきました。映画の世界のようなことが、わたしにとっては日常茶飯事になりつつありました。


二〇〇七年の冬、わたしはベッドの上で重たいからだを持て余しながら、目もうつろに、空《くう》を見つめていました。気持ちは重く沈み、偏頭痛や息苦しさは日増しに強まっていくようでした。

そんな状況の中で、わたしは仕事を一旦辞めることを余儀なくされていましたが、わたしの意図に関わらず四六時中続く、エネルギーに対する過敏さが止んでくれるのであれば、セッションは続けていきたいと願っていました。そのためには、今はどうしても、彼とも日本とも離れる必要がありました。自然の中で守られながら、わたしがこの能力に開いていける場所と言えば、思い浮かぶのはやはりバリ島でした。バリに潜む闇のことや、声をかけてくる、あの地元の男たちを思うと、それは大きなマイナス点でしたが、わたしに今、起こっていることをすべて理解してくれているハノがそこにいることが、わたしがバリへ戻ることを決めさせました。

彼は、自分が一緒にいられない状況の中でわたしが苦しんでいることを考え、わたしがバリ島で休養をとること、ハノのそばにいることに同意してくれました。恋人への愛が深まり、深い信頼の中で性愛を探究するほどに、わたしはやはり、愛や自由は、関係性よりも救われるべきものだというところへ行き着いていくかのようでした。

わたしは、一対一の関係性を重んじるよりも、純粋に、自分の中にある愛そのものに対して忠実になっていくようでした。わたしとハノがかつて恋人であったことは、彼も知っていることでしたし、わたしたちのこの先が見えない状況の中でわたしがバリ島に戻れば、ハノとまた関係を深める可能性があることは、わたしも彼も認識していることでした。わたしたちは、彼の奥さんが精神的なバランスが取り戻し、子供たちや家を任せられるところまで回復をするのを待って、バリ島で再会するつもりでいましたが、それがいつのことになるのか、果たして、わたしたちが望んでいるように物事が流れていくのかなどは、実際には、分からないことでした。

わたしたちは、二人の間に、今、流れている愛だけを確信して、一旦離れることとなったのです。

わたしは誰か

1

バリ島の空港に着くと、わたしはハノに温かく迎え入れられました。

東京の人ごみや、溢れる雑多なエネルギーを思えば、ここは聖域のように感じられました。徐々に偏頭痛や呼吸の苦しさは収まり始め、恋人の奥さんの念を感じることもなくなりました。けれど、雨季のウブドは、緑が色濃く広がり、空気はねっとりとまとわりつくようでした。この自然の中で、わたしの知覚はどんどん広がっていくかのように、他の人には見えていないであろう色々なものを体験させていきました。

誰と会話をしていても、その人のついている嘘はもちろん、表面には表わされていない微細な感情の動きや、言葉の裏にある意図、そして、これから近いうちに何が起ころうとしているのかまで、わたしには明らかに見てとれるようになっていました。それらの中には、ときに、わたしをひどく傷つけるものもありましたし、それらが他の人たちには体験されていないことだという事実は、わたしに孤独を感じさせていました。

ハノでさえ、その次元ではわたしを理解できないことを感じると、わたしはもう誰とも日常レベルで繋がることはできないのではないかと思い、気持ちは沈みました。わたしは田んぼのあぜ道や、うっそうと茂った木々に囲まれたところに借りた家で多くの時間を過ごし、極力、人に会わずに済むことを望むようになっていました。

そんな中でわたしが唯一安心できる対象は、自然や動物、そして小さな子供たちだけに思えました。彼らからはなんの嘘も、捻られたエネルギーも感じ取ることはありませんでした。メールや電話で連絡を取り続けている恋人との間にも、なかなか現実的な進展が見えてくるようなことは起こっておらず、わたしたちはしばらく会えそうもありませんでした。

そんな折に、彼と何気ない会話を電話でしている中で、突然、彼は、自分が今でも奥さんと肉体関係を持っているということを、わたしに告げてきました。彼は、わたしのことを奥さんに話して以来、もう奥さんと男女の関係になることはないとわたしに言っていたのです。わたしは奈落の底に突き落とされた気分でした。彼は、奥さんの精神状態を早く安定させて別居が可能になるためにも、しばらくはこれまでと同じように生活を続けるつもりだと言い、わたしにそのことを隠していたつもりではないと言いました。けれど、わたしにとって許せなかったことは、彼が奥さんを愛することでも、セックスをしてきたことでもなく、わたしに嘘をついていたということでした。

わたしが奥さんの念に乗っ取られ、恐怖にもがきながら一人で過ごしていた夜にも、もしかするとこの人は奥さんを抱いていたのかもしれないと思うと、わたしの心は、彼の裏切りに、ちりぢりに引き裂かれました。受話器越しに、思いつく限りの暴言を叫び、携帯電話を投げ捨てるように切ると、わたしは気が狂ったようにその場に泣き崩れました。

今まで彼に対してあれだけ深く抱いていた信頼は一瞬にして跡形もなく消え去り、今となっては、わたしの中に残されたのは、不信と恨みだけでした。奥さんが立ち直り、自分がいなくても、子供たちの世話をきちんと奥さんができるようになるのを見届けるまで、もう少し待たなくてはいけないという彼の言葉を信じ、わたしは寒い日本に留まってきました。奥さんの怒りに襲われる夜も、その状況の中でさえ、彼女が癒され、彼女が新しい道を見つけていくようにと祈ってきていたわたしには、それはあまりの仕打ちに思えてなりませんでした。

復讐心が湧きあがりました。彼の嘘が、わたしをどれだけ傷つけたかを分からせるためには、どんなことでもして、彼に自分のしたことを後悔させてやるのだと、わたしは怒りに燃えました。そしてわたしは、ひたすら復讐心にエネルギーを注ぎ、実際に、彼に対する数々の愚行を繰り返していきました。わたしは、乾いてギスギスとした、痛々しい女に変わり果てていきました。

2

ある日の明け方、眠りの中からうっすらと意識が戻り、目が覚め始めた頃、わたしのからだが、突然、激しく波を打つように暴れ始めました。背中がぐっと浮き上がっては、ベッドに何度も打ちつけられ、わたしのからだは何かに貫かれたかのように、頭の先までが、がくんがくんと大きく動きました。わたしは瞬時に、また誰かが中に入ってきたんだと思いました。強引に目覚めさせられたばかりの頭は、まだぼんやりとしていて、目すら開けられない状態でしたが、わたしは、これからまた相当のエネルギーが消耗されることを覚悟しました。からだはまだ異様な動きを続け、口からは唸り声が漏れていました。この朝のそれは、恋人の奥さんがわたしの中に入ってきたときの様子とは異なる感覚がありましたが、いずれにしても、それがなんであれ、わたしはまた儀式を行なって、それに出て行ってもらい、その正体を明かす必要がありました。

わたしは苦しく揺れ続けるからだをどうにか支えて、ベッドから這い出しました。その頃には、意識はすでに変性状態に入っていましたが、儀式に必要となるであろうものを揃えるべく、なんとか階下へと降りて行きました。水や塩、マッチとキャンドル、お香や紙とペンなどを手当たり次第に、腕に抱えた箱に詰め込み、庭に出ると、わたしは自分の片腕のほどの長さもある、大きな葉を、力いっぱいひきちぎりました。まるでドラッグをしているときのような意識状態の中で、異様に繊細になっているのか、葉っぱがちぎられた瞬間、その葉っぱの痛みを強烈に感じると、わたしは泣き出してしまいました。這うようにしながら家の中に戻ると、今までも何度かしてきたように、腕を大きく背中に廻して葉っぱで扇ぎながら、わたしの中に入ってきた存在が出て行くように、口を開けましたが、そのときになって、初めてはっきりとした違和感を覚えました。これまで、誰かがわたしに憑依をしたり、何かがからだの中に侵入してきたときとは、明らかに違うという気がしました。相変わらずもがき続けながら、床に倒れこむと、わたしはもうどうしていいのか分からずに、

「誰なんですか?」

と声に出して言っていました。すると、それはすぐに返事を返したのです。

「あなたこそ、誰だというのですか」

そして、沈黙がありました。

なんということでしょう。わたしが聞き返されたのです。わたしは理解しました。それは、追い出せるような相手ではなかったのです。それは「わたし」でした。普段わたしが自分だとして認識して、笑ったり怒ったりしている自分の背後にある、純粋な意識としての「わたし」でした。わたしが生ま

れたときからこの瞬間までずっと、何を体験していようとも、その体験の背後でわたしを見守っていたような存在としての「わたし」でした。普段わたしが、わたしだと思っている、このわたしこそ、いったい何者なのだろうという問いが、胸の中に波紋のように広がり始め、わたしを自分の内側へと静かにつき返していました。

「わたしは誰だろう」

自分自身に対して、わたしがこう問いかけていたのは、本当にまだ小さい頃のことです。家の縁側に一人で佇みながら、繰り返し、声に出してつぶやいていました。

「わたし、わたし、わたし」

そう繰り返すごとに、だんだんと不思議な気分になってきたものです。自分は自分のからだを指さしながらそう言ってみましたが、だんだん、これが本当に自分であるという確信はなくなってくるのです。

「わたし、わたし、わたし」

この言葉を発しているわたしはいったい誰だろう。そして、それを聞いているわたしはいったい誰だろう。繰り返すたびに、どんどん分からなくなってきます。渦の中へ飲み込まれていくようです。

まだ小さなわたしは、これが特別な問いかけであることを知っていました。だから、この秘密の問いのことは誰にも話しませんでしたし、誰かに答えを教えてもらおうとも思いませんでした。この問いは、特別な扉を開けることのできる鍵のようなものだと感じていたのです。

それから二十年以上もの間、すっかり忘れていたその問いに、わたしは突然、連れて帰されていました。わたしたちが、自分だと信じて「わたし」と呼んでいる自分の後ろには、より大きく、完璧で、わたしたちの生死に関わらず、常にあり続けるような自己が存在しているのだと思います。

この朝の出来事は、自分の人生のドラマにすっかり飲み込まれているわたしに、そのような存在が、わたしの目を覚ますために送ったサインだったのでしょうか。これがわたしだと信じきっているものを崩壊させ、わたしを高次の意識へと連れていくための啓示だったのでしょうか。疲れ果てて、わたしはからだを休める必要がありました。

それから数日後の明け方には、眠っているわたしの顔に聖水がかけられました。わたしの顔全体にぴしゃっと水がかかるのを皮膚で現実的に感じて目を覚ましたのですが、そこには何もありませんでした。わたしの狂い始めた生活の背後で、何かの力が確実に働いていました。わたしの意識を変容させ、人生を新しくするような何かが、わたしの知らないところで進められているようでした。それにも関わらず、わたしは転がり落ち続け、その後、続く日々は地獄のようなものとなっていくのです。

それらは、復讐心の無益さにわたしが気づくためのレッスンだったのでしょうか。

さなぎが蝶になるように、変容のときには、痛みが伴うものなのでしょうか。

3

恋人に対し、罵りのメールを送り続けるわたしの生活は、すっかり円滑さを失っていました。何をやっても物事は思い通りに進まなくなり、からだはもちろんのこと、踊ることなど拒否をして、ハノには、敢えて、わたしが傷つくようなことばかりをさせてしまっては当たり散らしていました。そんなことなら、ハノにもう会わずに、一人で家に籠って過ごすのだと決めてみても、日が落ちると、毎日のように、どこからともなく様々なビジョンがやってきて、それらはわたしの身を恐怖で固めて動けなくさせていました。このままでは発狂してしまいそうで、わたしは止むなくハノに電話で助けを求め、日が昇るまで、一緒に過ごしてもらうのですが、ハノに依存せざるを得ないような状況は、わたしを余計にみじめにさせていきました。

ハノの行動の多くが、日増しにわたしの逆鱗に触れるものに変わり、わたしたちは毎日のように喧嘩をするようになっていましたが、それは実際、わたしが恋人に対してのネガティブな感情をハノに投影していることが原因でした。わたしはそのとき、自分の痛みをただ充分に体験し、それを癒していくことに責任を持つことなど考えもせず、ただ自分の傷を他の人に見せつけては、それに対して支払いを求めるようなことばかりしていたのですが、自分が何をしているのかということにまったく気がついていませんでした。

わたしは、とうとう連絡のつかなくなった恋人の代わりに、自分の怒りや痛みを表わしてぶつけられる対象を必要としていて、ハノとの間のちょっとしたことに反応しては、泣きながら怒鳴り散らし、それでも、わたしは明らかに、ハノに傍にいてもらうことを必要としていました。わたしは毎日のように、口がきけなくなったり、錯乱状態になって、食器を手当たり次第に割ったり、裸足で家を飛び出すようになっていました。そのたびにハノはわたしを取り押さえに走り出てくると、なんとかわたしをなだめ、家に運び戻すと、ベッドに横たえ、隣で一緒にいてくれました。

わたしはすっかり気狂いじみた人間になっていて、意識が戻って目を開けたときに、疲れ切った表情で休んでいるハノを見ることに、一種の快感や安心感を覚えるようにすらなっていました。わたしは、自分の生命線を、ハノに注目してもらえることに託すようになっていたのです。

バリ島の磁場の強力さは、住んだことのある人なら、誰でも知っていることです。

意図したことは、それがなんであれ、そのまますぐに表わされ、その人のもとへと帰っていくかのようでした。因果応報の摂理が、ここでは時差をもたずに働くのです。わたしの否定的な思いも、まるでブーメランのように、わたしのもとへあらゆる形で帰ってきました。

ある日の喧嘩で、とうとうハノを殴った日、わたしのその手には、手から腕にかけて、大きなシミのような斑点が大量に放出しました。わたしの右腕はまるで八十歳のおばあさんのそれでした。

またあるときは、硬く大きな膿《うみ》の塊が両まぶたに現われると、わたしの目を押しつぶすかのように痛々しく腫れ上がり、しばらくの間、わたしはろくにものを見ることができなくなりましたが、それは実際、わたしが物事を正しく見ることができなくなっていることを反映しているかのようでした。

そして、わたしのハートがもう愛に満ちたものでなくなっていることを象徴するかのように、わたしの両胸は、明らかに小さく萎んでいき、わたしをとても悲しくさせました。

ある日の夕方、いつものように、小さないざこざで口がきけなくなり放心状態になったわたしを、ハノは初めて家に置き去りにしてどこかへ行ってしまいました。それはわたしにとっては、あまりにもショックなことでした。それから二日が経ち、彼はようやくわたしの前に現われました。そしてわたしは、ハノがその二日間、わたしの知らない女性と過ごしていたことを知りました。彼は、それを隠そうとはしませんでした。彼は淡々と、誰かと愛し合う感覚を欲していたこと、わたしが彼を罵り続けていたように、わたしの気持ちは自分に対してはもうないものだと感じていたということ、その女性はもうバリ島を去っていることをわたしに伝えました。わたしは、ハノの気持ちが手に取るように分かりました。

わたしがハノを愛しているのと同時に、日本で恋人ができ、彼を愛しているということを話したときも、それをそのまま受けとめ、わたしが恋人の奥さんの念に苦しむ夜は、何時間も電話でわたしと一緒に過ごしてくれていたこの男性を、わたしは長い間、なんの感謝も愛情も表わさずに酷使し、ただ自分の苦しみのはけ口にしてきたのです。彼にはまったく非はありませんでした。けれど、それを理解しているにも関わらず、わたしは自分が弱っているときに置き去りにされ、この男性がわたしの人生から消えてしまいかねなることを思うと恐ろしくなり、彼を責めてしまいました。

わたしを見つめて、彼が、しばらくわたしたちは距離を置くべきなのかもしれないと言ったとき、ついにわたしは、最低の選択をしてしまいました。わたしは彼の目を見据えると、恐ろしいことを口にしていました。

「あなたが死ぬ日は十月三日よ！」

彼の呼吸が一瞬止まったのを感じました。わたしのそれも止まりました。

「本当なのか？」

と、ぽつりと言う彼に、わたしはもう返す言葉がありませんでした。わたしはなんということをしてしまったのでしょう。どれだけわたしが嫌悪した人たちに対しても封印をしてきたことを、他でもない、この一番大切な友達にわたしはしてしまいました。わたしは人間の底辺まで堕ちたように感じました。サイキックな能力をこんなことのために使ってしまったわたしは、下等な人間として底辺からやり直すしかありませんでした。もう二度と、サイキックな能力はわたしには戻ってこないでしょう。戻ってくるべきではないのです。

彼はしばらくその場に立ち尽くした後で、

「リクタ、今まで、何があっても君を愛してきたけれども、僕には、初めてその自信がなくなっている。しばらく会わないでいよう」

と言うと、背中を向けました。

彼がわたしのもとを去った直度、わたしは謝罪のメールを彼に送ると、バスルームに入り、自殺を試みました。

輪は巡って

1

人生で最もひどい時期でした。

メールの気配から、飛ぶように戻ってきたハノにわたしは助けられたものの、わたしは自分自身の犯した過ちに打ちのめされていて、その後も自傷行為を止めることができませんでした。信頼し、愛の中で浸りきっていた恋人との終焉、そして大切なハノとの関係まで壊してしまったこと。わたしの弱ったからだには、尾底骨が砕け散ってしまっているような感覚すらありました。からだを支えるはずの柱が、粉々に砕けてしまったようなそのリアルな感覚に、わたしの足もとはおぼつかなくなり、両足でしっかりと地面を踏みしめることもできなくなっていました。その状況は、まさにわたしの精神や霊の状態をそのまま表わしていました。わたしはもう、一人では生活をすることができない状態にまでなっていました。ハノは、わたしの家に移り住み、二十四時間体制でわたしのそばにいることを余儀なくされていました。

これまでの人生においては、わたしは行き詰るごとに、どこか別の場所に移動することで新しく始め、その状況を乗り切ってきましたが、今回は、その気力がないどころか、彼を自由にすることすら考えられることではありませんでした。わたしはハノなしには、外出することもできないところまで来ていて、あんなこと言ってしまったにも関わらず、わたしはハノに、わたしがまともな状態を取り戻すまで、どうかそばを離れないでほしいと懇願していました。

一人で世界を気ままに放浪して、愛に対して自由に自分を開いていたわたしはどこへ行ってしまったのでしょうか。からだが、魂が、踊ることの中に飲み込まれ、誰かが癒される手助けをすることを至福としていた女性はどこへ消えてしまったのでしょうか。わたしはとことん落ち込んでいました。ハノは、こんなわたしに対して、何から何までしてくれていました。日中、ベッドの上でうつろにからだを投げ出しているわたしは、ハノが仕事を終えて家に戻ってきてくれると、今日はもう、この後ずっと彼を独占できるという安心感に、ようやく起き上がることができました。

わたしたちは一緒にDVDを見たり、ご飯を食べながら笑いあうこともまだできましたが、隣で眠るベッドでは、わたしたちの間に、今までにはなかった距離感と冷たさが流れていることが感じられました。わたしは、ハノがいつまた突然いなくなってしまうかもしれないと思うと怖くて仕方ありませんでしたし、ハノはハノで、自分を呪ったわたしを恐ろしく感じているようなところがあって、わたしたちがもう一度抱き合うことは、間違ってももう起こりそうにはありませんでした。

もしもセックスが、自分の欲求の処理のために相手のからだを用いるようなものだったり、局部的に行なえるものであれば、それはどうにか可能だったでしょうが、わたしたち両方にとって、セックスはそういうものではありませんでした。わたしたちは、セックスに対して、お互いに向けて開かれたハートを必要としていましたし、そこには信頼や安心感が欠かせないものである以上、わたしたちが再び、肉体を通して、ともに神聖を体験することは不可能に思われました。

わたしは、ハノとの間で自分が招いたその結果に対しては、まだ冷静に受け取ることができていました。しかし、ときが経つにつれて、わたしは次第に、もしかするとハノに限らず、もう誰とも抱き合うことができないのではないかという不安を覚えるようになっていきました。わたしは自分の中に、女性的なハートの広がりも、官能的に開かれた肉体の喜びも、まったく感じることができなくなっていたのです。どんな人と出会えたとしても、今のわたしにはセックスなどできそうもないということに気がついたのです。

これまでは、誰かとの関係性が終わり、悲しみや淋しさを味わっているときでさえ、また次の出会いがすぐにやってくることを、またすぐに誰かと求め合えることを知っていました。ところが今、恋人との散々な体験や、ハノとの間に起こった出来事の後で、わたしは、自分が、もうどんな男性にも身を開くことができそうにもないことを感じていました。わたしの脳裏をふと、自分が愛の中に安心して身を委ね、女として満たされた人生を謳歌することはもうできないのかもしれない、このまま歳を重ねて、乾いた人生を惨めに終えていくのかもしれないという思いがよぎり、わたしは初めて、女性としての焦りを覚えていました。

かつて、十代のころからなかなか恋人ができずにいた友達が、

「わたしはきっと一生、恋人ができないような気がする」

と、悲しげに漏らしたとき、わたしは、何を大げさなことを言っているんだ、そんなことあるわけないじゃないか、と思ったものですが、今になって、彼女が抱いていたかもしれない、緊迫した深刻さを察することができる気がしました。あるいは、結婚をしている友達が、彼女の旦那さんとの間に愛情のある繋がりがなくなってしまって、満たされない心とからだを抱えたまま、離婚をすることも、他の人に抱かれに行くこともできずに日々が過ぎていってしまっていると話してくれた焦燥感も、今

は身をもって感じることができるようでした。

そんな状態の中、ある日のこと、わたしは、このままでは近い将来、自分が婦人科系の病気にかかることを認識しました。それは背筋が冷たくなって息が止まるような恐怖でした。わたしは自分の中にある愛を育むことを止め、愛によって生じた痛みを引きずっていく結果として、このままだと子宮を切除することを知りました。もうこれ以上、自分の傷に執着をしていられる時間はなさそうでした。自分の抱える傷に責任を持ち、それらを手放す決意をする必要がありました。恋人やハノがわたしに対して何をしたかということに焦点を合わせるのではなく、それによって生じた自分の痛みに意識を向けて、その痛みの中へと入っていき、それらを癒すことに責任を持つべきでした。そしてその過程の中で、もしも、女性としてもう一度人生を始めるきっかけをわたしに与えてくれるような男性が現われたら、それが仮に束の間のものであったとしても、その人に身を開くことで、どうにか立ち直り、ハノを早く自由にしなければならないと思いました。わたしはハノに、そのことを話しました。

わたしはやっと、恋人への仕打ちといった愚行に終止符を打ち、少しずつ一人で外出もし始め、縛り付けていたハノにも、彼自身のスペースを持ってもらうことができるようになっていきました。わたしたちの間に、少しずつ、優しさや思いやりが表現され始めるようになり、すべての恐ろしい出来事は風化し始めていました。わたしは、この男性のわたしへの許しと大きな愛に、これからの人生でどれだけ感謝をしてもしたりないでしょう。

2

ある日のこと、思わぬ人からメールが届いていました。

それは七年前、ヤフィーと共に短い時間を共に過ごした友人、フィルからでした。フィルと最後にメールを交わしたのは数年前、わたしが当時のまだつたない英語で、ヤフィーとどうにか連絡をとりたいので、もし連絡先を知っていたら教えてほしいと伝え、彼女が、自分も彼と連絡を取り合っていないので分からないという返信を送ってくれたときのことでした。

フィルからのメールには、ひとつのアドレスが添えられていていました。それは、インターネット上のコミュニティーで、誰もが参加でき、友達と繋がったり、自分の近況を写真などで紹介することのできるサイトでした。わたしには馴染みのないものでしたが、とにかくそれを開いてみると、わたしが目にしたのは、なんと、ヤフィーその人のページでした。わたしは息が止まりそうでした。とうとう、彼にたどり着くことができたのです。

わたしは逸《はや》る気持ちをおさえながら、彼にメッセージを書きました。わたしの思いが重く感じられてしまわないように、なるべく簡単な文面で短く書くように意識しながらも、もしかしたら返事が来なくて、わたしが彼に送ることのできるメールはこれっきりかもしれないという思いも交錯して、わたしが彼を敬愛し、彼がわたしの人生を導いた特別な存在であることへの感謝は、はっきりと文面に表しました。もしも返事をもらえるものならば、ヤフィーがいる場所が世界中のどこであっても、わたしは彼にひと目会いに、すぐに飛んでいくつもりでした。

彼は今どこにいるのだろう、恋人や奥さんはいるのだろうかとも想像してみましたが、そんなことは、実際は大して気になることではありませんでした。彼を探し求めた年月の間、わたしの望みは、もう一度だけでも彼の瞳を見つめたいというものから、彼が生きているのか死んでいるのかだけでも知りたいというようなものにまで変わってきていて、彼が生きていることを知った今、わたしの願いはすでに叶ったようなものでした。

その二日後、わたしは、彼からわたしに送られた言葉を目にすることができました。

彼らしい端的なメールには、特定の日にちと共に、バリ島に行くから、まだわたしがいるのなら会おう、と書かれていました。彼がバリに到着すると書かれていたその日にちは、今日から数えて、ほんの数日後のことでした。彼が、恋人や友達と来るのか、どのくらい滞在するのか、いったいどの国からやって来るのかなど、何も分らないままでしたが、わたしはその日に、空港へ彼を迎えに行くことを返信しました。ヤフィーにもう一度、ひと目会えるのならば、わたしはこの人生で望むことなど、もう何もないでしょう。

ハノは、わたしたちがプーナで出逢って間もないころから、ヤフィーという、わたしにとっての特別な男性のことを知っていました。わたしは深く愛した男性には、ヤフィーのことをいつでも話してきました。そして彼らは、わたしの彼らに対する深い愛を充分に体験しているからこそ、嫉妬心を抱くことなく、わたしを彼らの元まで運んでくれたヤフィーという男性の話を聞くことができるのでした。

ハノは、わたしがヤフィーをついに見つけたこと、そして彼が数日後にバリ島にやってくることを知ると、一緒になって興奮気味に喜んでくれました。そして同時に、悲しみに似た感情も隠しませんでした。どんな形であれ、わたしたちの間にはやはり、未だに変わらない愛が流れていたからです。わたしにも、同じ気持ちはありました。ヤフィーが誰か女性と一緒なのか、あるいはわたしとの間に何かが起こるのかなど、わたしもハノにも分かりませんでしたが、わたしが、自分を生き返らせるきっかけとなるような男性を求めている、このタイミングでヤフィーが現われることで、わたしたちの間の何かが終わりを迎えるように感じていました。

ついにヤフィーが到着する日の夜、わたしたちは、なんとなく、これが最後になるのかもしれないという思いを抱きながら、これまで起こったすべてのことを持っても、お互いの存在を深く愛し、感謝しているということを伝え合いました。かつて、プーナにいた頃のわたしたちは日々、今日という日が、二人が恋人として愛し合う最後の日になるかもしれないという、純粋な可能性への気づきを持って、十全に愛し合ってきました。いつ別れが訪れたとしても、なんの後悔もなく、相手を手放すことができるくらいに、鮮烈さをもって一緒に過ごしました。それは、わたしたち両方にとって何よりも美しく、豊潤な、人生の過ごし方でした。

わたしたちは、その十全さを失い、恋人として再びそこへ戻ることはできませんでしたが、この夜を機に、これまでの、時間の表面を引っ張るようにしてただ共にあるような生ぬるい繋がり方をようやく終わらせることができそうでした。

空港のターミナルに早めに着いてヤフィーを待つ間、わたしはずっとそわそわしていました。そして、彼の便が到着したサインが表示され、ついに税関をくぐって出てくるヤフィーが目に映りました。外に立っているわたしを認めたヤフィーは、笑いながら長い片腕を大きく上にあげてみせました。ランニングシャツにハーフパンツを履いて、相変わらず何も入っていないのではないかと思えるくらいの小さいバックを片方の肩に背負って、彼は一人で出てきました。ああ、とうとう、何度も涙を流して願ったわたしの切望は叶えられたのです。

七年前に出会った国で、こうして今、ほとんど依然と変わらない姿の彼がわたしの目の前に向かって歩いてきていました。わたしは緊張して、どんな顔をして、どんな言葉で彼を迎えたらいいのか分かりませんでした。一方で、ヤフィーは、まるで、わたしに最後に会ったのが一週間前であるかのように落ち着いていていて、ハグをすると、

「久しぶりだね、小さい子」

優しい目で笑いました。わたしがあれほどもう一度見ることを願った目でした。

わたしたちはタクシーに乗り込むと、手を握り合い、言葉少なげにウブドへ向かいながら、時々微笑みを交わしました。

夜も更けた頃、ヤフィーのために予約をしていたバンガローに到着すると、わたしたちはテラスに腰を降ろしました。ふと沈黙が訪れたとき、わたしは、彼の存在がわたしにとって何を意味し、実際、彼がわたしの人生を導いてきたようなものだということを口にすると、彼は信じがたいという表情を見せました。彼は、ほんの少し前にも、旅で出会った女性に、そのように伝えられて驚いたばかりだと言うと、彼自身は時々、自分のことをどうしようもなく駄目な存在に感じることもあるくらいなので、それが全く分からないと言いました。

わたしには、その女性がわたし自身でもあるかのように思えました。彼のような人は、ただ旅を続けるその道の上で、多くの人に霊感を与え、魂を鼓舞するという使命を持っていて、彼は知らずにその運命を果たしているのかもしれないと思いました。

わたしが彼を見つけるために、アムステルダムにさえ行ったことを伝えたときには、彼は半ば呆れていました。自分がわたしにそれほどの印象を残したなど、少しも思っていなかったと言いました。

明け方、わたしは家路につきました。夢のような再会でしたが、それとは裏腹に、ヤフィーと一緒

にいた時間、正直わたしは、自分の中にぎこちなさを感じていました。ヤフィーは、相変わらずどこまでも真正で、相手のために無理に相槌を打ったり、雰囲気をよくするために話を盛り上げるようなことはまったくしない人でした。それは、普段わたしたちが、誰かと会話をするときに、その会話がスムーズに流れていくようにエネルギーを注いだりするのとはまったく違っていました。ヤフィーのそんなところが、わたしにあれだけの印象を残したことであることは確かでしたが、そのために、なんだかぎこちなく感じたり、わたしが馬鹿みたいに思われているように思ってしまう瞬間がありました。だからこそ、ヤフィーに恋人がいないということを聞いた後も、やはり、そこに自分を置き換えて想像することはありませんでした。わたしは、ヤフィーがどのくらいバリ島に滞在するつもりなのかも分かりませんでしたが、彼がウブドにいる間だけでも、ご飯を食べに行ったり、一緒に時間を過ごせたらいいなと思いました。そして実際、ヤフィーが去るまでのそれからの数日間、わたしはヤフィーを家に招くとハノに紹介し、ご飯をみんなで食べたり、お茶をしに行ったりしました。

ある日、ヤフィーとわたしが二人でご飯を食べに行ったとき、彼は優しく切り出しました。彼は、わたしが彼をずっと敬って探してきてくれたことに対して、とても名誉に感じるけれども、長い間会っていない人を想っていても、現実のその人とは、もう違う人になってしまっていて、それはただの夢に終わることが多いものだと言いました。その言葉は、彼が七年前に、「夢をみるのは素晴らしいけれど、現実はもっと大切だよ」と、わたしに言った言葉を思い起こさせました。

ヤフィーは、かつて、わたしの胸を震えさせた、あの、優しい、諭すような口ぶりで、

「君から逃げようとしているのだとは思ってほしくない。ただ、七年も想ってもらっていたことに少し圧倒されているし、自分が君と一緒に歩いていく人間だとは感じていないんだ」

わたしは、ヤフィーの誠実な言葉に感謝しましたが、彼がわたしのこれまでの想いをあまりに重く受け止めて、引いてしまわれているようにも感じて、すこし焦りを感じていました。わたしが彼にしがみつき、彼の人生の邪魔をするような女性だと思われてしまうのがとても怖かったのです。

「ヤフィー、あなたは分かっていない。わたしはあなたをとても尊敬してきて、もう一度会えることをこれまでずっと心から祈っていたけれど、ヤフィーがどういう人であるかを勝手に思い描いたり、あなたの恋人になることを描いてきたわけではないのです」

そう言いながら、わたしはまた自分を小さく感じて、涙を浮かべていました。

わたしがこれほどまでに彼を探し求めた理由のひとつは、七年前、つたない英語とあまりの若さで、自分の思いをきちんと伝えられないままにヤフィーと離れてしまったことへの心残りにあったことは確かでした。もしも、わたしがその当時に、瞬間に生きることの大切さを知っていて、自分の胸の内をすべて語ることができていたら、わたしの苦しみは減っていたはずでした。だからこそ、やっと再会ができたこのときには、もう後悔をしないように、きちんと、これまでの自分のヤフィーへの想いを伝え切りたいのだということを、わたしは語りました。そして、わたしは、父を亡くしてからの、自分の後悔のことも伝えました。その間、ヤフィーは相変わらず、相槌もうたずにまっすぐにわたしの目を見ながら聞いていていて、彼が何を思っているのか、わたしには全く分かりませんでした。

けれど、彼は口を開くと、

「よく分かるよ」

と言い、彼の母親は、彼女が子供のときに、ちょっと近くまで出てくると言った父が事故で亡くなってしまった体験から、今でも旅に出るヤフィーに対してとても心配をして、彼が去る前にはいろいろなことを伝えようとするのだということを話しました。

「いつもいつも、全部を伝え切れるわけじゃない。それで後になって、こう言っておけばよかったとか、こうすればよかったと思うことはあるけれど、でも、それでいいんだよ」

と、言いました。

その言葉を聞いたとき、わたしの中で、力がふっと抜けていくような気がしました。

わたしは、必ずいつも、すべてを表現しなくてはいけないような気持ちを持って生きていたからです。ヤフィーの言葉は、わたしの強迫観念を温かく溶かしていくかのようでした。言えずに過ぎてしまったことや、伝えていないままに大切な人と別れてしまったことも、それはそれでいいのだと思えるならば、もう何も残るものはありませんでした。ヤフィーの言葉を聞いたとき、わたしは父に対する自分の痛みも手放せたような気がしました。


ヤフィーは、バリ島に来る直前のことをわたしに話しました。

わたしが彼に会ったときには、彼はすでに二十年も旅をしてたはずですが、その後もずっと旅を続けていた彼は、このシーズンには珍しく、タイで過ごしていて、ある朝、明け方にバリ島の夢を見て目を覚ますと、タイからはほんの数時間のフライトで行けるバリ島に、七年ぶりに行ってみようと思いました。そして、さっそくチケットを購入し、その足でインターネットカフェに行くと、バリ島にいるという、わたしからのメールを見たというのでした。宇宙は、またもや完璧に働いていました。

数日後、ウブドを去るヤフィーをわたしは道で見送って、わたしたちは抱き合うと、彼は、

「また七年後に」

と笑って、大きな肩をゆすって、ゆっくりと歩いていきました。その背を見つめて微笑むわたしの心

にある、ヤフィーへの愛と感謝の中には、もうなんの苦々しさも痛みもありませんでした。

3

三月。バリ島は、年に一度のニュピ（新年）を迎えようとしていました。

ニュピには、すべてが静まり返ります。空港すら閉鎖され、人々はすべての電気を消して、家の中で、沈黙で過ごすのです。ニュピの前日には、オゴオゴと呼ばれるお祭りが執り行なわれます。その口は村の人たちによって造られた巨大な山車が通りを練り歩きます。それらの人形は、どれも恐ろしい形相をしていて、子供など泣き出してしまわないのかと思うほどの臨場感がありました。

オゴオゴには、魔物をこの島から追い出すと同時に、わたしたちの中の魔物も追い出すという意味が込められているそうです。翌日のニュピに静かに過ごすのは、魔物たちが悪さをしようとこの島を見に来たとき、通りに誰の姿も見えないことで、ここには誰もいないと思い込ませて去らせるためだと聞きました。この伝統的なバリの新年を初めて体験できることに、わたしはわくわくしていました。丸一日、誰もが沈黙を守るこの特別な日を、わたしの中からも完全に魔物を追い出して、新しく生き直し始める機会にしようと思いました。

ヤフィーが現われたことで、すべては劇的に変わるのではないかとさえ思えていましたが、実際は、そう簡単にいくものではなく、わたしは、未だに自分一人でしっかりと立つことができず、毎日のいろいろな場面で、ハノの足を引っ張っていました。わたしがすることの一切は、生産性を持たず、わたしがまだ地に足の着いた状態に戻れていないことは明らかでした。

恋人との終焉の泥沼や、ハノとの間の数々の痛々しい出来事は風化し始めていましたが、わたしはこのままハノの近くにいるよりも、いったん距離を置いて、思い切って一人きりになった方が、おかしなものに巻き込んでしまったような自分の霊を早く取り戻せる気がしていました。自分の傷と向き合い、癒しをもたらすために動き始めることで、これまでに起こった一連の出来事の意味も、いつかは明かされていくように思えました。ヤフィーに再び会えた今、人生の流れや、宇宙の秩序を信頼できないことはありませんでした。

新たな始まり

1

そんな折に、プーナで出会っていた友達の一人から、サントリーニ島というところで暮し始めたというメールを受け取りました。わたしと彼は、お互いを訪ね会うほどには親しい間柄ではありませんでしたし、そもそもわたしには、サントリーニ島というのが、どこの国なのかも定かではなかったのですが、直観は、再び、わたしにそこへ行くようにと告げていました。サントリーニ島は、ギリシャの島のひとつでした。わたしは、数日もしないうちに、バリ島からアテネまでの片道チケットを購入していました。

ハノが空港へ見送ってくれ、わたしは半年ぶりにバリ島を後にしました。

飛行機の中で、わたしはノートを広げると、これから自分がいったい何をしようとしているのか、何を意図してサントリーニ島にいたいのかを書きだしました。

○自分自身の傷を認めて、それを癒す決意をすること。
○ヒーリングワークを通して、正しい形で自分を表現すること。

考えてみれば、これまではどこに行くにも、ただそのときの流れに身を委ねるような進み方をしてきていて、その場所で自分が達成したいことや目的などは、明確に打ち出されてこなかったように思えました。わたしは、今回の旅立ちの機会にこそ、きちんと目的意識を持って、自分と向き合い、狂っていたわたしを一掃して、自分の健全な霊をからだの中にしっかりと取り戻したいと思っていました。

今回もオーラソーマのボトルはすべて連れてきていました。わたしがハノにしてしまった過ちによって、サイキックな能力はわたしから取り上げられているかもしれませんでしたが、オーラソーマを使ったカウンセリングや、マッサージなどのボディワークを通してヒーリングワークに従事することは、まだできるかもしれないような気持ちがしていました。

サントリーニ島には、着いた瞬間から、ここへ来たことが正しい選択だったと思える何かがありました。

これまでに行ったどの場所でも感じたことがないほどの、内側から沸き立つ喜びと軽さをわたしは感じていました。その源は、きっと、この島のエネルギーそのものと繋がっていました。紀元前に大きな爆発を起こした火山と、アトランティスの伝説が残るように、そこからは何か、クレイジーなエネルギーが溢れていて、この島全体を生き生きと躍動させているように感じられました。この場所こそが、かつてのアトランティス大陸があった場所だと言われているのは、わたしは疑いがないことのように感じられました。

数あるビーチのそばには、巨大な岩々が垂直にそびえたち、すべての家は崖の上に立っていて、そこから眺める夕暮れは言葉にならないほどに雄大で、夜には静かな海を、月が照らしていました。

わたしはここに来て、文字通り、生き返っていました。わたしはあらゆる状況において、犠牲者としての立場から自分を退けることを始めていました。傷ついたときには相手を責める代わりに、自分は傷ついたのだということを率直に伝えるように改め、これまでそうする方法を取ることができずに、矛先を相手にばかり向け続けてしまっていた、恋人とハノに対して、わたしは謝罪をしました。バリ島ではあれだけ苦しいものだった人生が、自分自身の感情や体験に責任を持つということを始めた途端、簡単で、楽しく、豊饒なものへと変わっていくことが感じられました。わたしは毎日、自分がこれまで支払うべきだったものの支払いを始めていることを身にしみて感じました。

そして、間もなくして、宇宙は寛大にも、人の癒しに携わるチャンスを再び与えてくれました。夏の間には、一大観光地となるこの島に数あるホテルにフライヤーを置かせてもらうと、そのホテルのゲストからの予約に応じてエネルギーリーディングを用いたヒーリングマッサージのセッションを始めることができました。

わたしは、再び与えられたこのチャンスに対して、謙虚であることを忘れずにいようと誓いました。仰向けに横たわってもらったクライアントの足元に腰をおろし、瞑想状態に入るとわたしは、神聖なる存在に、「どうぞ、わたしを、あなたの媒体にしてください」と、語りかけました。

そして、それはいつも、特定のスペースに自分が包まれている感覚と共に、自然に始まりました。わたしはクライアントのからだから発されている微細な情報を感じ取り、その人の存在そのものの完璧さに敬意を払いながら、ただ手が導かれるままにオーラに触れていくのです。自分の思考を通して働きかけたり、サイキック能力を発揮しようというようなことに意図を置いて行なうのとは異なり、それは深いくつろぎと委ねの中で分かち合うような、愛おしい体験でした。

掌の感覚と空っぽになったスペースに映しだされていくクライアントの内側の世界の微細な情報を信頼して行なうタッチは、わたしにとって、緩やかで地に足の着いたトランス状態の中での温かいダンスのように感じられました。人が潜在意識の奥深くに抱えている霊的な熱望、癒されることを待っている過去の出来事、肉体的なバランス、感情の動き。セッションの間中、多くの情報が、映像や、心象としてわたしの中に流れ込んできました。

やがて、わたしは、異次元からゆっくりと戻ってくると、彼女にそっと声をかけ、まだどこかに漂っているままの表情の彼女に、彼女が見せてくれたことを囁くように伝えました。彼女の内側で、静かに、統合や癒しがもたらされているのを、そのつむった目から流れる涙の中に見ることができるのは、わたしにとっては、ときには鳥肌が立つほどに愛しく美しい瞬間でした。仮に、どのような困難な状況にあっても、どのような方法で自分を表現しているとしても、誰ひとりとして愛に繋がっていない人はいませんでした。わたしたちは本当に美しい存在なのです。セッションの中で、わたしたち本当の姿が映し出されるとき、わたしの胸にはいつも込み上げるものがありました。

この充足的なセッションを重ねていたあるとき、わたしはいつものように、神聖なる存在にサポートをしてくれるように呼びかけ、それがわたしを媒体としてクライアントに働きかけてくれるように意図したのですが、わたしはふと、まだわたしがそこに「わたし」という存在を置きたがっているような気がしました。

そして、祈りは、「もうわたしは、自分がクライアントのエネルギーを読み取ることも、彼女の中で起こっていることを知ることも必要としません。それよりも、彼女にあなたを直接体験させてください」というものへと変わりました。そしてそれは、さらなる分岐点となりました。それ以降のセッションでは、多くのクライアントが、たくさんの気づきや理解、記憶を覚え、彼女自身の中で様々なことを統合して、セッションから戻ってくるようになったのです。そして興味深く感じられたのは、わたしが自分を、「サイキック能力のある媒体」として、神聖なる存在、あるいは宇宙の中にある情報庫とクライアントの間に入るような概念を落としたことが、わたしがクライアントの微細なエネルギーにつながり、彼女の内なる世界に触れることを、より推し進める結果ももたらしたということでした。

2

わたしは、この島で、再び、一人の男性という存在を通して、自分自身を見つめることとなりました。どうやら、この人生においては、わたしの成長に男性が欠かせないようです。

お互いを初めて見つけた瞬間、わたしたちは結ばれたのも同然でした。わたしたちの愛はすぐに解き放たれました。彼の繊細な触れ方、優しい目、その言葉、すべてがわたしの胸を幸福で満たしました。彼はわたしに話すとき、わたしの手を取ると彼の胸元へ運び、彼のハートに触れさせていてくれました。自分のハートに女性を招き入れて話しをすることのできる男性がどれだけいることでしょうか。愛の高まりに、わたしは見つめられているだけで、まるで裸になっているかのようにとても繊細で傷つきやすい状態に自分がなっているのを全身で感じるほどでしたが、彼はわたしをそれ以上の安心感で包み続け、わたしは彼に抱かれるとき、気が遠くなる思いがしました。

「この人とずっと一緒にいられますように。わたしたちが一緒に進む道の上で、いつも守られ続けますように」

わたしは心の奥から祈りました。それはわたしの人生に初めて訪れる祈りでした、誰かに対して、自分が一生そばにいられることを望む日がくるなど、わたしには考えがたいことでした。今まで、たくさんの美しい男性と関わってきましたが、それは、その瞬間における爆発的な愛であり、あまり長いスタンスで真剣に考えるようなことはわたしにはありませんでした。けれども今は、将来へのビジョンにまで、わたしは自分たちの愛を連れて行くことを願っているのです。

わたしは、

「この男性との間にこそ、わたしは子供を授かりたいです、どうぞ新しい命をこのからだに宿させてください」

と、愛の中で熱望しました。わたしは、彼の情熱に身を焦がしながら、もっともっとわたしを深く愛してほしいと彼に懇願しました。そこには、この半年、すっかり人生に行き詰って、男性に対しても縮こまってしまっていたわたしの影はもう見られませんでした。この男性との出会いによって、わたしはもう一度、愛と情熱に身を任せることのできる果敢な女性に戻ることができたことを感じていました。

わたしたちは、サントリーニのこの夏のシーズンが終わってから一緒に訪れたい国や、将来安定して暮らしたい場所についてわくわくしながら検討し、お互いをそれぞれの家族に紹介する予定を立て、将来、子供や孫に囲まれているわたしたちの様子まで想像して語りあいました。わたしの人生は頂点を迎えたかのようにさえ感じられました。

ところが、あまりに性急に惹かれ合い近づいてしまったためなのか、わたしたちは思わぬところで、お互いを簡単に失ってしまいました。二人ともが深く傷つき、互いへの信頼を無くしてしまいました。

わたしは丸一日、悲しみに打ちひしがれましたが、バリ島での強烈なレッスンの後では、これが象徴的に何を意味しているのかは明らかでした。自分が傷ついたからといって、相手を傷つけ返すことにエネルギーを注いで、さらなるドラマを作りあげるのではなく、相手のことは相手に任せ、わたしは自分の傷に対して、単純にそれを癒すための責任をとるということ。それを実際に試せる機会が早くも訪れたようでした。

わたしは、自分が彼を傷つけたことへの深い謝罪、自分も彼によって傷ついたのということの告白、そして何が起こったにせよ、彼がわたしの人生を訪れ、わたしが愛に自分を開くことを体験させてくれたことに対する変わらない感謝を伝えました。その行為と、心からそう素直に感じられたことは、瞬時に、驚くべき癒しをわたしにもたらしました。

癒しというものは、それが起こるときには時間を必要とすらしないものなのだということを、わたしはまざまざと体験しました。そして、彼もまた、わたしと同じことを選択しました。けれどもやはり、わたしたちの間には、恋人としては充分に開き合うことが不可能な溝ができてしまったことは明らかでしたので、わたしたちは、愛を残したままで、お互いを手放す過程に入っていきました。わたしにとっては、彼を失ったことは大きな痛みを伴う体験でしたが、それは、その悲しみ以上に意味のある美しいレッスンでもありました。

そんな中、ある日を境に、わたしは妊娠を感じ取り始めました。

これまでも何度か、妊娠のことが頭をよぎったことはありましたが、今回のそれは、からだの中で本当に感じられるものでした。わたしが祈った通り、もしかすると、その熱望は本当に、新しい命をわたしのもとへ運んだのかもしれません。もちろん、まだ定かではありませんでしたが、下腹部の中で本能的に感じられるその可能性に、わたしはとてつもない喜びを覚えていました。

彼との関係が終わってしまっているということや、貯金などせずに放浪生活を送ってきたわたしが、これから実際にどうやって生きていけるのかという疑問すら、その瞬間には、この喜びを邪魔するようなものではありませんでした。新しい命と自分が一体になっているという感覚は、わたしを溢れんばかりの光で満たすかのようでした。妊娠をしている感覚は、日々、わたしの中で確かなものになっていきました。わたしは命を宿す、神聖な女性に変容したのです。わたしにとっては、妊娠の可能性をこれほどまでに喜び祝えることも意外な発見でした。彼にもそのことを伝えようとは思ったものの、わたしは彼に連絡を取らないままでしばらく過ごしていました。彼がこのことに対してどう反応するのだろうかと考えると、怖くなってしまったからです。わたしの中には、彼がどう言おうと、この命を諦めるという選択はありませんでしたが、彼の反応に傷ついて、喜びに満ちたはずの心がなぎ倒されてしまうことをわたしは恐れていたのです。

しばらくしてようやく、わたしは彼に話があることを告げて、久しぶりに二人で会う時間を持ちました。彼の目の前に座り、いざ言葉を発しようとすると、わたしはからだが小刻みに震えてくるのを抑えられないほどに緊張していました。彼がどんな反応をしようと、自分の決意に変わりはないことは確信していても、やはり、父親であるこの人が嫌な顔をするのを見てしまうのをわたしは恐れていて、喉が詰まったようになってしまっていました。彼は、そんな様子のわたしを見ると、震える手を取って、わたしが話し出すのを見守っていてくれました。

わたしは目を閉じて、存在にわたしを守ってくれるように祈りました。聖母マリア、マグダラのマリア、観音、イシスに、ここに一緒にいてくれるように頼みました。彼の反応によって、わたしが壊れてしまうことがないように、そしてわたしが、自分一人でも充分にこの出来事を祝福できるというところに留まっていられるように、太古の母たちに、わたしの周りを囲んでいてくれるように頼みました。そして、世界中の女性たちに対して、わたしの後ろにいて、背中にそっと手を添えながらそこに立っていてくれるようにと祈りました。女性たちは、もう、わたしの敵ではなくなっていました。彼女たちの手を取って以来、わたしの人生は大きく変わりました。わたしは溢れるほどのサポートを周りに感じると、ようやく口を開くことができました。

彼はその顔に微笑みを浮かべました。わたしたちは、壊れてしまったわたしたちの関係性を、子供ができたという理由で、無理に元通りにしようとはしませんでしたが、彼は、子供の父親として、喜んでわたしたちを支えていくことを約束してくれました。恋人として互いへの信頼を失ったとき、わたしたちは、怒りや復讐心ではなく、理解と慈悲を相手に向けて流すことを選んだことによって、愛を残すことができていたのです。

わたしは、毎日、お腹に手を当てて過ごしました。夕暮れ時には散歩に出て、大きな火山が浮かぶエーゲ海に沈んでいく、輝く夕陽を眺めました。守るべき存在が自分のからだの中にいるということ、それは素晴らしい体験でした。母になるということ、それはわたしを強くし、より地に根付いた存在にしていくかのようでした。けれど、その一方で、日が経つにつれて、わたしはやはり、自分の隣に、自分たちを守ってくれる人が歩いてくれいたらどれだけいいかと思うようにもなっていました。心細さと、この至上の体験を、父親である人と毎日の生活の中で分かち合っていくことができないという淋しさの中で、気がつくと、からだの中にあった命の感覚が、日々薄れていっていました。

それからしばらく経ったある日、生理がくると共に、わたしは自分が妊娠をしていなかったことを知りました。あの確かな感覚を思えば、それはどうしても信じられないことでした。今ですら、わたしには、新しい命は本当にわたしを一度訪れたものの、わたしの準備ができていないことを見て取って去ることを決め、いなくなってしまったかのように感じられてなりません。その命からの分離感は、プーナでわたしが、神なる存在から突然突き放されたと感じたときと同じくらいの辛さを伴うものでしたが、新しい命との一体感を享受していた短い間、それはわたしという女性にとって、最も官能的で生命力に満ちたエネルギーを体験できた時間でした。そして、新しい命が果たして本当に宿ったのたかどうかに関わらず、交わりの間、愛する人との間に子供を望む、あの霊的な熱望と祈りは本物でした。

その恍惚的な体験は、すべてがそうであるように、正しいタイミングで、また再びわたしを訪れることでしょう。それがいつになるのか、どんな条件が揃ったときに起こるのかなどは、神なる存在の完璧な保護の中で、わたしには知る必要のないことなのかもしれません。

人生とは、なんと野性的な冒険でしょう。

その中で何が起ころうと、何が来ては去っていこうと、わたしたちは存在の中心にただあって、あるがままを体験し、愛があるときには愛することをするだけです。わたしたちはきっと、愛する対象にではなく、単に愛そのものに身を委ねればいいのです。愛する人や愛する仕事を失っても、また、愛してきたものがその愛に見合わなかったことを悟る日が訪れても、恐れたり、絶望を覚えるに値するようなことなど、後になってみれば、これまで何ひとつとしてありませんでした。肉体をもって生きている間、自分の中から湧き上がる愛を、そして「それ」と出逢う魔法の瞬間の至福を、十全に爆発させ続ける、きっとそれだけなのです。

3

二〇〇九年、十年間の旅の生活が終わったことを感じながら、わたしは日本に腰を降ろし始めていました。そして改めてヒーリングのセッションに従事し始めたとき、ひとつの新たなヒーリングの体系が上から降りてきました。

―ディバインエンボディメント……神聖さの具現化―

現在わたしが行なっているヒーリングのセッションです。

それは、わたしたちひとりひとりが携えている魂の質、あるいは人生での使命や青写真と呼ばれるような神聖な何かを、この地上に降ろして具現化していくためのシステムです。

わたしたちは、この人生で、自分の魂が喜びで羽ばたけるところへたどり着き、それを世界へ分かち合っていくために肉体をもって生きているように思います。自分が生まれてきた目的を成就するために、わたしたちは「今ここ」へと戻る旅をして、地上に根を降ろしていくのです。人生で起こる困難やチャレンジは、わたしたちが、わたしたち個人にとっての至上の喜びを再び見つけるために通過する贈り物のように思えるのです。

このセッションの中で、わたしは、クライアントのからだの声に耳を傾け、エネルギー的な地図を見つけていきます。それを行なう際に、今わたしがしていることは何かというと、「自分は何も知らないのだ」という認識の中と共にありながら、「今ここ」という瞬間瞬間に、ただ十全に目覚め、耳を傾けて聴くということです。クライアントは、すでに答えを知っているのです。そしてこのプロセスは、わたしの中にある、最も女性的で受容的な質をクライアントに捧げるということです。

わたしたちには、自分自身を導く地図を携えて進み、自分自身を存在全体に癒させられるだけの能力があるように思います。ヒーラーが人を癒すのではなく、ヒーラーが提供できるのは、わたしたちひとりひとりに内在している癒しの叡智とパワーにその人が戻ってくることをサポートすること、人が自分自身のありのままに対して愛を持って見つめることができるだけのスペースを抱擁することだと思います。


わたしは人生の不思議さに思いを馳せるときがあります。

わたしが今の、このヒーリングのあり方にたどり着く以前には、これは、サイキック能力を必要とするものだとか、トランス状態に入って行なうものだとばかり思っていました。けれど実際に、大切なことは、地に足を着け、空っぽの瞑想の空間に留まり、起こることをただ愛を持って見守るというシンプルさの中にありました。そして、それが可能になるのは、わたしたちが自分の肉体に敬意を払い、すべてに対して「イエス」と答えられるときなのです。

その視点からわたしの人生の地図を眺めると、幼少期に受けた虐待も、何年もの間、苦しみ続けた摂食障害も、自分の肉体をマスターし、超然とあることの学びを通過することで、わたしに用意されていた、この至福の仕事を通しての自己表現へとたどり着くことを支えてくれたことだということが分かるのです。

母に殺されるという恐怖におびえていた頃や、食べ物をからだの中に放りこみ続けなくてはならなかった日々には、わたしの人生に、これだけのギフトが待っていることなど、想像すらしませんでしたが、この仕事に出会えたことの喜びと比べると、わたしは今、自分が通過してきた困難、そして生かされ続けてきたことに感謝をしないことはありません。

おわりに

混沌とした世界の中で、新しい時代がすでに始まっています。

わたしたちは、これまで以上に、個人であることが可能になってきています。

自分が何を選ぶのかということにおいて、自由と責任があるのです。


二年前のこと、結婚を機に、わたしと家族との関係には終止符が打たれました。

結婚をするということは、わたしにとっては、戸籍が変わるということよりもはるかに大きな意味合いを持ち、それは、ある意味で、これまでの家族の中で体験してきたすべての呪縛のようなものから抜け出す機会を与えてくれるものでした。

愛する大切な人の家族に新しく迎え入れてもらえることへの安心感からなのか、わたしの中で、これまで蓋をしてきた、幼児期の親族による性的な虐待の記憶はより鮮明に蘇りました。それによって、わたしは再び、気が触れるような時期を通過することとなりましたが、その中でわたしが選択したことは、自分ひとりで抱え込んで苦しむことを終わりにするということでした。これまで伏せ続けてきたことのすべてを明かし、その結果がどうであろうとも、新しく自分の人生を始めていくということを選びました。

わたしは、幼少期のその体験を始め、今でも、母に言われ続けた言葉や、戒められた体験によって苦しんでいるということ手紙にし、母と姉、そして一番近しい関係にあったおば夫婦へ送りました。

わたしの中には、それらに対して、今からどうにかして欲しいというわけではなく、それがただそうであるということを知ってもらったうえで、わたしを新しい人生へと見送って欲しいという意図がありました。

けれども結果は、家族、そして親族から、そんなことはあり得なかったはずだ、わたしは嘘をついていると跳ね返され、わたしが告白をしたためた手紙は、焼いて燃やされたということを聞かせられるものでした。そして二度と連絡をとってくるなとの手紙が送り返されてきました。

親たちがこの事実を受け入れられず、わたしを勘当したということ以上に、わたしを苦しめたのは、虐待に散々苦しんだ者が、その告白を否定され、さらに傷を負うことの理不尽さに対するものでした。わたしはしばらくの間茫然としてしまってしまい、こんな形で終わるくらいなら、やはり何も言わないほうが良かったのかということや、あるいは、自分一人で苦しんできた年月はなんだったのだろうという思いが巡りました。けれど、これがわたしの望んでいた最善の形だったのかもしれません。

家族との長い葛藤を経て、わたしがようやく理解したことがあります。

それは、なんであれ、わたしたちはその時々において、誰しもが最善を尽くしているということです。そんなことはあんまりだと心が嘆き悲しんだり、そんなことがあってなるものかとマインドが暴れ出すようなことも多々ありますが、存在の奥で、わたしたちは、物事はそれ以上にもそれ以下にもなれないこと、ただそうであるということを知っているのだと思います。そしてすべての期待が消えたとき、わたしたちは、物事のありのままに、ようやくくつろぐことができるのです。

自分が癒されていく過程で、わたしが陥ってしまった過ちのひとつは、自分が癒されたからといって、周りの人も癒そうとしてしまったことでした。

人には、その人のタイミングやペースがあります。傷の中で過ごしていることが必要なこともあります。

癒されるということは、まずは痛みに光が当てられるということです。それはその痛みに対してわたしたちを意識的にします。だからこそ、必ずしも人がいつでも癒しを求めているわけではないのです。わたしはそれを知らず、何年もの間、母をどうにか癒そうと、頼まれてもいないことに努力をしてしまっていました。けれど、それは母のためではなく、安心していつの日か母を見送りたかったわたしの個人的なエゴでした。わたしを虐待した母や親族たちさえも許し、愛で包み込むという自分の像に憧れていただけでした。癒しに手を伸ばすかどうかということにも、個人の選択の自由と責任があり、それは尊重されるべきことです。


そして、わたしは、これからの時代において、わたしたちの多くが、家族や社会という集団意識を越えて、個々人が、自分の喜びと愛に基づいた人との繋がりを選んでいくように感じています。

この世界が、天国にもなり得るのだということを感じています。


この本を最後まで読んでくださったあなたに、わたしが伝えたいことは、今の時代において必要とされていることは、特に、女性が癒されていること、母親が癒されているということの大切さです。それは、この世界を変えていけるだけの大きな扉だと思います。

子供に贈ることのできる何よりのギフトは、母親が癒されていることです。母がその子供のありのままを愛せるだけ充分に自分自身を愛していることです。

この物語を書き始めた当初、わたしの目的はヤフィー見つけることでしたが、今は、この一冊の本が世界を変えていく可能性を秘めていることを望み、そう信じています。

ひとりが癒されることは、同じく癒しを望む人たちへと波紋を広げていくのです。

世界が、より優しく、より安全で、より愛に満ちた、天国としての姿を現わしますように。


母親である人たちへ。

どうぞご自身を大切にされてください。


そして、これから母になる人たちへ。

新しい命を育む長い道のりへと進む前に、どうぞあなた自身を癒し、統合するための時間を持ってください。


人生は、様々な形でわたしたちの前に現われます。

わたしたちはこの地上で肉体を持ちながら、霊の道を歩んでいます。

わたしたちが、肉体という神聖な寺院を敬愛しますように。

至福や恍惚、そして「それ」が、いつのときもわたしたちの導き手となりますように。

二〇一二年四月　セイクレッドテンプル　にて

今村えり

あとがき

この本を最後まで読んでくださったあなたへ心から感謝の気持ちを送ります。どうもありがとうございました。

そして、出版の夢をかなえさせてくださった元就出版社の濵さん、出版の夢を応援して下さった小林ひろ美さん、オーラソーマを通してわたしを十年以上もの間、見守り続けて下さった立和田環先生、いつもそばで支えてくれる主人、友人たち、わたしはあなたたちの愛と力で生きていることができます。

心からの感謝を込めて。

今村えり

今村えり（いまむら・えり）

ヒーラー、サイキック能力者
オーラソーマカラーコンサルタント
10年間に渡り、20か国を訪れる中で、自身の能力に目覚めていく。
現在は東京にて、セイクレッドテンプルヒーリングサロンを主宰。

www.sacred-temple.com
http://plaza.rakuten.co.jp/rikta

著者プロフィール写真
Jean-Mauel Nadeau
jeanmanuelphotography.com

わたしは真昼に月をみる

2012年6月3日　第一刷発行

著　者　今村えり
発行者　濵　正史
発行所　株式会社元就《げんしゅう》出版社
〒171-0022 東京都豊島区南池袋4-20-9
サンロードビル2F-B
電話 03-3986-7736　FAX 03-3987-2580
振替 00120-3-31078
装　幀　唯野信廣
印刷所　中央精版印刷株式会社
※乱丁本・落丁本はお取り替えいたします。

ISBN978-4-86106-211-7　C0077

宮崎佳代子　著

インドに呼ばれて

―印度万華鏡―

広大な大地、人種のカオス、悠久の歴史、
そして神々が宿る最後の楽園ともいえるインドには、
われわれが忘れてしまった懐かしさ、温かさ、優しさが満ち溢れている。

■定価　二一〇〇円

上杉理恵　著

レイキの光と共に　ＣＤ付―２度のガンを超えて―

クリスタルは傷が入っているところが、時間が経ち変化して、光を受けることで虹になります。

心と身体の傷も時間が経って変化して、光を受けて虹になるのかも知れません。

傷の分だけ輝かせる可能性があります。

■定価　一五七五円